OUTLAWS INC.

法外之徒

後蘇聯時代崛起的高空貿易，飛越國界的全球黑市紀實

MATT POTTER
麥特・波特——著
周沛郁——譯

推薦序

蘇聯解體的黑色效應：救援的機艙底下放著殺人的槍

阿潑　轉角國際專欄作者

奧地利導演雨貝・梭裴（Hubert Sauper）在紀錄片《達爾文的噩夢》中，以坦尚尼亞維多利亞湖及周邊的漁業加工為中心，描述西方殖民帶來的生態浩劫與社會問題。片中最能作為西方殖民與資本主義象徵的，即是飛過湖面的IL-76（伊留申）貨機及俄羅斯籍機師，他們能將魚貨運送到歐洲，但觀眾無法確知飛機載了什麼進來——直至片末，方才知曉，那是槍械。這些軍火會流向鄰近戰場，成為人民相殘的武器。

梭裴曾描述過他於一九九七年在非洲剛果第一次目睹這些空中巨無霸的印象：「我見到了俄國駕駛員，我們成了同志。但我很快發現，載著黃豆的救援飛機也把軍火載往同個地方，所以得到黃豆的那些難民，當晚可能就會被射殺。我顫抖的攝影機在這片惡臭的叢林裡，見到毀壞的營地，橫屍遍野。」而他對自己的紀錄片是如此解釋的：「這個多國的魚貨武器產業欣欣向榮，在世上最大的熱帶湖泊岸上建立一個邪惡的全球化同盟——一群當地的漁民、世界銀行的代表、無家可歸的孩子、非洲部長、歐盟委員、坦尚尼亞的妓女和俄羅斯駕駛員。」

在閱讀麥特．波特（Matt Potter）所著的《法外之徒》之前，我一直以為「俄羅斯駕駛員」僅是梭裴因其接觸到、記錄到，而成為空中運送者的「代表」，並以此象徵與「西方」的連結。但翻開這本書之後，才知道「俄羅斯駕駛員」及Il-76其實是伴隨蘇聯解體而來的「空中產業」——他們不是喬治．盧卡斯虛構出來的走私客韓索羅與千年鷹號，實是打過阿富汗戰爭、擅長飛行的前蘇聯空軍，及其私自偷走的軍機。

蘇聯解體，對當地人而言，宛如災難；對空軍來說，也是背叛。貧困不堪的他們不再被需要，便做起自己的生意——可以在重大災難、戰火摧殘之地，快速便宜有效率的遞送人道救援物資，也可以替西方制裁的獨裁者或軍閥私運武器與物資，他們可以走私軍火也可以交易毒品。這些被稱為「傭兵」、「走私客」的前蘇聯空軍，在世界的邊緣與灰色空間逕行「自由經濟」之道。梭裴鏡頭下的維多利亞湖僅是一個縮影，但說明了一切。

他們在世界的眼皮下飛行，卻彷若隱形。作為自由記者，麥特．波特一邊替英國廣播公司BBC供稿，一邊待在東歐的雜誌工作，見識過蘇聯解體後的情狀，也因此看到在無政府狀態的混亂中，一股新的力量的形成與運作，並在追尋新聞的過程中，發現了本書所要描述的走私客，並跟著他們在美國主導聯軍入侵之後，進入阿富汗。他花了十五年，緊跟在報導對象身邊，發現蘇聯解體的影響，描繪這些「幽靈飛行員」與這一切之所以能夠運作的細節，甚至，述說貨機所到之地的各種發生與現象。

除此之外，波特也沒有忘記要在這一切的源頭揮灑篇幅——亦即蘇聯解體前後的軍備秘密，成了這個黑幕的根源。而無論他筆下的駕駛員多生氣勃勃，令讀者感到親近，作者也不會因為要保護受訪者，刻意忽視這些作為本就是「非法」，略過司法究責的段落——那些無聲無息的消失、沒有真相的爆炸或墜落，快速被處理掉的殘骸證據，本來是活生生的個體。而法律或規則，亦是為了阻止不幸的發生。

我對黑手黨與地下經濟無感，對於軍事戰備宛如文盲，初看此書簡介，本是打個呵欠想要略過，但翻開書稿後，便再也停不下來，旋即進入作者快速運鏡與節奏清晰的敘事，彷彿跌落一個過往未可知的冒險世界。其寫作有屬於人的生動敘述，有歷史的縱深，有運作方式的分析勾勒，也有不留情面的批判，有遠景式的圖像，但也有切身的體感。像是描述聯軍進入阿富汗後的景象，作者即以搭著輪胎薄到恐會爆炸的貨機俯衝降落的瀕死經驗開頭，再提自己因滿身嘔吐物發冷的夜不成眠，在意識到罹患痢疾前，他已說明人道援助基礎建設與貨機的關係，才提到自己好不容易在市區藥房找到藥物，卻發現這是由這貨機載來的黑市交易所得。簡直黑色幽默。

《法外之徒》讓我看到一個本該被批判與揭露的題目，如何不說教、不嚴肅、不沉重，讓人身歷其境體驗的非虛構寫作範例。在烏俄戰爭未停、戈巴契夫去世的此刻，這本書的出版，或許能讓讀者對於蘇聯及其解體產生的影響，有不一樣角度的認識。

獻給米奇和謝爾蓋——最後的獨立之人。

目次

推薦序
蘇聯解體的黑色效應：救援的機艙底下放著殺人的槍　阿潑　3

前言　13

第一部　好人難得——機組員
第一章　惡魔最厲害的詭計——飛越喀布爾　16
第二章　我在這裡做什麼？——塞爾維亞，一九九八年　31

第二部　你所知的一切都有問題——蘇聯
第三章　粗野少年族——蘇維埃聯邦，一九九二年　38
第四章　巨型運輸機——後蘇聯時代的俄國，一九九〇年代初　51
第五章　全球網路的誕生——俄羅斯，一九九三年　68
第六章　軍閥總沒錯——高加索，一九九四年　79
第七章　流氓國度——南斯拉夫，一九九四至一九九六年　91

第三部　淘金熱——中東與非洲

第八章　無名之人——阿拉伯海灣，一九九五至一九九七年　108
第九章　如何銷聲匿跡——西非，一九九五至一九九九年　127
第十章　叢林裡的打劫——剛果，一九九七至二〇〇〇年　141
第十一章　品味出眾的富人——米蘭，二〇〇〇年　155

第四部　高遠而不馴——阿富汗到伊拉克

第十二章　兄弟回來了——阿富汗，二〇〇一年　168
第十三章　阿富汗的黑——毒品管道，二〇〇二至二〇一〇年　193
第十四章　龐大勢力——阿富汗，一九九五、二〇一〇年　202

第五部　回到叢林——中美洲與非洲之角

第十五章　古柯大黎加的黃金年代——中美洲，一九九九至二〇〇八年　220
第十六章　歡迎來到小明克斯——非洲，二〇〇三年　230
第十七章　俄羅斯的雨——剛果，二〇〇五至二〇〇九年　245

第十八章　現金扔出飛機外——烏干達，二〇〇九年　279
第十九章　享受Il-76的旅程——中亞與高加索，二〇〇九年　303

第六部　返鄉之路——東非與俄國

第二十章　幽靈工廠——俄國，二〇〇八年　334
第二十一章　死亡與稅賦——從恩特貝到葉卡捷琳堡，二〇一〇年　346
第二十二章　黑暗湧現——俄國，二〇一〇年　370

作者的話　398
致謝　401
參考書目　405

「因為武器和裝備而在山丘與山丘間、溝壑與溝壑間、乾涸的河床上下，繞過峭壁的山肩，遭到追捕，直到像水滲進沙子一樣消失無蹤——這沒有軍官的叛亂軍團。」

——英國詩人魯德亞德·吉卜林（Rudyard Kipling），詩作〈失落的軍團〉（The Lost Legion）

「不過煩請您思考一下這個問題。如果邪惡不存在，您的善良要如何自處；如果所有陰影都消失了，大地會是什麼模樣？」

——米凱爾·布爾加科夫（Mikhail Bulgakov），《大師與瑪格麗特》（*The Master and Margarita*）

前言

俄國飛行員把他的紙杯丟到柏油路上，走過坑坑疤疤的跑道。巨大飛機的灰色油漆下，蘇聯軍隊的印花仍依稀可見。

那就是標誌。沒有言語，沒有檢查，沒有身分證件，只是在最後的午後陽光下走過長長一段路，朝破破爛爛的蘇聯戰機而去。戰機大到令人眼花，隨著引擎加速，發出震耳欲聾的嗡嗡聲。我爬上斜臺，扭身鑽進如洞穴般的運輸機裡頭。伊留申[1] Il-76運輸機，代號：耿直。機長沐浴在駕駛艙玻璃的明亮光線中，他踢開鞋子，坐上座位，撥開開關。幾秒後我們升空，朝著阿富汗的黑夜駛去。

從阿富汗到車臣，龐大的Il-76是蘇聯的終極戰馬。Il-76可以在任何前線，參與各種戰鬥任務，從突擊任務到偵察、軍事情報、投擲爆裂物、運送武器，甚至可以訓練太空人。

---

1 編注：俄國主要的飛行器設計與製造機構。後經過私有化，更名為伊留申航空集團，二〇〇六年與俄羅斯其他航空、航太製造公司合併。

Il-76機身長逾四十六公尺，寬約四十公尺，名列世上最大的飛機之一。這種超級飛機重達二百一十五公噸，能在北極的冰風暴和非洲的炎熱中飛行；比起只有其一半大的飛機，Il-76可以在更短、更殘破、更未整備的跑道上起飛；Il-76還可以裝載——非常驚人——六十公噸槍枝、士兵、坦克、炸彈或任何東西，飛過半個地球。那年頭，只需要五十萬美元，任何人都可以擁有一艘。

不過Il-76還藏著一個祕密。

在貨艙地板下的機腹深處，Il-76的蘇聯創造者加了一些額外的空間。這些空間最初設計來放置逃生裝備、武器和機密荷載，清空之後，就是祕密隔間。這些隔間不會出現在任何貨運文件上，海關不會檢查，照理說根本不存在，但隔間確實在那裡。

如果你決意裝滿這些隔間，又魯莽得想飛，那你的飛機最多還可以再裝載十五公噸的「幽靈」貨物。有些人願意為這些貨物而死，有些人會為了這些貨物而殺人。

從俄國蠻荒東部毫無法紀的街道，到索馬利亞被海盜控制的海岸；從流氓國家和叛亂的中亞國家，到毒品販運和黑市的神祕世界。這是額外那十五公噸的故事。

我聽過這些空軍傭兵的各種故事——他們在非洲常被稱為「空傭」；我也聽過美國中情局的卷宗，看過失事報告。但如今，飛機載著我起飛了，我即將在現場目睹一場行動。雖然為了保護他們，所有機組員的實際身分、他們的過去，甚至他們飛機的細節都經過改寫，但接下來的一切的確是真實事件。

第一部

好人難得

——機組員

第一章　惡魔最厲害的詭計
——飛越喀布爾

我們偏離航道時沒有任何預警，只有一陣令人反胃的攀升。駕駛艙亮起了一道紅光，儀器顯示我們現在正在喀布爾上方。但我們沒降落，反而突然爬升，而且爬升得非常迅速且急迫。

「怎麼了？」我用俄文問，但四具引擎尖叫著要把我們嚴重超載的巨型飛機往上、往外扯向進場跑道，幾乎垂直地升向夜空，謝爾蓋——七人機組員中的一名——無法聽見我的聲音，而他的臉也在貨艙微弱光線中模糊不清。我腳下的金屬管已經二十歲了，油膩膩，被用防水強力膠帶固定著，重達一百七十六公噸，正在搖晃、呻吟、劈啪作響。

這時他注視著我，並往我這邊靠近，大喊：「是飛彈。」彷彿他只是在指出他曾住過的一間屋子，或是路邊的一間酒吧。「他們會在這邊開始掃射。」我第一次注意到他身上的臭味，不只是普通的汗臭和油臭，還帶著酒臭。我看過一些新聞故事——一些隱晦的小笑話——提到不明貨機墜落在非洲、俄國、巴爾幹半島，罪魁禍首是地面的火箭推進榴彈發射器，還有空中的伏特加。

「天啊！你說誰？」

他聳聳肩。「聖戰士。叛軍。士兵。天曉得是誰，不過總是有那麼一些人。」他閉上一隻眼，作勢掃射，然後露齒而笑。「不過米凱爾是一流的駕駛。他在戰爭中知道那座簡易機場。他知道該怎麼降落：在機場上方爬升到很高，然後像螺旋狀，有點俯衝，轟炸式地降落到跑道。」

謝爾蓋哈哈大笑。「那就不會被打下來了。他的絕技是他知道什麼時候該停止俯衝、拉回。厲害極了！等著瞧吧。」

但就在瞬間，我們又回到平穩狀態。飛機飛平了。這時引擎幾乎安靜無聲，雖然有著強大的壓力，快爆炸的耳朵、恐懼與走拱橋那種陡上陡下的暈眩，我的腳底卻湧起一股古怪而近乎狂喜的無重力感。

我過了一下才意識到機身正突然下傾。透過駕駛艙玻璃，我看到喀布爾的燈火。幾秒前明明看到的還是星辰，現在地面卻宛如地圖一樣呈現在眼前。

蘇聯用 II-76 進行太空人的無重力訓練——也就是惡名昭彰的「嘔吐彗星」航行。II-76 可以執行一系列拋物線的爬升與俯衝。下降時，機艙裡會產生一股向上的反重力推力。這樣的高空俯衝極度危險，耿直運輸機的接近角若是百分之二十或更高，非常可能失速。駕駛員使機體由高處直衝而下，並設法在機鼻碰到跑道的前一刻拉高，這種做法據說造成了一些慘不忍睹的死亡，更多的駕駛艙因此被機內人員非出自本意地換上新裝。在我們朝地面墜落時，我的胃往上飄，感覺不只超出了我的嘴，還透出我的頭顱頂。

我明知故犯，靠向駕駛員，從他肩上看出去。米凱爾像在馬桶上看書——或是禱告——的人一樣拱著背。不論是哪種，我都感同身受。地面現在不只離我們非常近，根本就只離機鼻幾碼了。拉升啊！看在老天的份上，拉升！但是太遲了。我不由得握起拳頭，蹬直腳，閉上眼。該死。完了。我們要墜機了。

＊＊＊

「有些人替郵局送郵件。就像我——只是個郵差，只不過包裹比較重而已。」

我不知道不法飛行員、國際軍火走私客該是什麼模樣，不過米凱爾顯然不像。他可以說是有點滑稽。

身形魁梧，髮灰背駝，米凱爾看起來有五十多歲，也或許不止。他憔悴灰白的面孔總是掛著淡淡的失望表情，不像聯合國通緝告示裡的人物，比較像家醫科的拒菸廣告。他一雙大手龜裂又骯髒，指甲又長又彎，身上穿的是灰色連身工作服，頭戴棒球帽，腳踩著軍靴。一次救援任務之後，他坐在另一條第三世界國家的乾裂跑道上，已經抽起他討來的香菸，活像休息中的汽車工人。現在才早上七點，他嘟噥著，熱呼呼的塵土已經讓他口渴得想來杯波羅的海啤酒（Baltika）了。

不，從外型來看，一點都不如我想像中騰雲駕霧的韓索羅（Han Solo）[2]型叛逆之徒。若要說米凱爾是古怪的法外之徒，他更像是奇怪的生意人。我很快就稱米凱爾為「米奇」，起初是因為他令人煩躁的好脾氣，之後是因為他認命的態度。米奇成年之後都在駕駛Il-76，是蘇聯軍隊的產物，他的童年在烏拉山脈度過，他的空軍訓練基地在俄國本土，接著去了白俄羅斯巨大的維捷布斯克（Vitebsk）軍事基地，以及附屬的軍用空中運輸軍團，然後是中亞。這個斜視的菸槍老兵經歷過蘇聯阿富汗戰爭最後那些血腥、絕望的日子，藍領的成分深入他的斜肩與充滿酒精的汗水。然而他說，他就是這樣，身為非常有利可圖的空運行業合夥人，橫越阿拉伯聯合大公國、亞洲、非洲和東歐，在世上最動盪之地作業，因此風險堪稱全球自由市場之最。

米奇和這群機組員一起飛行了超過四分之一個世紀。他們身為蘇聯空軍駕駛員、領航員、炮兵、工程兵和裝載長，已經駕著同一架飛機，在他們今日特別擅長穿越的同一區阿富汗山巒、村落、平原和城市做過逾三百次的危險任務。

米奇解釋道：「蘇聯開始解體的時候呢，我們有些人發現風向變了，就把握機會做些不同的事。」所謂「不同的事」，是戲劇化地逃離軍隊，瓜分民間企業的大餅。「其實不難。我

2 譯注：電影《星際大戰》的配角。原是走私客，和副駕駛丘巴卡駕駛貨船千年鷹號，後來捲入帝國和反抗軍之間的紛爭。

們認識一些人，當他們『取得』一艘軍機的時候，我們就把飛機開到哈薩克，然後可以說是重塑形象了吧。」他說完這個很公司化的詞，突然顯得害臊。「當然我們不是這樣說，不過顯然就是這麼一回事。」

再見啦，紅軍星星和蘇聯的專用色；歡迎不掛名、沒標誌的灰漆和底漆。他尷尬地微笑，說：「我們突然變成生意郎了。」*biznesmeny*，對俄文使用者而言，這個詞充滿那段混亂年代對於外來投機黑手黨的貶低意義。「現在我們是菁英隊伍。」

這些精銳的機組員二十四小時待命，且絕不多問。打電話給他們，他們就會不懼危險，開著世上數一數二的巨型飛機，載著你的任何東西，飛向你指定的任何地方——只要價錢談得攏。

「我們是私人運輸，什麼都運。」米奇說。「我們運很多貨。軍用品，也有很多救援物資。」

這使得米奇、他的手下和他們的「合夥人」變成非自願的聖人（這所謂的合夥人是一群不見光的男人，米奇不肯談他們的事，而我要花將近十年才能查出他們是誰）。這是因為從巴基斯坦到索馬利亞、從飢荒到海嘯，米奇的機組員和他們飽受摧殘的二十歲伊留申都是率先帶著救命人道救濟進入災區的人。他們接受任何人包機（從非政府組織到西方政府），他們被視為靈活、反應迅速，而且——主要多虧他們空降突擊隊的背景——可以比其他人把更多救援物資送去距離更危險、離難以靠近的災區更近之處。只要價錢談得攏。

這些機組員由於非正規的做法、勇氣和膽識，而成為傳說人物。你有麻煩、沒別人能幫忙的時候，就該打電話給他們——這是菁英隊伍他們自己說的話。

約翰．麥當勞（John MacDonald）是以薩里（Surrey）為據點的包機仲介，像他這樣的中間人會接下原本陸軍、救援組織、進出口商和私人的原始任務規範，找到願意辦事的飛機和機組員。他雖然來自飛行員世家，「見過世面」，但他敘述一次莽撞的Il-76團隊任務時卻哈哈笑了。那次任務在南阿富汗，美國陸軍指揮知道他們被俄國五人機組員和他們的神祕網路哄騙之後，佩服得五體投地。

「美軍有一具龐大的發電機，要運到他們準備在南方要蓋的飛機場。那地區很偏遠，除了少數幾支小型的美國軍隊，完全是強盜的地盤。著陸點周圍幾哩都無法加油，我們接洽的公司完全不想蹚這個渾水。而且他們一直說：『我們絕對出不來了，沒燃料，我們要怎麼從一座沒建好的機場起飛？』

「這個工作的預算是六、七萬，不過有一天，這些俄國佬來了電話。他們說，『我們接，不過要花你兩百萬美元，預先付款。』這時候美國人其實沒得選擇，所以他們付錢了。而這些前蘇聯的空軍就這麼準時地用這架破爛的老Il-76載著發電機飛過去，卸下發電機，然後坐下來悠閒地抽菸。

「正當美國人都在納悶他們究竟該怎麼飛出去的時候，一陣塵土飛揚，喀啦喀啦地來了一輛阿富汗傢伙開的老舊小型公車。這些空勤人員就這麼坐上車，揚長而去。美國佬喊道，『嘿，你們要怎麼把那架飛機弄回去？』機組員就說，『沒要弄回去啊，這飛機很老了。我們只是買來出這趟任務，就丟在這。』這架飛機花了他們五百美元，他們用繩子固定起來，勉強撐到降落，然後五十萬美元的利潤入袋，把飛機丟著生鏽。現在那架飛機還在那裡。

「大家都替他們喝采——負責指揮的美國佬、我們，還有世界各地的包機仲介。不只是因為他們的飛行，還有能策畫出這種事的超敏銳生意頭腦。實在很妙。」

我把這故事告訴米奇。他哈哈笑，指出在炮火下如何執行危險的飛行任務，以及到機場可能已經毀掉的地區，「我們多少就是訓練來做這種事的」。話說回來，傷亡和可能的報酬一樣高——特立獨行的Il-76和安托諾夫（Antonov）運輸公司的平民死亡率合計起來，在飛行史上名列前茅。

至於任何像我這樣考慮跟著這些傢伙出任務的人，死亡名單會把你嚇醒過來。光是二〇〇九年就有兩架俄國人駕駛的Il-76在車臣邊界附近的馬哈赤卡拉（Makhachkala）上空相撞；一架Il-76在烏干達上空爆炸，前蘇聯的機組員和所有乘客全數罹難；一架開往烏干達恩特貝（Entebbe）的烏克蘭安托諾夫Antonov-12在路克索（Luxor）起飛時墜毀，全機無人生還；另一批機組員在剛果試圖迫降時無一倖存。在我撰寫本書期間，二〇一〇年十一月，蘇丹剛有另一架An-12墜機，所有機員喪生，而巴基斯坦的新聞網播報了一架在喬治亞註冊的神祕Il-76，在去蘇丹執行救援任務時，在喀拉蚩上方起火燃燒，八名俄國與烏克蘭機組員都葬身火窟，而這已經算比較好的情況了——Antonov-12是蘇聯軍隊第二受歡迎的貨機，全球的安托諾夫中，將近七分之一毀於意外和災難。

這時米奇打斷了我。「是啊，當然會有風險，任何工作都是這樣，沒什麼大不了。」他列舉危險，像回憶前女友一樣扳指計算，「疲倦、敵方炮火、愚蠢的錯誤、超載、機械故障、狀況不佳、糟糕的貨物、運氣太背。」不過他補充，「這一行死於酗酒和糟糕生活的人，和死於飛行的人一樣多。」

他說，這些年來，他們已經學到哪些事不應該做。比方說，他們在阿富汗或非洲的機場周圍被火箭發射器攻擊太多次了，所以絕不會用標準的降落法接近當地機場，而是在跑道上空爬升之後，螺旋下降，或陡降在瀝青跑道上。「有些事你在戰場上做過，就絕不會忘。」

最近一份聯合國報告把這群機組員和燕子相比——受到神祕的命令和原則引導，往很遠的地方遷徙，很少降落，儘可能避免有其他接觸。任務都是傳聞，航線和中繼站常常在升空之前都無法確定，貨物安排和內容物刻意不清不楚，替各方保留否認的空間。

謝爾蓋解釋：「我們知道要在喀布爾載上郵件和水果送到南美。等到了南美，誰知道呢？也許我們會收到要送往摩洛哥的洗衣機，到摩洛哥會有人要我們去載人道援助物資送往剛果，然後是送往歐洲的魚，或要送去伊拉克的磚頭。」

這樣不停在空中周旋，將地停與停機時間壓至最低，以提高利潤。另一個效果就是可以保持低調、減少和當局接觸。

這感覺很瘋狂，我跟米奇說道，何必為了這樣的任務冒性命危險？何況開的飛機年紀比今日大部分的紅軍新兵還要古老，時薪更不超過標準的一百二十美元（駕駛員）和五十五美元（機組員），外加津貼和伙食。

米奇說，他喜歡這種生活。「我熱愛飛行，所以才成為駕駛員。那就是我的人生，我要做的事，大部分時候我都有選擇。大家人都很好，這是份工作。」他又擺出米奇的招牌式客氣聳肩。「*Zhizn harasho.*」意思是一切都很好。

***

我相信米奇的話。他給我的印象是正派、可靠的男人，像我們大家一樣，試圖開創一番事業。但目前這只是閒聊，我也知道他有些事避而不談。

因為雖然他們在世界各地的叢林跑道和空軍基地跑道上，於數百家合法經營者中自己專用配色的前蘇聯戰馬旁，毫不顯眼地排著隊，這些機組員、他們效力的寥寥幾家公司以及他們的任務，都有些比較不為人知的面向。他們的工作意味著龐大的金額（幾百萬美元），時常透過賽普勒斯（Cyprus）、獅子山、科索沃（Kosovo）和杜拜這類地方銀行帳戶的複雜網路來轉手。而這些錢並不是來自救援機構、美國軍方、聯合國，或是以本名出現在收據上的任何人。

因為，按照聯合國和斯德哥爾摩國際和平研究基金會（Stockholm International Peace Research Institute）、國際特赦組織（Amnesty International）和國際和平資訊服務（International Peace Information Service，全球首屈一指的販運偵查機構）這些監控團體最近的報告，許多幽靈駕駛員開著他們「無法追蹤、像候鳥一樣成群遷徙的伊留申Il-76飛機」，即是非法運送「顛覆性商品」的關鍵途徑，例如麻醉藥品、禁軍運的武器、神祕的鑽石、給非法軍隊或恐怖分子軍隊的武器，以及給準備破壞制裁的流氓政權祕密供應管道。他們，以及他們更難捉摸的生意夥伴網路，在過去二十年來，助長了全球黑市成長、軍閥統治，以及黑手黨在東歐以及更遠地區的崛起。

每趟航班背後，都隱藏著一個買家、金主、供應商、中間人，甚至政府的產業鏈。即使最近一連串高調的審判——包括俄國軍火商維克托．布特（Victor Bout）在紐約的審判——都無法讓這個產業鏈現形。最有效的突襲是誘捕行動，靠著假交易逮到追捕對象。聯繫人是臥底探員，情報常常不完整，因此即便逮到追捕對象，背後的龐大網路卻仍是一團謎。

儘管如此，這些零星、經費不足而且通常以失敗告終的調查，還是讓我們得以一窺這些人所在的另一個迷人世界。那世界裡，一切都和外表不同。在那世界中，準備送往災區的一貨艙毯子似乎可以憑空變成要交給地方叛軍民兵的十五公噸地雷，或是給地區黑手黨的非法商品；在那世界裡，一個人可以同時是救世主和戰爭販子，而原本載滿醫生和藥物的同一班飛機，會神奇地變出卡拉什尼科夫自動步槍，幾天之後將用來處決病患。在那世界，「傭兵」、「駕駛員」、「工人」和「走私客」這些詞變得可以隨意互通了。

「惡魔最厲害的詭計，就是說服世人他不存在。」一九九五年布萊恩．辛格（Bryan Singer）的電影《刺激驚爆點》（The Usual Suspects）描述了虛構的匈牙利販運者、殺人凶手、犯罪首腦凱薩．索澤（Keyser Söze）。他是變換無常的喬裝高手，他的兇案留下的餘波淹沒在謠言和傳說之中，況且他神祕莫測、足智多謀又果斷，當局無法掌握。直到今日，義大利和美國的陪審團仍然因為辯護律師宣稱黑手黨並不存在，而被耍得團團轉，老是做出最高級的無罪判定——他們的論點是，黑手黨只是好萊塢投射的幻想，少數受騙的檢察官過於狂熱，追查的犯罪其實是個案，不值得進一步調查。

甚至二十一世紀對於最受注目的行動是否存在也有爭議。許多調查員主張，某個正式組織「蓋達（al-Qaeda）」的概念，正是美國編造的。他們聲稱，二〇〇一年奧薩瑪．賓．拉登（Osama bin Laden）和那四人因一九九八年美國在東非大使館的爆炸案而受審時，「蓋達」這個詞才首度受到大眾關注，然而該組織在當時並不存在，當時那其實只是個鬆散的民兵網路，個別計畫自己的行動，只在需要資金和其他協助的時候才去找賓拉登，很像黑道和一個全國的「教父」。

其實很多人宣稱，是九一一後，在美國司法部宣揚下，才知道有個叫蓋達的嚴密組織，因為他們為了在賓拉登缺席狀態下控告他，需要動用現有的反勒索及受賄組織法（Racketeer Influenced and Corrupt Organizations Act），因此必須證明賓拉登領導了一個可以統御的組織。如果賓拉登曾指揮過，就能揭露、監控、擾亂、阻止這個組織。引用一位資深美國國務院官員的話：「你手上只有鎚子的時候，這世界看起來就像一袋釘子。」

美國的檢察官和各類政府官員的存在，有賴從屬、效忠、指揮、透明度和責任歸屬的架構，對他們而言，相反的狀況——人、貨物和歷史驅力受制於他們無法影響或監管的動力——幾乎**不可思議**。一旦少了控制和指揮，任何行動都會擴散、變幻莫測、充滿威脅，而且基本上無法撼動。蓋達成為一種心態，而黑手黨成為一連串不幸的巧合。賓拉登成為了凱薩·索澤，而就像米奇說的：「我只是位郵差。」

對我們大部分人而言，從你、我，到慈善機構本身、五角大廈、國際執法機構和聯合國，這個貨物遷徙的末世，以及漂泊不定、無法追究、無工會、載什麼到哪裡都行的空勤人員所組成的全球網路（他們帶的公事包各個裝滿不同的人生故事和充足的身分證件，可以讓所有人的身分絲毫不受懷疑）根本不存在。我們把一枚錢幣投進一個捐獻罐，或是簽下直接扣款的表格，並且信任我們送出的東西會到達據說的目的地——畢竟在我們的世界裡，在容器其中一端進入的東西，會和另一端出來的相同：把釘子捶進去，就會看到同一根釘子穿出另一面。

就這樣，撞機之後宣告死亡的空勤人員似乎死而復生，出現在世上另一個地方掌管另一架飛機；或龐大的貨機憑空消失，那瞬間披上不同的顏色出現在幾千哩之外，而且有著不同的經歷和所有人。這樣的概念根本就像令人毛骨悚然的床邊故事，或像魔術師大衛·考柏菲爾（David Copperfield）壯觀的拉斯維加斯電視秀，也像載著黑死病和穀物的船隻。我們寄送出的貨物和黑市、恐怖主義、黑手黨、毒品交易、暴政、內戰與全球動亂之間的關係，對大部分人而言太模糊，不屬於我們關心的事物，所以意識到的時候已經太遲了。

幸虧聯合國和國際監控組織有些男男女女可以拼湊出因果，肩負追蹤、擾亂、扼止違禁品地下活動的任務。然而，即使是對於專門的販運監控員和飛機監視員，無數的這些伊留申、航空公司和駕駛這些飛機的人都宛如鬼魅，神出鬼沒，幾乎不可預防，無法追蹤、懲處。而對剩下的一般人而言，這些幽靈根本不存在。

——直到我們親眼見識。我意外得知了這些神出鬼沒的機組員、祕密航行和致命的貨物。應該說，一系列意外讓我從蘇聯解體的最後時光，透過一份在做招聘廣告的武器交易，進入米洛塞維奇（Milosevic）統治下的塞爾維亞黑手黨中心地帶。

身為年輕的記者，我以自由記者的身分，從世界各地向BBC交出報導，同時在一份關於東歐的商業雜誌保有正職工作，我已經就近見識過從前蘇聯的內爆。一九九二年我待在莫斯科和聖彼得堡的時候，體制、法律規範、經濟和整個蘇維埃的夢想彷彿一夜之間崩潰，而我看著人民生活的日常受到影響。

聖彼得堡寬敞經典的大道，突然變成黑暗危險的地方。職員和工廠工人開始拆下工作處的燈泡、椅子、設備、裝飾品和電線，拿去廣場兜售，一旁的主婦在叫賣自己的財物。我目睹了一名侍者在服務客人時，偷了自家餐廳的餐具。

但即使看似混亂，也能看到迷人的跡象——有一股更有秩序的新力量在運作，黑手黨集團已經勢不可擋。戈巴契夫（Gorbachev）總統在一九八五年和一九八七年嚴格禁酒，最後以「部分禁止」告終。雖然立意良好，但酒在這國家通常不只是消遣，更是一份工作，此舉不只重傷國庫，也助長了遍及全國走私、偷竊、私釀伏特加、葡萄酒和其他酒的黑市，使黑市在俄國生根，失控成長。現在，即使在破破爛爛的貨車和逆火的拉達（Lada）汽車之間，也不時能看見醒目的閃亮日產吉普車頂著有色玻璃，由一名魁梧的光頭退役軍人看守或押車。車臣黑手黨接管了莫斯科聖瓦西里大教堂（St Basil's Cathedral）旁、有著三千兩百間房的「外國人限定」會員制羅西亞旅館（Hotel Rossiya）。我看著他們敲詐房客，帶著一群披著大衣、傷痕累累的妓女搭骯髒的電梯，捶打客房房門，設法推銷性愛、海洛因和他們稱為古柯鹼的安非他命。

在此同時，在莫斯科熱鬧滾滾的阿爾巴特街（Arbat Street），擅離職守的瘦巴巴士兵廉價拋售軍備——他們的制服、補給品、槍裡的子彈。有數十億公噸的爆炸物、子彈、核子和生化物質與軍事科技現在散落各處、不知所蹤，等待出售，西方的國防分析師急忙設法尋找、追蹤這些軍火最後已知的所在。

身為一輩子的親俄人士，我很驚恐。但有趣的是，我也為之著迷。這個危險骯髒、接近無政府狀態的地方，充滿絕望與暴力的黑暗反華麗，和我中產階級的家園恰恰相反。最重要的是，我很好奇，這些人現在會怎麼做？在這麼強大、這麼不安定的地方，接下來會發生什麼事？

我回到倫敦，在新聞業辛苦求生，短暫在一家雜誌出版社做一份沒前途的工作，出版的刊物包括一份國防貿易雜誌和幾份俄國的商業刊物，其中刊登了大量前蘇聯的國防軍事裝備廣告。雖然就連出版社自己也不知道，但在西方各國，像這樣卑微小眾的商業出版物，開始成為俄國、哈薩克、烏克蘭或白俄羅斯生意郎低調的資訊中心，他們不知怎麼取得米格-29戰鬥機或其他零散的軍事裝備，希望換成現金。採用「我們是你在俄國賣頂級軍機的理想夥伴」這種套路（說這話的男人在高加索一棟鄉間別墅中一條劈啪作響的電話線路裡，從來只自稱為「聯繫人」），似乎多少符合我在大約一年前看到的情形。這些生意郎都不曾為他們的廣告付過錢[3]。

不過這些男人住著鄉間別墅，談著交易，顯然在金字塔頂端，是大改組的贏家。我忍不住納悶，那些錢會往哪裡去。那麼多架蘇聯飛機，誰可能會用得上？誰會負責駕駛？下面那些普通人命運如何？

接著在一九九八年，南斯拉夫快速解體，波士尼亞戰爭結束了，北大西洋公約組織（NATO，北約組織）對科索沃的干預無所不在，我發覺自己身處在南斯拉夫的殘骸間，替《週日電訊報》（Sunday Telegraph）追著可望寫成自由撰稿文章的新聞。隨著貨幣崩盤，塞爾維亞黑手黨和政權親信在貝爾格勒的飯店接待來訪者，我自認為十分熟悉東歐的無政府狀態。我以為我從前什麼都見過了。

我一直以來不斷自問一些問題，然而我首次一窺那些問題的答案時，卻沒做好心理準備。

3 作者注：我們最後變得蠻要好。他傳給我一張室內的照片，全是木造，牆上綳著大片的動物毛皮，門上掛著步槍。

第二章 我在這裡做什麼？

——塞爾維亞，一九九八年

冰冷的夜雨陣陣飄來，沖刷著貝爾格勒凱悅酒店（Hyatt Regency）的車道。立起領子並不能抵禦風嘯嘯的夜晚，但我很慶幸自己擺脫了配著手槍的醉醺醺計程車司機。有幾秒的時間，整個世界一片混亂，然後玻璃門滑開，我邁入暖風流動、輕音樂飄揚的泡泡裡。

裡面到處都是警察，他們亮著配槍、抽香菸，和黑道喝酒。門廳滿是「安全人員」——有些是國家的，有些是私人的，有些是黑手黨，有些穿著制服，有些卻沒有。媒體、外交官和非政府組織的人擠得大廳、餐廳和商務中心水洩不通，他們耐心等待，在CNN和BBC國際頻道之間切換，互相交流故事——米洛塞維奇在科索沃進行種族清洗，他愈來愈明目張膽地無視國際試圖平息危機的外交手段，受黑手黨資助並掌控塞爾維亞本身，而他們說著我們多麼接近這些事卻無可避免的反挫。

目前，這間飯店是貝爾格勒大名鼎鼎的國際中心。這裡是相對安全的環境，外交官和主持人待在這裡、在這工作，而塞爾維亞自己的貴賓則在這裡玩樂。昔日哈布斯堡王朝的輝煌城市、南斯拉夫的前首府，在一九九八年成為一個殘破的黑社會之都，而這國家現在只有塞爾維亞、小不隆咚的山地鄰居蒙特內哥羅（Montenegro），以及對科索沃的有限主權。直到今日，除了政權本身，人人都清楚時日不多了。就像我一九九二年告別的莫斯科，這破敗、無法無天的貝爾格勒是個新貴的樂園，幾乎天天上演黑手黨暗殺，住在那裡的人大多老實，他們愈來愈絕望，卻仍一心寄望更好的日子。

這裡也是米洛塞維奇政權培育的一大群親信、黑道和傭兵的遊樂場，以及殘存經濟的黑市中心。這座城市的正式組織受到「赤色商人」（Red Businessmen）統治，當局全權允許這幫黑道任意殺人、走私，以換取他們在關鍵時刻的忠誠。只不過現在他們也失勢了，失去對於政權的利用價值，或是總統身邊不斷變化的核心圈子被引發偏執的疑心。他們坐在汽車裡爆炸身亡、遭到戴面罩的殺手用機槍射殺，或是煞車遭破壞而失控，就連眾人最畏懼的人也不安全——阿爾坎（Arkan）這個雜誌彩頁名人兼戰爭罪犯，是塞爾維亞政權最愛的民兵指揮官，沒過多久就在隔壁的洲際酒店（Inter Continental）大廳遭人槍殺了。

「他們有個人在樓上被暗殺。」沙夏（Sasha，化名）是我的年輕地陪，他頂著油頭，腳踏義大利皮鞋，朝大廳另一頭一個神似《美國殺人魔》（American Psycho）主角的年輕幹練男子點點頭。「是個叫耐列（Knele）的男人，死在三三一號房。他登記入住，嚴格要求任何人都需要櫃檯電話通報，才被准許上去他房間。但一名訪客直接走進去，轟掉他的腦袋。」沙夏的雙手在桌上畫出一間想像中的房間格局。「想太多**那種事**，會非常多疑，因為如果有人能放殺手上去完成他的工作，等於沒什麼事不能做。」

可以為所欲為。過了一段時間，我才明白為什麼他的說法那麼令我心煩。

從所有跡象來看，塞爾維亞在這世界被孤立了。政府一次又一次下令攻擊、鎮壓，加速駛向最終的瘋狂。飯店的電視上有人談著聯合國安全理事會（以下簡稱安理會）最新通過對貝爾格勒的一一六〇號武器禁運決議，目標是迫使名存實亡的南斯拉夫，和科索沃的阿爾巴尼亞人展開對話。在家鄉的經濟崩盤和斷斷續續的惡性通貨膨脹之間，發生了各種程度的制裁、降級、禁運和譴責。過去幾年，採行的包括歐盟、聯合國、美國和其他個別的國家、組織，名單有你的手臂那麼長。

照理說，在貝爾格勒這座城市裡，許許多多的事情都禁止。玻璃泡泡外，塞爾維亞的平民在垃圾中挑挑揀揀，廉價賣掉他們最後的所有物，在貧窮與絕望之間踉蹌而行；然而新貝爾格勒奢華宮殿的特權人士卻在暢飲香檳，國際的新聞團隊大啖新鮮的融合料理，輕輕鬆鬆就能得到他們需要的所有保護、運輸和設備。撒錢慷慨得近乎炫富——這裡沒有弱勢的南斯拉夫貨幣，只有新穎的德國馬克和美元。享有特權的少數人，在全貝爾格勒都可以拿到免費的古柯鹼。槍枝、奢侈品和應該很稀缺的東西，卻隨處可見。這一切都是從哪來的？

隔天，一名當地商人在凱悅酒店喝著午餐飲料，說道：「無法打敗他們，就加入他們。有些東西照理講可以合法取得，但是太困難，而且要花太多錢。我跟你說，如果這座城裡有人告訴你，他們的生意、政府部門、商店、餐廳等等，可以不靠那些知情或不知情、直接或間接的走私管道撐過一星期，你可以告訴他們，我說他們滿口胡言。」

商人坦承，每晚都有食物和燃料，從羅馬尼亞和匈牙利經陸路越過邊界走私進來。其他比較專門的東西，會由不起眼的貨櫃泊船一艘艘沿著多瑙河送來，無法監督，而新貝爾格勒占盡先機。有些基本的、指定的「人道援助物資」在途中或在交貨時改道，送進黑市商人手中。在此同時，南斯拉夫或蘇聯製的武器和其他商品，則在國外以強勢貨幣（美元或馬克）出售。

「那類的東西都是飛機載來、載走。」商人說完，因為自己的話聽起來太像間諜情節而笑了出來。「商人都有自己的送貨人。」

這名商人說，蘇聯飛機明顯頻繁來去的狀態，已經持續好幾年。這開啟了一個黑市的蟲洞，任何東西，無論是槍枝、人、現金、黑市商品或毒品，都能透過這個蟲洞出現或消失。這樣很合理。當你整天開車在臨時路障之間穿梭，這些神祕的蘇聯時代巨型飛機就顯得輕而易舉——三萬呎的高空不會有持槍搶劫、勒索或半軍方的路障。但那些飛機聽起來也很昂貴。從巴爾幹半島外任何地方出發的一趟航程，都要花費（理論上拿不出來的）數十萬美元。有人必須要很有錢才行。

結果，一位名叫拉德．馬爾科維奇（Rade Markovic）的男人是米洛塞維奇最信任的祕密警察頭子，也是和前塞爾維亞總統伊萬．斯坦鮑利奇（Ivan Stambolic）謀殺案有牽連的政權刺客，曾試圖謀殺反對派領袖，後來因此被判四十年徒刑。馬爾科維奇現在和一個叫米哈利・科特斯（Mihalj Kertes）的男人很熟絡，他是貝爾格勒的尼可拉特斯拉（Nikola Tesla）機場海關主管。過去幾年來，飛行計畫的航線從有趣變得十分可疑——半夜神祕起飛，從俄國或阿拉伯聯合大公國的出發地，取道貝爾格勒，途經中亞和賽普勒斯，飛往伊拉克和利比亞。這些航線符合途經貝爾格勒的毒品、槍枝和強勢貨幣的販運活動高峰，而這些販運活動是為了支持政權在科索沃的傀儡民兵。

幾年後，米奇會這麼回憶：「戰爭即將發生的時候，我們很可能比其他人更早知道。」他的口吻若無其事，就像計程車司機下班後跑過每晚的例行公事。「工作會變。同個地點會有很多工作，或是另一類工作突然變得很熱門。這種時候一定有蹊蹺，而且表示有錢賺。」

我和塞爾維亞商人喝完我們的酒，拿美元新鈔付錢給侍者，然後離開酒店，分別去做我們各自的工作，去下一場會面。

＊＊＊

但我沒忘記他跟我說的話，或我看到的事。從那時起，每次我以記者的身分旅行，機場和航站就散發著神祕的光芒。我多次有意無意地找藉口避開那些擠在印尼、中美洲、前蘇聯、巴爾幹半島、非洲那類地方的媒體，坐看這些巨型貨機和駕駛的人來來去去。我幾乎會在那裡坐上幾個小時，什麼事也沒發生，卻時常引來當地安全人員或憲兵的關注。不論哪種情況，大部分時候我不是在解釋我在那裡做什麼，就是自己心裡納悶著同樣的事。

不過有時候我會瞥見一些有趣的飛機、有趣的人。誰都認得出機組員——抬頭紋、可能的聚集處、不搭的連身軍服、夏威夷衫和運動服裝，甚至是他們走過瀝青路面、一起喝酒等待他們聯繫人的姿態，就像軍隊一樣，各個表現出漫不經心的警戒。透過大廳的窗戶觀察他們夠久，幾乎能感覺到他們的便服令他們渾身不對勁。

我接下來的十五年都在追蹤這些人和他們的動向，設法查出他們載的究竟是什麼，要替誰載去哪。因此當我有機會搭便車，隨著一隊「送貨人」在美國主導的聯軍入侵之後進入阿富汗，我拚了命也不放過良機。

結果，駕駛員和他手下的蘇聯老兵帶我進入新全球經濟不為人知的一面。從南美槍枝換古柯鹼的遞送，到阿富汗的海洛因貿易，從軍閥控制下的剛果叢林，到裝滿現金的公事包掛上降落傘，空投給索馬利亞海盜。但那都是未來的事。

想要了解米奇和他的事業，我得先聽聽他的故事。宇宙級的絕裂把米奇和其飛機，與史上前所未有的致命貨物浪潮拋向這世界。若想一探究竟，我們就得回到蘇聯。

第二部

你所知的一切都有問題

——蘇聯

第三章 粗野少年族——蘇維埃聯邦，一九九二年

到了一九九二年十二月，對米奇和他的機組員而言，不只是慘絕人寰又漫長的蘇聯——阿富汗戰爭結束之期，蘇聯還徹底垮臺，因自身軍備競爭至上的政策而破產。由於米凱爾·戈巴契夫（Mikhail Gorbachev）總統這樣的改革者和保守派之間、與從立陶宛到喬治亞這些爭取退出的衛星國之間的緊張關係，以及打擊異己的直覺，而分崩離析。從柏林圍牆到紅場的麥當勞，從普遍的同志情誼到「新俄國人」坐著配備武器的ＢＭＷ車隊繞行莫斯科。一九八〇年代初，米奇離開了他熟悉的家園，前往阿富汗。當他回來時，那個家園已經不復存在。

一開始是少量的俄軍被派進阿富汗，去支持一個「溫順」的阿富汗共產政府，就像美國在越南做的事。然而這遊戲很快就變了調。米奇到阿富汗時，大量人員擁有著全球最精良的武器、坦克、飛機和情報，卻發覺自己在阿富汗人行蹤隱密、暗地破壞的戰術下掙扎求生——阿富汗人為自己的土地而戰，熟悉當地無數的山地隘口。雙方愈來愈受到恐懼、絕望和復仇的渴望驅策，很快就因骯髒手段而惡名昭彰，開始出現施虐、打劫、屠殺平民、詭

雷、在補給品中下毒和無差別投擲爆裂物的報告。而隨著阿富汗的部落領袖和聖戰士開始得到巴基斯坦、波灣諸國和中情局的祕密支持，「貨物二〇〇」（Gruz-200）航班的頻率也增加了——蘇聯用Il-76和巨大的安托諾夫貨機運送蘇聯士兵的遺體回國，而貨物二〇〇正是這些航班的蘇聯軍用代號。一開始難以想像蘇聯撤軍，後來卻變得無可避免。

返鄉之後，米奇和他的老兵戰友看著他們曾經以為會永遠不變、穩固而井井有條的一切事物，在幾個月內化為灰燼。作戰失敗，他們的軍餉（如果政府還付得出錢）由於盧布崩盤而一文不值，空軍跌下雲端，經濟一蹶不振，而他們任何未來的前途（不論在軍隊或其他地方）都黯淡無光。

在平行的宇宙裡，俄國版本的《一路到底：脫線舞男》（The Full Monty）會描繪這些昔日蘇聯英勇與美德的模範男子，心中絕望與遭到背叛的感覺：突然得知不再需要他們，不會拿到薪水，反正他們奮鬥的一切都是錯的。蘇聯全軍被棄如敝屣，駐軍的城鎮各個殘缺破敗，幾乎像末日後的空殼。其中一座正是米奇的家鄉。

***

即使豪雨通常無助於市容，也很難相信維捷布斯克有賞心悅目的時候。也許我不大公平吧。白俄羅斯社會主義共和國的第四大城和其他地方一樣，也有自己的古城，不過現在已經縮小到幾條刷白的人行道，而城中心充斥著坑坑窪窪的高速公路，烏煙瘴氣的伏爾加（Volga）

汽車和骯髒的黃色公車，車上擠滿包頭巾的老太太，和許多東方社會主義集團（Eastern bloc）的工業中心不相上下。不過，暗灰藍色的天空壓迫著一片片高度齊平的水泥房屋——辦公室、住家、醫院和公有停車場很像同一間公司的建築師所設計，他們說不定都深受俄羅斯方塊影響，讓人忍不住想坐上自己的車（或任何人的車），快快開去很遠很遠的地方。

這裡和許許多多前蘇聯的市鎮一樣，在空軍基地和運輸軍團之外都有引以為傲的產業，也和那些市鎮一樣可以從足球隊看出端倪。當地兩大球隊是維捷布斯克動力（Lokomotiv Vitebsk，簡稱為維捷布斯克FC〔Vitebsk FC〕。原本在蘇聯工人的天堂裡，是工程師和鐵路工人的隊伍）和基默維茲維捷布斯克（Kimovets Vitebsk，隊員是城中KIM褲襪與襪類工廠的工人），但在一九九五年慘烈的一季之後，他們倒閉了。

出城之後朝東北方向，往塞滿卡車的E95高速公路和俄國邊境行駛八哩，有一座頗荒涼的軍事用地，那裡有指揮塔、飛機、大門和零星幾座水泥建築，那是過去宏偉的空軍基地遺跡。米奇和他的機組員還沒派駐阿富汗和蘇聯各地的時候，那裡就是他們的家，此外還住了第三近衛軍事運輸航空兵的數百人與飛機。這一切看起來那麼恆久不變——人員、基地、飛機（大約三十架龐大的Il-76和An-22），屬於全球史上最龐大的常備軍力。然後有一天，那軍力就這麼煙消雲散。

事過境遷之後，在雨中的荒廢土地上回顧這帝國突然崩毀、許多前蘇聯聯邦熱衷「轉型」為恣意妄為的資本主義的過程，很難看出最後除了產生泛全球的航空販運地下網路，還會有什麼結果。又或者，這世界怎能期待組織犯罪、投機、黑市、恐怖與動盪激增的情況不會隨之而來？

對於一般俄國、烏克蘭和白俄羅斯人而言，蘇聯突然惡性解體，以及後續由私人化企業家瓜分的情形，根本就是一場災難。俄國發出的一份全民股權憑證更是雪上加霜：貧困飢餓的普通俄國人不知道當股東是什麼意思，幾乎是立刻就拿他們的股份去換食物或伏特加酒，因此剛私有化的國營機構和事業，將近百分之百又回到少數的有錢人口袋裡，他們已經富有到可以用酒和麵包一股一股全數買下。

而許多第一代在前蘇聯土地上做生意的西方公司，完全符合蘇聯那種掠奪式資本主義投機分子的形象，帶著亟需的流動資本而來，讓俄國公司受制於毫無破綻的巨額合約。有些俄國商人（很快就被稱呼為「新俄國人」或生意郎）一下就懂了。據說烏克蘭的可口可樂總公司在歹徒持槍突襲闖過接待櫃檯，要求主管簽署「夥伴關係協定」之後，就僱用了自己的民兵；在信用管制的一個朋友曾靠著查詢帳單，追蹤到一名債務人，只因為接到債務人電話說他認得她的腔調，若他們無法「好好註銷債務」，她的家人可不會太難找到。

隨著俄國、烏克蘭、白俄羅斯的一蹶不振，前蘇聯的人民愈來愈絕望了。世界銀行的首席經濟學家約瑟夫・史迪格里茲（Joseph Stiglitz）厭惡地說：「不只是（前蘇聯國家）國家經濟成了逐漸縮水的大餅，而且被瓜分得愈來愈不公平，一般俄國人分到的愈來愈少。」影響很明顯，從前這個社會只有百分之二的人活在貧窮線下（當時的定義是每日的生活費少於或等於二美元），到了一九九八年，俄國每四個人就有一人在貧窮陷阱中，超過百分之四十的人每日的生活費不到四美元。

如果這對一般人來說是個災難，那麼對受僱於軍方的人根本就是世界末日。即使到了一九八五年，中央委員會估計那數字在一億三千五百萬的勞動人口之中，仍然高達百分之二十。

蘇聯國土分裂，紛紛試著建立獨立國家。而軍隊、空軍基地、核子潛艇、人員、機器和彈頭，跟新獨立國家居民或遠離家園的非自願占領者一起，突然發覺自己被宣稱為元首的財產。武裝部隊的經費就這麼消失了，即使在他們的祖國也一樣。拖欠軍餉，配給的食物、燃料和衣物就是沒送來；設備不再維修，形銷骨立、飽受飢餓之苦的士兵對指揮鏈失去信心，就這麼離開軍隊；核子彈頭在上鎖的棚子與廢棄的鐵道車輛上，無人看管，原本的守衛不得不在林中覓食；快餓死的頂尖武器科學家拚命向窮困的國家求助，希望國家讓他們衰敗中的研究機構繼續運作，讓他們家人有食物吃、有棲身處和醫藥資源；高階軍官願意收取任何形式的報酬（從吸塵器到早餐穀片都行），成天開小差，設法賣掉這些東西，支付他們在黑市的晚餐；一排排的士兵和設備給人僱用，換取報酬，替任何有錢餵飽他們的人開坦克鋪路、加強保全；空勤人員則摸走飛機用油，在空軍基地的土地上種植馬鈴薯。他們為了不讓家人、同袍和自己挨餓，任何事都做得出來。

駕駛員和他們的空軍人員遭到全員解雇，留下來的人常常幾個月，甚至幾年都拿不到薪餉，到一九九六年，俄國遠東的埃利佐沃（Yelizovo）空軍基地還有四名米格-31的駕駛員為了追討幾個月前的薪水而絕食抗議，軍兵「非因公」死亡（從自殺、他殺到不幸的意外）的數量從微乎其微躍升到每年三千人。事情發生得太快，從東歐、中亞和更遠的前蘇聯駐紮地回來的軍人，發現房屋根本不夠他們住，只好建起營地，士兵、空勤人員和眷屬被迫住進帳篷。

蘇聯解體的速度讓當局措手不及。一份一九九二年的報告中，國防部副部長帕維爾．格拉契夫（Pavel Grachev）驚慌抗議：「蘇聯空軍的三個軍事運輸航空兵師之中，突然只有兩個軍團勉強能運作。」更糟的是，維捷布斯克的龐大基地，以及像烏克蘭占科伊（Dzhankoy）、扎波羅熱（Zaporozhye）和克里沃羅格（Krivoy Rog）這樣的基地突然歸屬於新獨立的國家——不只脫離俄國的掌控，而且更迫切需要現金，可能變得更不穩固。

維捷布斯克基地剛失業的軍人數以百計，他們全都突然發覺自己被棄如敝屣，前途茫茫，且幾乎所有人都沒拿到最後一筆工資。米奇和他的機組員也身處其中。

「能怎麼辦呢？」米奇說。「那是非常糟糕的時期。沒錢進來，無家可歸，沒食物，軍隊連餵飽我們都做不到。我們都得找別的辦法活下去——我是說真的，**活下去**。」

不過，沒過多久，解決辦法就找上了他們。從前自由市場資本主義的力量湧入時，對蘇聯挑三揀四，使得蘇聯的前空軍駕駛員貧困不堪。但萬萬沒想到，這股力量在前蘇聯最有權勢的一個人手中突然平息了那麼一下下，而那個人就將對米奇和他機組員這類人的命運，燃起非常細微的興趣。

＊＊＊

一九四二年二月三日，耶夫根尼・伊萬諾維奇・沙波什尼科夫（Evgeny Ivanovich Shaposhnikov）出生於他家族位於俄國西南部羅斯托夫（Rostov）區的農場，當時恰好是納粹黨衛軍兩度殘酷占據那段貧窮平靜的時期。頓河畔的羅斯托夫（Rostov-on-Don）已經被德國人夷為平地。希特勒認為羅斯托夫擁有河港、鐵路，而且土地富含石油與礦物，有戰略價值，因此前一年的十一月，那地區先是遭到轟炸，又被短暫占領。而在一九四二年七月，小耶夫根尼僅僅五個月大的時候，德國人再度回來占領那裡。

這個身形寬闊的魁梧男孩在戰後羅斯托夫的斷垣殘壁、地雷與貧窮之間，以及嚴重缺乏成年男性的社會中成長，朝天空和蘇聯的新聞短片追求他的人生榜樣。耶夫根尼很小就開始崇拜英勇的蘇聯戰鬥機駕駛員。今時今日的他說：「我的童年夢想是成為駕駛員。第二次世界大戰之後，所有軍人，包括空勤人員，都備受尊敬。我家離機場很近，我會看著飛機高高飛在空中。我朋友都想要成為像契卡洛夫（Chkalov）、闊日杜布（Kozhedub）和格羅莫夫（Gromov，以上三人是一九三〇年代和二戰俄國傳奇的王牌戰機飛行員）的人。這種選擇非常明顯。」

沙波什尼科夫和他同學不是特例。航空和太空競賽一樣，幾乎就是之後蘇聯五〇、六〇年代令人期待的那種時髦、閃閃發亮的事物——尤里・加蓋林（Yuri Gagarin）本人主要是駕駛員，其次才是太空人。而空軍渴望最傑出、最耀眼的人駕駛他們的飛機——這個新的防禦系統更俐落，將在冷戰時期保衛空中的新邊界。

一九六三年，沙波什尼科夫從哈爾科夫高等軍事航空學校（Kharkov Higher Military Aviation School）畢業後，很快就被發現擁有相符的特質，在一九六九年從著名的加蓋林空軍學院（Gagarin Air Force Academy）畢業。沙波什尼科夫是虎背熊腰的帥哥，也是完美的駕駛員，天賦過人，深受長官和同袍喜愛，且忠心耿耿。一九九一年，他被任命為蘇聯的最後一任國防部長時，已經統領蘇聯空軍在東德的十六軍團。一九九二年蘇聯解體的時候，沙波尼科夫被認命為新成立的獨立國家國協（Confederation of Independent States）軍隊總司令——這是比較鬆散、自由的聯盟，不過領土和蘇聯相近。沙波什尼科夫是個有權有勢的人，也不出所料，在這困難而不確定的時期，他非常同情空軍人員。

至少對於沙波什尼科夫接下來做的事，這是今日大家認為最有可能的解釋。

依據俄國調查期刊《最高機密》（*Sovershenno Sekretno*）發現的文件，以及國際關係暨安全網（International Relations and Security Network）的報告，一九九二年冬天，沙波什尼科夫發布一道命令，准許營長或更高層的軍官處理掉屬於空軍的「剩餘財產」，讓他們可以拿這些剩餘財產跟適合的賣家換錢，卻沒留下提供建議售價的線索，而且天曉得在這貧困的土地上，誰可能有錢又要武器。許多更基層的軍人也不清楚「剩餘財產」的意義，和倉庫中所有物品、飛機、彈藥、制服和沒明說的其他各種東西究竟有什麼區別。

這道命令下來，承平時期前所未有的私掠與黑市武器特賣狂歡會隨即展開。在那期間的某一剎那，全世界——包括沙波什尼科夫最親近的幕僚——可能都在問自己同樣的問題：**總司令究竟在想什麼？**

現在，沙波什尼科夫在他位於莫斯科的國際飛航安全基金會（Flight Safety Foundation International）辦公室解釋道：「官方必須朝這方向採取某些步驟。靶場和訓練場出租給當地的集體農場；軍用卡車拿來載運非軍方的貨物，人員派去幫忙集體農場的農民處理作物。」然後他又說，「而剩餘軍用財產給了當地的商人。」

不論他是否預見，這都是打劫者的特許狀。哨音一響，海參威到維捷布斯克的軍需官庫房，以及俄國、白俄羅斯、烏克蘭各地的空軍與武器基地都開始了最後大清倉，用低到不能再低的現金價賣給適合的人（多少是指賣給帶著足夠資金上門來的任何人），讓賣家口袋滿滿（為了讓營長放水、簽核，以免被他抽了八成），讓買家只花遠小於市場建議價格的錢，得到武器等級的材料。所有可以拿到設備的軍人（從強力炸藥、槍枝和彈藥到夜視鏡和制式的保暖背心），能拿多少就拿多少。資深莫斯科軍事分析師歐雷格·貝洛斯盧切夫（Oleg Belosludtsev）上校表示：「自由接案的軍火商和軍官共謀接管，打劫大量的剩餘庫存，賣給他們找到的任何賣家。」

歷史學家馬克·伽略提（Mark Galeotti）博士是紐約大學全球事務中心（Center for Global Affairs）的學術主席，畢生都在追蹤前蘇聯的組織犯罪，他說：「可能沒有白紙黑字的備忘錄，不過顯然有某種共識。我們不能付你錢，所以為了維生，你要賣什麼就賣什麼。這個時候，俄國的田野被『拖拉機』犛過，而那所謂的拖拉機，其實是炮塔被拔掉、洞上焊了一片金屬的紅軍坦克。所以在那樣的背景下，你想要一架Il-76?沒問題！」

在此同時，從國外基地送回來的大量前蘇聯軍械、彈藥、飛機、車輛和補給品成了問題。如果說空勤人員的住所短缺，就更沒有設施可以容納川流不息的卡車、Il-76、安托諾夫和船隻，以及從前蘇聯陣營各地被蘇聯軍營載著遣返的廢棄裝備了。眾所周知，在宣布撤軍到一九九四年最後一批載滿武器的耿直運輸機離開東柏林舍納費爾德機場（Schönefeld airport）期間，只要有人願意賺筆錢、處理一些「貨」，都是在幫大家的忙。

掠奪全球最大軍火儲備的行動，規模令人咋舌。調查記者馬修・布倫瓦澤（Matthew Brunwasser）寫道：「烏克蘭，米寧的家鄉（列昂尼德・米寧〔Leonid Minin〕是惡名昭彰的貨運大亨兼查爾斯・泰勒〔Charles Taylor〕的合夥人），是個完美的例子，就像所有前衛星共和國一樣。在蘇聯時代，蘇聯第二軍團（Second Soviet Army）駐紮在基輔（Kiev），是對西方的北大西洋公約組織的一個防禦策略。烏克蘭設有八十萬人的常備軍，人數幾乎是今日烏克蘭軍的三倍之多。蘇聯在一九九一年垮臺之後，這些原本為了要超越烏克蘭軍力所準備的軍用儲備物資，都由烏克蘭繼承了。」

實際上，這表示單單在烏克蘭，足以供應六十三萬大軍的軍用設備、武器和運輸工具，現在正式成為「剩餘」物資——只要有足夠的現金和膽量，就能公平競爭。歐雷格・貝洛斯盧切夫上校（Oleg Belosludtsev）估計，一九九一年之後出口的所有軍火，其中高達八成都是透過類似黑手黨的隱密交易網，且這些交易網都是從以前的軍事基地周圍萌芽。

克里姆林宮官員亞歷山大・列別基（Alexander Lebed）甚至宣稱，一九九四年俄國入侵車臣的整個行動，完全就是為了掩蓋軍隊高層的大規模腐敗。列別基坦言：「這些所謂的將軍，需要有地方爆發一場大戰，才能把大量的裝甲車『報廢』掉。」裝甲車隊將前往車臣首都格羅茲尼，多到反常的坦克、火箭炮（火箭推進榴彈）發射器、彈藥等等，將在旅途中「損壞」、報廢，讓新的替代品進入。但事實上，這些「損壞」的軍備根本毫髮無傷，之後將賣給任何可以在車臣一條偏僻道路上和他們接頭、收貨的掮客。

這是世紀大拋售。許多可以取得軍火儲備的人就這麼賣掉他們的戰利品，搖身變成軍火商。他們可能在「合法」的市場販售，賣給想要吃下便宜裝甲運兵車、槍枝、裝甲和飛機的西方公司，或賣給成長迅速的當地黑手黨聯絡人，讓黑道優先取得前蘇聯改列為「剩餘」輕武器的軍火儲備。不出幾年，國防貿易雜誌（像我效力的那家）突然充斥著文案粗糙、影像模糊的廣告，推銷著米格戰鬥機和其他近乎全新的國防軍事裝備，廣告主是像我朋友「聯絡人甲」那樣的人。

黑手黨以非比尋常的速度滲透軍方高層，發展出一個含括供應商、合作者和指揮官的龐大網路，權力足以簽核一車車的軍用設備。完好無缺的設備因「運輸途中毀損」而報廢是常用的手段，這樣不只賣方開心，政府的供應商也滿意，皆大歡喜，只要他們別去想這些武器的最終用途，這似乎就是一樁沒有受害者的犯罪。於是像米奇那群鬆散夥伴般更下層的軍人開始創業，成為私人保鑣、傭兵、司機……或是自由接案的運輸公司。

所以如果這些報告無誤，像沙波什尼科夫這樣正直的軍人**究竟在想什麼**？他是許多人的英雄，聲名卓著又廉潔，值得信賴，就連鮑利斯・葉爾欽（Boris Yeltsin）總統都將俄國的「紅色核按鈕」密碼交給他保管。

如今，沙波什尼科夫證實：「這些活動原本是為了讓士兵和軍官從當地農民和商人那裡得到免費的食物和商品。」他又說，「蘇聯解體後的第一個冬天，大家都很難挨，我們的陸軍和空軍也不例外。不過我很佩服我們的人員和戰備能力如此完備……紀律和忠誠對我們意義重大。」沙波什尼科夫本人想必覺得，這大規模的軍火拋售不只是幫助弟兄的審慎辦法，可能也只有這樣，才能防止比武器搶購更爆炸性的事情發生──像是軍隊全面叛亂。

俄國此前經歷過一次政變。一九九一年八月，反對戈巴契夫總統改革的政府官員軟禁了總統，軍隊包圍位於莫斯科的蘇聯白宮。當時最高蘇維埃主席葉爾欽率領群眾向政變示威，他爬上一輛坦克發表言論，譴責密謀者。一般認為，那時完全是靠沙波什尼科夫懇請（他說他「和葉爾欽合作愉快，私下關係良好」）才能扭轉局勢，迫使軍人讓步。然而那些人現在領不到薪水、飢寒交迫，不滿的情緒水漲船高，躁動不安──數十萬訓練精良、走投無路又餓著肚子的軍人和退伍軍人反噬的夢魘一時間看起來非常真實。而在一個很清楚武裝革命可能發生的國家，叛亂空軍隨時能載著核子彈頭和軍隊飛去任何地方的情境，黑暗得難以想像。

徵兆存在已久。反正武器、飛機、設備和人員都會擅離職守，若不允許他們參一腳，等於迫使他們叛變、內戰。從這樣的選項來看，只能推測沙波什尼科夫很可能沒得選擇。他的同僚，私有化部長安納托利．丘拜斯（Anatoly Chubais）說：「我們不是為轉型成市場經濟或轉型犯罪中思考，而是在轉型犯罪或內戰中做抉擇。」

至於米奇那組空勤人員，當時他們才二、三十歲，從阿富汗的戰爭返鄉，擁有技術、傷疤，和曾經同甘共苦的人脈。沙波什尼科夫現將其稱之為「俄國版的越戰症候群」——對他們來說，軍隊與空軍的前途突然破滅，迅速發展的私人部門報酬等驚人傳言甚囂塵上，家人正在挨餓，自己時常得被迫搜刮、偷他們能偷到的便宜貨來交易，賴以維生。有了大拋售，現在他們終於有機會做點大事了。

軍方陷入混亂，國家一敗塗地，而讓商品和貨幣進出前蘇聯土地、在當地流動的全球運動，提供了豐厚的動機，因此這些弟兄要考慮的不是他們**要不要**用他們的技術來投入這一行，而是**該怎麼做**。

第四章　巨型運輸機

——後蘇聯時代的俄國，一九九〇年代初

槍枝、彈藥、飛機，甚至核子彈頭都從軍方倉庫、基地和發射井流出，甚至直接來自工廠的生產線，進入有好門路、有帳單得付或有仇要報的人手裡。不過對米奇和他的同袍而言，要把這場混戰變成有前途的生意，得運用他們在阿富汗上空無數次出擊中學到的詭計、專長與毅力，而且需要適合的飛機。

偏重軍力、忽視整體經濟多年之後，前蘇聯一如戈巴契夫從前的預言，面臨下滑競賽，必須盡快拋售這些資產：彈頭、坦克車、子彈、槍枝、噴射戰機、船艦、榴彈發射器、運輸機，所有的軍備。武器製造商察覺到經濟即將急遽自由化，也開始適應市場狀況，不過他們的生產線從前是以五年計畫中概述的目標而努力，這下子反應不及。軍隊突然破產，軍方委託製作的數十架蘇聯巨型飛機——伊留申、圖波列夫（Tupolev）和安托諾夫時常頂多進行到裝配後站點，然後就被留在烏茲別克（Uzbekistan）、塔吉克（Tajikistan）、哈薩克和烏克蘭各地數十間廢棄機場的外部工廠裡生鏽。不賣掉那些東西、奪回一點現金，就要任這些東

西鏟掉——這些軍備的看守者面對這樣的選擇，非常樂於把這些東西交給上門來的任何人。但如果新型的還是太貴，好吧，還有不少傷痕累累的飛機（各有不同的適航性）可以購買、租用或借用，價格實惠，可以只要飛機，或包含來自軍方的機組員。

像米奇這樣的團隊訓練精良，卻只有一種值得一提的專長：再次乘著重新油漆的Il-76升空的感覺，「就像經歷種種憂患之後重操舊業」。他們有飛機和機組員，而前蘇聯國家欣欣向榮的黑市，對於低調快速的運輸，則有無盡的需求有待滿足。

這些人自己沒錢，可靠的軍方門路也不多，卻突然就開業了。他們究竟怎麼辦到的，至今仍然是個謎。他們遇到什麼就駕駛什麼，從哈薩克最先「解放」的耿直運輸機，到有人在停機位輸了錢、需要機組員，於是隨便匆忙拼湊起來的租用引擎和借用的機身。他們為他人而飛，自己也載上清單外的任何貨物——像是突然在國際水域出沒的新品種鯊魚——而他們很快就發現他們有三個「隱形」競爭優勢，隨著他們的商業活動蒸蒸日上，這些優勢可能成為關鍵。

首先是龐大而忠誠的人脈網。多虧了駐紮在阿富汗海岸到安哥拉沿岸的前蘇聯軍隊和機組員，他們享有全球最大的軍校人脈網帶來的好處。為了臨時的祕密任務，時常要有可靠的推薦（很可能不只要能幹的機組員，更要找到那確切的**一類人**），才能找齊臨時包機的人員。而目的地的地面時常需要有可靠聯繫人，確保他們能疏通海關，甚至才有機會跟海關**談談**。

前蘇聯空勤人員朝著私有化的天空翱翔，他們還有第二個不為人知的優勢：他們遠比其他駕駛員更深入了解執行任務的地域。一九七九到一九九一年間，蘇聯Il-76的駕駛員飛到阿富汗的次數超過一萬四千七百次，運送了七十八萬六千二百名軍人和三十一萬五千八百公噸的貨物。冷戰期間，蘇聯支持非洲、亞洲和拉丁美洲的傀儡政權，因此許多駕駛員對於簡易機場、天候、地形，甚至當地的基礎設施、風俗和地方關係的了解超乎任何人想像。

不過最關鍵的差異是，這些親力親為進出口大亨和他們飛機的關係。畢竟，他們一生都在Il-76上受訓、畢業、擔任機長、服役，時常親手修理引擎，受到脅迫或在極端狀況下拆掉內裝來容納更多人員或裝備，因此對飛機像對自己的身體一樣了解。他們非常清楚飛機內不為人知的祕密。

今日，英國航空顧問布萊恩・強森—湯馬士（Brian Johnson-Thomas）參與了聯合國的一個專家委員會，他們的專項是世界各地顛覆性商品的販運狀況。

不過強森—湯馬士身為調查記者，也曾擔任飛行總監，就近見識過這些機組員的勇氣、天賦與才智。他變得敬佩他們，我們見面時他警告我，他們是他見過數一數二的傑出飛行員，而且「說到道德抉擇，絕對不輸任何人」。強森—湯馬士身材魁梧，留著白鬍子，年約五十，操著軟軟的蓋爾特口音，身穿粗花呢外套，在一臉呆滯的瘦巴巴前蘇聯機組員和死亡陷阱般的飛機之間，顯得格格不入。他為了非政府組織和監控團體，和他們飛了好幾年。這經驗讓他能以罕見的圈內人角度看待他們的運作，和他們的設備。

「沒實際開過Il-76的人，不會了解Il-76特別擁有這些不為人知的優勢。」他說，「比方說，他們可以不用任何地面支援就完成裝卸貨、降落起飛，所以不論做什麼，都不用別人幫忙。但我覺得最神奇的是祕密空間，畢竟從來沒人會去看貨艙之外的地方。不過對於機組員而言，機腹有一大堆空間已經是無人不知的祕密。你開著這些東西飛遍世界各地，除了你，沒人知道除了操作手冊上寫的以外，還有整整十五公噸的載貨容積。

「就連每天查驗貨物的海關官員都沒坐過這些東西飛行。他們手上有艙單的內容物，他們會記錄規格明載的最大載貨量，如果他們停下腳步試著計算，就會發現艙單確實讓飛機的重量達到最大起飛重量。他們預期只有一個貨艙空間，那麼就只給他們看那個貨艙，然後他們會把裡頭的東西打勾，這就是他們的工作。除此之外，他們沒有時間，也沒有資源。第三世界國家的一名海關官員在運氣好的時候，每天可以拿到五美元。這些人飛進來會給他們一瓶伏特加或一盒香菸，讓他們在黑市賣到五倍的價錢，因此他們不大可能攔下並逮捕這些人，讓這些人日子更難過。」

一切都很完美。大家很快就發現了。「檢查貨物和我們聲稱載的貨是否吻合的人，從來沒開過這種飛機——說實在，他們一點頭緒都沒有。」謝爾蓋嘖了一聲。

「他們看手冊，發現一百九十二公噸是最大起飛重量，而其中六十公噸是貨物。那六十公噸裝上飛機、確認之後，他們就簽放了！但其實呢，我們地板下還能再裝十五公噸。如果我們想冒個險，可能會裝到十六公噸。你得從跑道上比較後面的地方起飛，因為需要多點動力才飛得上天，不過你行的。應該說，**我們**行的。」

那些空間原先裝滿標準逃生裝備，只要他們不打算載那些裝備，他們就有完美的走私飛機。不只飛機本身有著相當於假艙底的構造，而且蘇聯自家的軍隊保密周到，因此除了工程師之外，只有開飛機的空勤人員知道有這樣東西存在，而他們不大可能洩露祕密，以免壞了好事。

所以這下子，米奇和其他在第一波自由貿易大爆發中要開飛機討生計的人一樣，只需要思考：一、他們要接什麼門面上的貨運生意；二、以他們的技術加上適當報酬，可以運送什麼違禁貨物而不被抓到？

對米奇自己而言，還有第三個問題：每一趟行程，耿直運輸機上連他雇主都不知道的空間裡，偷載什麼額外的貨品可以讓他賺進最多不法收入？

他必須迅速理清頭緒。機組員可是炙手可熱。那年是一九九二，事情正開始轉變。冷戰結束，自由市場打敗了意識形態，而兩敗俱傷的血腥小型衝突在南歐和非洲蔓延（主要是因為市場上突然充斥著小型武器）。

一九九二年那會兒，前南斯拉夫狼狽陷入全面的教派戰爭：克羅埃希亞（Croatia）和斯洛維尼亞（Slovenia）宣布獨立，受到一些西方政府承認，開始思考他們可以帶走什麼。塞爾維亞已做好準備，為了預防繼續分裂，即使動武也在所不惜。昔日蘇聯的邊境，喬治亞、亞美尼亞、亞塞拜然和塔吉克都陷入內戰。在西非的馬利（Mali），由利比亞提供武器的圖瓦雷格（Touareg）叛軍對上了政府軍。當初送別蘇聯的那批聖戰士與反抗軍戰士，也導致阿富汗民主共和國（Democratic Republic of Afghanistan）垮臺。叛軍在阿爾吉利亞、安哥拉、賴比瑞亞、盧安達、獅子山、索馬利亞、蘇丹、烏干達、哥倫比亞、瓜地馬拉和秘魯暴動。而在俄國本土的高加索邊緣地帶，另一名前蘇聯空軍的阿富汗戰爭老兵兼車臣分裂分子焦哈爾．杜達耶夫（Dzhokhar Dudayev）即將宣布由祖國獨立，簽訂法律允許所有車臣人有權持有武器，對抗他們的壓迫者。

至於米奇的機組員，想要尋求那些問題的答案，他們會因此和世上一些最糟的人、最令人髮指的地方密切接觸。

突然間，告示板上有了個新任務。

***

如果說蘇聯是支離破碎——老兵仍然稱一九九二年愈演愈烈的混亂為「那場劇變」——蘇聯從前的駕駛員就是勢不可擋。

蘇聯內爆的完美風暴，讓米奇這類人的生活支離破碎，卻立刻就以某種不可思議卻更有利可圖的外來方式，讓他們的人生重歸完整。這些機組員發現自己根本沒被世界拋棄，怎麼也想不到他們的飛機竟然正符合這個美麗新世界的需要。突然間，某些意外的地區，出現一波給駕駛員和貨機的優渥工作。

曾在阿富汗飛過的人——像是米奇——特別受歡迎。他們不只比任何人都要了解他們巨型貨機的容量和能耐，居然還是「灰色貨物」遊戲的老手。

米奇愛說一個笑話。

「蘇阿戰爭是不是走私行動的好掩護？」

「不是，大錯特錯！」

「為什麼？」

「因為蘇阿戰爭**就是**一場走私行動。」

故事很多：米奇第一次造訪他營地附近的阿富汗當地市場時，和其他士兵一樣，不只看到陌生的異國水果、食物，還有雙卡式錄放帶播放器和微波爐。他和他的機組員跟許多人一樣，幾乎買下或換到他們所能弄到的一切，囤積起來，直到脫手。事情太順利，因此他們開始「遺失」或把東西以毀壞或破損的名目報銷（包括靴子、燃料，甚至武器和彈藥），在同一個市場把這些東西換成更多微波爐和電動刮鬍刀，運回祖國。

即使在那時候，雙向沉默也保障了比較見不得人的正式生意，而這些機組員的領現工作可以在睜一隻眼閉一隻眼的縱容之下進行。歷史學家格里高利・費佛（Gregory Feifer）在這場戰爭紀實的許多類似故事裡，詳述了有一次國家安全委員會（KGB，下稱國安會）間諜在當局眼前，把一批忠貞的阿富汗前部長從喀布爾偷渡出來，他們水泄不通地擠在綠箱子，箱子上被戳洞好讓「貨物」透氣；另一個故事是蘇聯的特種部隊（*Spetsnaz*）占領泰貝克宮

（Taj-Bek Palace），打劫了兩天。他們奪走戰利品——帽子、槍枝、地毯、任何沒有固定在牆上的東西，還有一堆固定在牆上的東西，不過最寶貴戰利品是國際牌電視和夏普的喇叭。特種部隊沒找到、留下的那些東西很受覬覦——在蘇聯無法取得，因此光是難得找到一次，就能讓一個大兵巧妙地用伊留申飛機偷偷運送額外包裹，在他下一次回家鄉載人時大賺一筆。

突然間，卑微貨機機組員的同袍、祕密探員、外交官或他們在家鄉的家人，若想悄悄把任何東西運進運出時，他們和他們的Il-76、安托諾夫、圖波列夫及直升機成了不二之選。最後廣為人知，而一些比較正直的國安會探員急於阻止他們的祕密供應鏈，導致米奇、謝爾蓋和其他人受到了特別監控。今日，一名資深俄國外交官回憶一九八四年他還是紅軍年輕新兵時，派駐喀布爾的情形，以及機組員運送非法商品的謠言。「他們得小心行事。」他說，「駕駛員和機組員沒跟軍人駐紮在一起，如果有人讓人看到和他們說太多話，會引起注目。其他士兵和空勤人員不是問題，問題是駐紮在那裡的國安會探員。如果他們覺得其中有鬼，就麻煩了。」

不過米奇足智多謀，他已經在琢磨怎麼樣才能搶先監視者一步。接頭的一個常用辦法，是城裡「對俄國人友善」的低調餐廳，可以策劃、達成不同軍種和階級之間「刻意的不期而遇」，只是需要謹慎。在這些圈圈裡，這些巨型蘇聯貨機的駕駛員慢慢為一番事業打下基礎，那事業持續至今。

即使是一九二〇年代的特技飛行員和二戰的王牌飛行員，也很少駕駛員像米奇那麼了解他們的飛機。他們密不可分，是生意上平等的合夥人，也是一同生活的同伴——那是在II-76上吃飯、睡覺、戰鬥、工作長達四分之一個世紀而產生的密切關係，就連看著米奇在非洲的一條標準跑道上準備起飛，也像偷窺一個單身漢獨自待在自己公寓裡。當我在飛機裡不安踱步時，米奇待在跑道上跟兩個拉脫維亞人和一些當地打雜的一起抽最後一根菸。最後的陽光下，他們在汽油桶、雜草和烏鴉之間走動、聊天、開玩笑、抽菸。沒人注意飛機。

然後傳來靴子的躂躂聲，米奇出現在飛機裡。他脫掉破舊的機長制服，掛到駕駛艙門邊的大衣掛勾上，穿起馬球衫和牛仔褲，安頓好準備一天的輪班工作：體面地踏進駕駛艙，把那堆報紙、圖表和帳單從他座位推到地上，那疊紙張收攏，塞進他後面一堆東西上放著的塑膠提袋。下方，領航員迪米崔從機鼻的玻璃艙抬起頭張望，和我四目相交，接著轉過頭。迪米崔是繃著臉的強壯男人，黃棕色頭髮，細長且下垂的眼睛；列夫（Lev）則是眼神緊張、一臉專注的金髮飛航工程師，他又吹破口香糖，最後一次確認一切正常。

一陣尖銳刺耳的嘎嘎聲，伴隨著引擎激烈轟隆作響，我們開始滑行。有些人摀著耳朵，好抵抗引擎震耳欲聾的高音，我伸長脖子看機上電影——透過巨大全景鼻錐看到的景色，玻璃帷幕提供極為壯觀的整面視野，為這架飛機贏得「劇院機」的暱稱。

從前II-76沒有任何乘客座（現在通常還是沒有），所以他們把椅子搬上飛機，亂放一通——辦公室、學校的椅子，有航站的話就放航站的椅子，沒有的話就是崗哨亭的椅子，其實就是從任何有椅子的地方弄椅子來。這些椅子當然沒有固定住，所以起飛、降落，或駕駛員被迫做出閃避動作時，椅子都會滑來滑去。各式各樣的這類機會可多了，乘客當然得手勾著手，最靠近機身壁的乘客得盡可能緊抓任何突出的金屬把手、裝置或一些鬆動的網子。

前NBC（全國廣播公司）記者，亞瑟．肯特（Arthur Kent），曾報導過蘇阿戰爭。對他而言，和米奇或他的駕駛員同袍乘著劇院機飛行「成為經常的樂事」，「我會跟一班蘇聯運兵機溜去莫斯科，或為了報導更多混亂而飛進巴基斯坦再回來。」

其實，一架運作中的耿直運輸機內部簡陋，宛如洞穴，對許多空勤人員和飛行總監來說是個迷人玩意，他們會親暱地說起機上斯巴達式的舒適：沒有舒服的坐位，只有瓦斯爐上煎著的荷包蛋；吸菸的規定很寬鬆，適用範圍遠超過菸草和你喝得下的所有違禁伏特加與室溫啤酒。直到現在，問問這些Il-76航班的老乘客他想不想坐著劇院機去莫斯科，他們還會臉色發白，突然說他在城裡某個地方已經有約了。一位資深的飛行總監曾經對我形容耿直運輸機是「二十萬個鉚釘，只是恰好以緊密的編隊一起飛行。」直到搭了米奇那架老戰馬的便機，我才真正明白那是什麼意思。

許多配件和劇院機上的椅子一樣，並沒有釘、焊、黏或固定住。起飛的過程很刺激，當駕駛員做出任何突然的閃避動作，甚至決定俯衝、在某個地方降落收貨的時候，通常會更有趣。看著擺設、行李和靴子在飛機裡靠著自己的力量上上下下，感覺滿奇怪的；機內有兩個爐子——一個是標準的爐頭，另一個是插著電線的兩口電磁爐（有些舊型的安托諾夫甚至有個煙囪可以排煙），一條滑道邊綴滿燈光；一旁的箱子裡塞滿鍋子和平底鍋、更多拆開的包裏、幾箱三十二罐裝的啤酒、一些玻璃紙包起的大電池、一只精心保養的金屬咖啡壺……許多人（主要是西方人）不明白這種情境的美妙之處，光消遣這些爐子用的瓦斯罐是我們緊急油箱，或是開玩笑說Il-76吃的是伏特加，每次看到超載的老舊耿直運輸機起飛，就喊著：「五、四、三、二、一……思美洛（Smirnoff）允許起飛！」我其實記得我曾經暗地裡笑過，不過在我們飛向黎明，煎培根和豆子的香氣飄過加壓駕駛艙時，那樣的態度隨即煙消雲散。

機鼻完全由玻璃包覆，光線湧入，駕駛艙可以看到那種全景的視野。只不過，現在機組員衣服全掛在前排鉤子和欄杆的衣架上——有幾個旅館洗衣部、修改部和裝西裝的收納掛袋形成一片帷幕，擋住鴨蛋綠的駕駛艙。把掛袋推到一旁，就會看到設備。幾乎所有設備都有指針和刻度盤（當然有幾個計算機式的數位顯示器和自動駕駛裝置，不過此外一切都是機械式的），拆下控制面板，就能用螺絲起子修理。但不論其他什麼壞了，我想應該都不會是機上電腦。

箱子、木板箱、繩索，機身和機艙裡到處都是破舊的褐色鋪墊隔熱材料；金屬板的標幟以俄文字母寫著像выход之類的文字（意思是「出口」，謝爾蓋面無表情地說，「別碰那個」）；紙膠帶、槍灰色的櫃子、幾個金屬托盤和折疊鐵製彈簧床，長度大約是身高的一半；高處的舷窗式小窗，強化了整個庫斯科號潛艇（Kursk submarine）的感覺。機外，一段距離外看似平滑、像彈殼似的大鳥身側，其實是縱橫錯綜的孔洞和補丁。這架飛機已經有點像百衲被了。如果你看到像這樣的鉚釘補丁，就知道那是一架很可能參與過蘇阿戰爭的前蘇聯空軍軍機，當時每座簡易機場周圍都有聖戰士的火箭炮炮火，因此駕駛員只能把巨大的飛機即興變成完全不合宜的俯衝式轟炸機，就是要設法用溪山（Khe Sanh）降落法。

聽起來像複雜的性愛姿勢，但這種做法遠較困難危險。這是在炮火下赫赫有名的降落法，一九六八年，美國人在北越的溪山空軍基地圍城期間曾經這麼飛過。戰區的駕駛員只希望用剛好的角度降落，又不想飛得太低，被輕型火箭筒打下來（應該沒人會這麼希望），就表示必須飛得非常高，直到他們在跑道正上方，然後以近乎不可思議的方式急速螺旋下降。然而有個問題，這些巨型貨機或許不會被地對空飛彈擊落，卻可能毀於溪山降落法——這些飛機並不是設計來繞那麼小的圈，因此蘇聯在他們占領阿富汗期間引入這種方法之後，這些巨型貨機的機身經常在一圈圈繞行時裂開，所有生還的飛機引擎外殼，幾乎都會產生金屬疲乏的裂痕、裂縫和開孔。

出現了可能致命的外漏。鉚釘嘎嘎作響，爆裂，零件開始掉落，然後飛行員隨之墜落。米奇以驚人的俯衝轟炸帶我們避開的那一批游擊隊。曾駐紮在喀布爾飛彈走廊（Missile Alley）的駕駛員，在一九八四年十一月二十六日那天，因動作不夠快，爬升得不夠高，螺旋飛行的圈圈不夠小，於是一只火箭筒射出的榴彈擊中了一架準備將載滿香菸、便條紙和原子筆運給當地駐軍的耿直運輸機右側機翼。換作別的時候，那架飛機要安全著陸應該不大困難，然而這架耿直運輸機飛過的小圈圈和俯衝超過了極限，機身上無形的應力破裂，縱橫錯綜，宛如你牛仔褲內側扯破的縫線。所以那一天，那架飛機向旁翻滾時就這麼爆炸了，在空中化為金屬粉末，機組員不只來不及發出求救訊號，他們甚至來不及慘叫。俄製原子筆、便宜便條紙和一包包軍方發給的香菸散落整個鄉間，之後的幾個星期裡，農民、兒童和士兵不斷撿到這些東西。

蘇聯空軍的技師和地勤人員總是足智多謀，發展出一種金屬補丁上加鉚釘的做法。這當然不足以解決問題，也不好看，無法一勞永逸，但剛好足以避免飛機不斷俯衝、扭轉導致接縫裂開。

不過這些飛機其實也很厲害，因為它們目前的性能（甚至許多功能）不只仰賴伊留申與安托諾夫公司的設計師和工人，也仰賴機組員駕駛、客製化，與拆解改造。

米奇以回憶起裝修第一間家園的那種懷舊心情，說起提升他飛機性能的一種更臨時、當然也更不正式的辦法。機上的隔室原本裝載逃生裝備、雷達，還有降落傘和起降時用來騙過熱源偵測導彈的空對地照明彈，卻時常被掏空、清得一乾二淨，內容物分別拋售，可能是未經批准地賣掉，或是在現場上級的縱容下售出。米奇說，另一方面，那表示沒有逃生裝備。這可不妙——話說回來，你永遠不知道那東西有沒有用，因為據報逃生設備有許多問題，所以「他們警告我們，別拿那些東西來賭命。」不過好處多多，即使可能被飛彈擊中、撞上山壁，似乎也是可以承受的風險。

這些改造，以及在其他所有角落和機腹打穿拆除隔間，都是為了讓耿直運輸機變成完美偽裝的馱獸，利用軍隊的經費，把你想載的任何東西從甲地載到乙地。這策略的成效遠超過貨運小組的期望：效率極高，是因為這些空間常常就連在原始設計藍圖或文件裡也看不到，即使在軍中檢查也一樣。你的指揮官的上頭軍官發現你拆掉逃生滑道，空出位置多載幾公噸的毯子、珠寶、紅牌伏特加和子彈的時候，你很可能已經死透了，軍事法庭也拿你沒輒。米奇聳聳肩說，其實呢，他的指揮官幾乎總是參與交易——若要確保不會被任何其他軍官阻撓，這是最保險的做法。

他說，最有利可圖的航程，是機艙裡載的東西又大又輕的情況。「帳篷、制服或管線很好，因為可以填滿所有看得到的空間，但地板下還剩下很多載重可以運用。」（二十多年後，我聽到奧利佛·史普拉格〔Oliver Sprague〕說了類似的話。史普拉格是國際特赦組織的一名販運觀察員，一直在注意這些機組員一邊進行他們領現工作的詭計，一邊運送人道援助物資。）但即使剩下的載貨空間比較少，還是可以挪一挪，反正即使遠超過額定最大起飛重量，米奇還是可以飛。

米奇正是那麼做的。他許多夥伴們也一樣。他們數以百計，從蘇聯各地飛落中亞，參與實際與經濟生存的速成班。這是行動中的行動，雖然合法得愛國，又密而不宣，結果紅軍軍團、營和軍之中最大的一支，竟然是自保社會。

米奇聳聳肩。阿富汗戰爭的空軍基地環境令人髮指，任何受得了的人，得到的絕對遠超過從前積欠的薪資。雖然駕駛員自己會盡可能住進旅館（一部分是階級使然，一部分是為了睡眠充足，免得開著飛機撞向山壁），至於裝載長和其他人，就得委屈一下了。他們在基地猛喝清理電路的純酒精航空用油來保暖、消遣，養成的這個習慣支撐了許多人，但至今仍然奪去不少性命：「白熱病」，是蘇聯貨機機組員的禍害。安德列曾是Il-76的駕駛員，也是米奇在阿富汗的戰友，現在在中亞經營自己的貨運生意，他敘述一個年輕新兵勤奮地用純甲醇清理他的引擎，結果一個面露凶光的空勤人員邁步走過去咒罵他浪費，一把抓過瓶子，飢渴地灌了一大口，「白痴！只要薄薄一層就好。」他罵著，把甲醇蒸氣呼向金屬，開心地擦拭，清理引擎。

而酒精只是開端。許多人利用在空軍基地充斥的當地作物鴉片和大麻脂消磨待命時間（時常也包括上工時間）。這些一部分是「捐贈」的：被阿富汗的「好心人」像丟手榴彈一樣丟進坦克軍、丟進軍營牆內（希望駕駛員和士兵上癮），不過大多只是裝進飛機，從另一端卸貨。

他們突然上場，開飛機自由接案，而這些經驗、迅速習得的技術和低迷的期待塑造了他們。後來發現，米奇退出軍旅生涯的時機再好不過了，他不只千鈞一髮地避開第一場車臣戰爭，他說他還驚訝地發現，外面的世界已經做好準備，等著他服務。對企業家、所有軍火行動中可以分一杯羹的人和空勤人員自己而言，那是段美好的時光——報公帳、客房服務、熱帶的目的地、奢華飯店、和友善的資本家狂歡，邂逅有異國風情而且不抱著殺意的女子。

不過他承認，並非一開始就順順利利。在敵軍炮火下從喀布爾撤軍、被軍隊遣散，只拿了一百五十盧布，一次抵銷所有欠薪，僅僅三年後，意外轉換到這個截然不同的狂野生活方式，有點令人措手不及——不只他，所有人都這麼覺得。

空勤人員找到了因應之道。很多人喝酒，狂飲，之後不再喝得那麼猛，但是更頻繁了。有些人（像米奇的夥伴亞提姆）鎮日臣服於他們在阿富汗首度嘗試的海洛因，成為完全不可靠的「鬼」。他說，那時候這些活像鬼的空勤人員隨處可見。他們在摩天大樓的樓梯間吸食過量，到了春天，屍體出現在鐵路側線挖來的融雪裡，或湖裡的冰層下。韌性強一點的，時常淪落回中亞國家，完全沉迷於鴉片，轉行當中間人。

還有其他的路，軍團有些消息靈通的老兵結交了前蘇聯各地興起的新黑手黨幫派，擔任打手、保全、司機，做任何事都行。有些投身宗教，或被關進大牢，或遠走高飛。俄羅斯航空（Aeroflot）突然充斥著私人兼併人和現金，讓不少前軍人因此荷包滿滿——包括前總司令耶夫根尼．沙波什尼科夫本人。一九九五年，沙波什尼科夫將成為這家航空的董事長，其他人變得企業化，安定下來，投入事業，咬緊牙關待在筆直的窄路上，或用其他技能開啟新的人生，成為水管工或卡車司機。

而有些人像米奇一樣，只是繼續飛。米奇年屆四十，身材高瘦，垮著肩膀，仍顯帥氣，他就是喜歡見識這個世界，再訪他在軍中去過的地方，小小享受人生。只要他們比大家多賺幾個錢，做他們最了解的事，就算過得不錯了。米奇若無其事地揮揮他手上的菸，謙虛地聳聳肩。「其實沒有計畫可言。只有我、飛機和下一份工作。我就是悶頭做。」說完他哈哈笑。「不鳥瞰風景，就會瘋掉。」

蘇聯解體造成的權力真空，使得米奇手下那樣的機組員得以茁壯，其中關係不言而喻。然而，儲備只是儲備，一架Il-76只是一塊金屬，即使維捷布斯克一個黑手黨用他能轉售的所有槍枝來統御他的鄉里，他仍然受制於財富——直到能把供應與需求牽上線。而在恣意妄為的一九九〇年代，到處都是剛獨立的國家和後冷戰運動掙扎誕生，所以確實有需求。國際化的時候到了。

第五章　全球網路的誕生——俄羅斯，一九九三年

這些民營化的蘇聯機組員和他們合夥人、仲介、雇主與中間人的網路遍布世界各地，宛如某種失落的部族在尋找應許之地。絕大部分只是用他們所知的所有方式來賺點錢，用正派、透明的方式進行，建立一波航空公司，取了合法可靠的名字（例如伏爾加—第聶伯航空〔Volga-Dneiper〕、舉重空運〔Heavy Lift〕，這些大名如今舉世皆知），確保五角大廈的軍械、搖滾樂團的舞臺布置、人道救濟和巨大的風力發電機可以送到需要的地方。而世界各地，一整個神祕聯繫人和中間人的生態系隨著他們冒了出來，如果當時有人注意的話，會發現那速度非比尋常，幾乎令人不安。

他們選擇把創業總部設在非洲和中東，主要是為了米奇的需求和偏好，他喜歡待在太陽不像西伯利亞的好地方，換個環境。如果我告訴你，少見大理石內裝的公司門上還有黃銅門牌，那也沒什麼好奇怪。

國際觀察員休．格里菲斯（Hugh Griffiths）說：「當然真正的原因是策略因素。」這位

年輕的英國人年僅三十七歲，已經是斯德哥爾摩國際和平研究所（Stockholm International Peace Research Institute，SIPRI）的研究員，他監控這些迅速增長的民營航空，在聯合國造成的漣漪已經多過許多國家元首一輩子的影響。他成為顛覆性商品貿易的剋星。

他解釋道，有利可圖的救援和建設合約，以及提供保全與維安的工作，目的地總是經歷過飢荒、恐怖活動、地震或人道災難帶來雙重打擊的悲劇，因為每次發生衝擊，食物、乾淨的水、收容所或醫療資源就會缺乏，而衝擊總有餘波，這就是體制崩壞的關鍵階段——腐敗、暴力、牟利、擁槍自重。

格里菲斯說：「例如阿拉伯聯合大公國，不只是阿富汗空橋運輸的主要中途站，也是救援送往中東和南亞的樞紐。像烏干達和肯亞這樣的地方，才有前往安哥拉的飛機。在那裡恰好才會有救援航班，和他們想載進載出那些國家的任何東西。」

話說回來，國際觀察員多年來一直想不透小型武器和黑市商品怎麼進入災區，而當地資源（從現金、打劫的寶藏到鴉片）怎麼送出來。

不過所有的複雜生態系都會演化出寄生蟲，也會演化出掠食者、食腐者和偽裝、轉移注意的大師。打零工的空勤人員抓住機會過新生活，而其中也有生意人——包括一些無賴業者，精明地選在喬治亞和哈薩克這些以紀錄保存、監控制度鬆散、模糊或腐敗聞名的國家註冊他們的飛機，在阿拉伯灣（Arabian Gulf）和撒哈拉以南的非洲各地建立他們的事業。他們到了那裡之後，形成了恣意妄為的一個企業家新階級。其中最著名的是米奇昔日的一個空軍同袍，他的故事正是了解米奇之後行為的關鍵。

從米奇之前位在維捷布斯克的空軍基地往東開車一個多小時，空中瀰漫著剛下雨的味道和樺木樹脂那種青翠、苔蘚土壤的氣息。俄國車、波蘭車和德國車、欄板式貨車和橫越大陸的貨櫃車，沿著E141高速公路潮溼龜裂的柏油路面呼嘯而過，濺起水花，往俄國的邊界城市斯摩倫斯克（Smolensk）而去。

減慢車速，打右轉燈，然後停下。從車裡出去，步離結實的路肩和湍急車流，進入樹林，隨即籠罩在溼淋淋的靜默中。羽毛蓬亂的巨大烏鴉振翅，在鬆軟的森林土壤上啄食。棄置的德國虎式坦克曾經聲勢驚人地在林中進攻，生鏽的外殼如今在這些雲霧繚繞的高大樺樹林中腐朽。

卡廷（Katyn）森林裡的一些地方，鬼魂擠得水洩不通。一些地方的人類屍骸掛在細枝上，隨風翻轉，總之天黑之後你絕對不會想去那裡。一九四二到一九四三年間，城西十二哩處的落葉和塵土之下發現了多達二萬二千名波蘭軍官、作家、律師、工程師和老師的屍首，在倉促挖的坑裡堆了好幾層——一九四〇年四月，在史達林祕密警察的命令下，這些人一天之內，在林子中死於幾乎工業化的屠殺。他們就沉睡在這裡，在這些樺樹間，伴著他們的是同時遭處決的數百名烏克蘭與白俄羅斯同志，他們喪生於斯摩倫斯克主要的工業屠宰場，和城裡內務人民委員部（NKVD）的祕密警察總部。卡廷大屠殺的餘毒仍然影響波俄關係，而鬼魂依舊奪走旅行者的性命。

二〇一〇年四月十日，波蘭總統、數十名老兵和波蘭的整個政府高層在前往大屠殺受害者紀念典禮的路上遭到殺害。三十六空中運輸軍團的圖波列夫Tu-154M在霧中迷航，試圖改道斯摩倫斯克，卻撞上樺樹而解體，八十七名乘客和機組員無人生還。照片中可以看到一具引擎的殘骸散落在林地的樺樹之間冒著煙，恰好就在城西十二哩的位置，就好像有什麼東西找到了回家的路。

米奇從前在維捷布斯克的空軍基地在邊境另一頭，而斯摩倫斯克和那裡一樣，駐紮了龐大的軍事運輸航空軍團——一〇三空軍運輸軍團待命中的Il-76，以及一間蘇聯時代的著名軍事學院。俄羅斯聯邦的陸軍防空學院（Military Air Defence Academy of the Land Forces）是俄國精銳的火箭與高射炮訓練學校，也是對抗西方空中侵略的第一道防線。一九九一年之前，蘇聯把最後一盧布都賭在這上面，今日陸軍防空學院的新兵在俄軍境外部署以及保衛國土上，扮演了重要角色。不過，大部分的新兵和士兵並不知道，這間學院曾經發生過現代俄羅斯歷史上一個極其古怪的竊盜案。

大約在一九九〇年代中期（細節難以查明，不過這情有可原），當局決定為了向學院的畢業生和他們為俄國軍隊的貢獻致意，將設立一座適宜的雕像。幾通電話批准，多虧了烏茲別克那間名字言簡意賅的伊留申—塔什干航空製造聯合體（Ilyushin-Tashkent Aviation Production Association），軍方捐贈了一件適合的設備：一架巨大嶄新Il-76飛機，像宏偉的工業時代雕像一樣昂然立在入口大門處。這是俄國境外冒險的驚人象徵，提醒著他們能做到什麼程度。

當局和高階軍官大肆宣揚這個壯舉，但在揭幕大典當天，該設備卻不見蹤影。因為有人抱著別的主意，一直非常仔細追蹤雕像計畫的進度。就這樣，Il-76在送往學院途中的某個地方，消失了。

神奇的細節慢慢浮現——即使這些細節也不大可靠——看來把Il-76據為己有的大膽傢伙在工廠和送貨的程序之間，先是說服了一位官員，把那架飛機重新標為廢金屬，然後熱心地安排把七十二公噸的「廢料」從他們手中接收，調頭送往第三個目的地，然後在一個管制寬鬆的政權下重新登記，接著開著它飛去進行第一個工作。換作世上別的地方，這會是世紀犯罪。一九九〇年代初期到中期俄國大混戰的背景下，保全看管的整班工資列車在車站間消失無蹤、坦克車對議會開火，企圖奪取新生國家、幾公噸的軍械在送往車臣的路上不翼而飛，這是令人沮喪的**常態**——不過是另一天、另一件搞砸的事。

「當然有軍事裝備的跳樓大拍賣。不過偷竊是飛機被『解放』的另一大宗方式。」馬克．伽略提博士說，「絕對不要低估當時在前蘇聯不法行為的數量。許多裝備被報銷為『毀損』，在偏遠單位調回俄國的路上消失。數量之多令人悚然。即使在蘇聯垮臺之前，東德買回來的許多裝備似乎也都在運送途中『遺失』。估計的數目變動很大，不過主要是有實際日常用途的東西。依據我得到的一個數字，蘇聯武裝部隊的摩托車有半數不翼而飛！因為那種東西可以就這麼牽去當地的酒吧，說，『有人想買一輛摩托車嗎？』而RPG-7榴彈發射器確實比較棘手。」

伽略提說，由於Il-76太難在酒吧裡賣掉，因此把這設備報廢為「毀損」的人，之後會把飛機開走，打算用於伽略提所謂的「實際日常用途」。

這個奧祕很可能至今仍然未解。迪米崔・霍洛多夫（Dmitry Kholodov）是最後一位調查偽造「報廢」大型軍用設備以輸入黑市的莫斯科調查記者，他曾針對國防部長帕維爾・格拉契夫本人涉入的可能性，寫了一系列文章。霍洛多夫收到的一只公事包中，據稱有著文件證據，但他打開釦鎖時，卻觸發了詭雷，把他炸得粉身碎骨，而他在《莫斯科共青團員報》（Moskovsky Komsomolets）的辦公室也成了一片血腥焦黑。因此現在可能知情的人，在談到就這麼飛走的Il-76雕像那樣的「報廢物」花招時，對於指名道姓都很謹慎。非常情有可原。

不過不清不楚的狀況中，確實不斷浮現某些名字。不論你問誰——空勤人員或生意人，條子或強盜，業內或是業外人士，你不久就會聽到米奇在維捷布斯克基地昔日同袍的名字，軍官兼軍隊翻譯，維克托・A・布特（Viktor A. Bout）。他的生涯多少反應了米奇自己的生涯，同時顯示了白領階級背景、無懈可擊的人脈和無窮野心可能造成怎樣的差異。他會是把整架飛機變不見的魔術師嗎？

即使現在，他精心營造的神祕氣息也只會激發那樣的疑問。這個最具爭議的人物，傳記數目就像聲稱和他有過節的人一樣多。即使有那樣的轟動事件，那麼頻繁地被拍照，他的罪行仍然很難被板上釘釘。

我們已經知道的只有，當他的審判來臨，審判本身已經「排除合理懷疑」。至於其他的事，大多仍然只能臆測。他可能是（也可能不是）下列任何一種身分：維捷布斯克空軍基地的老兵、模範商人、退役上校、很低階的軍隊翻譯官、特立獨行的飛行員、非法軍火走私客、獨裁者和軍閥的朋友、慈善家，或是遭到懷恨在心的昔日生意人脈（包括野心勃勃的武器販運觀察員、中情局經營的貨運企業對手和美國政府、無賴的聯邦調查局雙面間諜）抹黑的無辜受害者，抑或是布希—錢尼政府戰爭遊戲的棋子、美國重建伊拉克的重要夥伴、打破禁運者、傀儡、送貨人、難以捉摸的幽魂。他穿著紐約一間高度戒備監獄的橘色連身衣，被判的罪名和美國一個誘捕行動有關，美國探員聲稱他們逮到他提議把地對空飛彈賣給一個假扮成哥倫比亞叛亂團體革命武裝力量人民軍（Fuerzas Armadas Revolucionarias de Colombia，FARC）的男人。他抗議他無罪，計畫上訴，而俄國政府宣稱美國有不可告人的政治動機。有些人說，換作不同時代，他很可能既是毫無信用的武器走私商，又是拿來嚇小孩的鬼怪。二〇〇八年他遭逮捕時，一名《衛報》（Guardian）的記者寫道：「即使維克托．布特不曾存在，驚悚小說的作者也會將他創造出來。」

我很想說，大家除了知道維克托．A．布特叫作維克托．A．布特，其他一無所知，即使這也未必是事實。依據他的美國起訴書，他持有至少五份不同的護照，任何時候都可能是維克托（Viktor，時常拼成Victor）．布依特（Buyte）、布特（Butte、Butt）、布德（Budd）、布拉肯（Bulakin）、布托夫（Boutov）、邦特（Bont）、貝特（Byte），或類似的變形。也可能是維塔里．瑟吉托夫（Vitali Sergitov）或瓦第．馬可維奇．阿莫諾夫（Vadim Markovich

Amonov），或只是「鮑里斯」（Boris）。

雖然他的網站、他的一份護照上和他最近放上網的一段個人影片，都指出他的出生地是杜尚貝（Dushanbe，位於前蘇聯的塔吉克，這國家深藏於俄國與阿富汗在中亞的交界處），但可他在一次廣播訪問中，宣稱他生於土庫曼的阿什哈巴特（Ashgabat），就在裏海沿岸。但是，堂堂國際刑警組織（Interpol）的消息來源顯示他來自斯摩倫斯克當地（這資訊用於他的逮捕令），另一份國際刑警組織的逮捕令寫著他是烏克蘭人，而烏克蘭的軍事計畫負責人列昂尼德．波利亞科夫（Leonid Polyakov）則稱他是出生在哈薩克的俄國人。俄國政府多年來指認他為俄國公民、合作引渡他，但據說二〇〇六年，就連俄國政府也改口，刻薄地宣布不會引渡他，因為他其實從來不是俄國公民。他在二〇〇八年被捕之後，俄國政府爭取他由泰國引渡到美國，卻在二〇一〇年終於下令將他引渡到美國之後，宣布他們會盡一切可能「將他帶回他的祖國」。話說回來，據報布特在二〇一一年三月等待審判時聲稱，他受到引渡之後，還未和俄國當局的任何人接觸。

這些當局在他審判過程中出奇地安靜，只寫過一封信——更怪的是，布特本人也一樣。說來諷刺，這些年間布特的企業走私槍枝給世界各地的叛軍和獨裁者，也供應聯軍軍隊。唯一能非常確定的是，寫作這本書時，布特居然從來沒有任何罪名成立。即使他最嚴苛的批評者也不得不承認，雖然他們寧可他沒做那些事，但那些事其實並未被視為違法。

那種情形在他二〇一一年的審判中改變了。突然之間，世界各地的報紙頭條宣布他風光的日子結束了，他的人生其實完了，而他的飛機不是消失，就是被回收商撿走。

布特出盡鋒頭，甚至在《紐約時報》（New York Times）享有身穿亞曼尼拍攝生活風格照的待遇，還有全球最厲害的情報機構緊跟著他將近二十年。他的事業規模龐大，還那麼難以捉摸，令人難以置信。若不是國際刑警組織、中情局、聯合國、美國與俄國政府都無能得可笑（當然不是不可能），就是多年來有人一直刻意花了不少時間和心力，建構非常宏大的障眼法。

布特買下前蘇聯軍方的An-8貨機，開始營運。也正是當時那場大霹靂，讓米奇、謝爾蓋和其他人迅速流竄到世界各地。

「蘇聯解體時，維克托（原文為Victor）決定離開空軍，開創自己的航空事業。這領域一向令他著迷。」布特的網站上寫道。「他得到家人和妻子的一些幫助，設法買下四架An-8貨機，成為事業與艦隊的核心與起點。」

在那段窮困的時期突然買下一批貨機，多年來引起不少質疑，讓人想起米奇說的：只是「解放」一架飛機到哈薩克。那時當然是一場大拋售，但即使當時這些飛機據報便宜賣到三十萬美元，對於來自塔吉克的軍隊翻譯官和他的「親友」要湊出那麼一大筆錢，想必還是不容易。話說回來，朋友也有很多種——這些人是誰、是做什麼的？懸而未決的問題讓我和米奇共處的時光，籠罩著揮之不去的陰霾。

布特的飛機網是安托諾夫和Il-76組成的雜牌軍，從多個不同來源購買、「解放」、借用、討要，很可能包括某一間飛彈學院前的一個雕像底座。這個飛機網在一九九〇年代早期的混亂中逐漸成長，而布特的影響力也水漲船高。不久之後，布特將讓這些巨大的軍規載貨大鳥從他位於沙迦（Sharjah）的基地起飛，在非洲、中亞和阿拉伯世界運作。據說布特提供補給的對象包括塔利班、非洲軍閥和五角大廈，而布特本人在他的網站抗議，要在非洲做生意，理所當然得和個性有問題的領袖合作。「大家有共識，在任何地方或國家做生意，就必須遵守當地本質、人民、現狀和局勢中根深柢固的規範和限制。」布特指出，美國擔憂中國侵犯人權，卻仍和中國打交道。

布特描述他自己是「典型、理想的新一代俄國生意人形象」，這說法奇妙地呼應了我在那條灰撲撲跑道上第一次和米奇閒聊的內容。只不過，雖然藍領駕駛員對於新俄國人和生意郎這種用語顯得難為情，但布特通曉多國語言，幾乎有點雅癖，對他而言，志向和成就沒什麼好羞恥的。「活力十足、充滿魅力、主動、穿著講究、談吐文雅、精力充沛的人，可以用幾種不同的語言溝通，包括俄文、葡萄牙文、英文、法文、阿拉伯文等等……而且是天生的推銷員，對航空的熱情永不熄滅，還有一股追求成功的永恆動力。」如果布特本人也在個人網站上這麼說，那麼他確實如此。這是他和米奇不同的地方。因為雖然蘇聯災難性的結局，表示像米奇這樣的人必須找辦法生存，但對布特而言，卻是在把握絕佳商業良機。

不過他們其實大同小異。布特和米奇一樣，認為他們自身只是單純送貨的傢伙：是郵差而不是軍火走私客，「賣鑽石的」或任何其他類的推銷員，而顧客要用他的郵政服務寄送什麼東西，是他們自己的事。二〇〇五年出版的一本布特傳記《死亡商人》（*Merchant of*

Death），將Il-76消失的事公諸於世，根據這本傳記，他的兄弟兼合夥人謝爾蓋確實把他比喻為計程車司機。

「想像你是一名計程車司機，」自稱謝爾蓋．布特（Sergei Bout）的男人對《洛杉磯時報》（Los Angeles Times）的一名記者說：「今天你要載一名顧客去他要求的某個地方，你會突然問他『你公事包裡裝了什麼』嗎？這根本不關我他媽的事。」

這些年來，維克托．布特成了**風雲人物**，是聲勢不斷壯大的軍火交易觀察員、飛機監視者、聯合國調查員和政府的眼中釘，他們不大相信阻止飛彈、飛機、槍枝和彈藥這些致命貨物進入一個動盪、充滿荷包滿滿雇主的開發中世界，是那麼困難的事。布特的航空公司太常改頭換面，因此直到現在，似乎誰都沒辦法完全肯定他的公司有哪些、位在哪裡，就連國際刑警組織、中情局或英國情報局也一樣。

不過名聲、奢華雜誌裡的照片、逮捕令、最後的法庭鬧劇，那一切暫時還是未來的事。布特是這個新時代貨運的主要人物，這點無庸置疑，而且他生意很好。布特絕對是眼光宏大的思想家，未來的幾個月裡，隨著他身為幾架前蘇聯飛機的業者而變得赫赫有名，他將從安哥拉和撒哈拉以南非洲飛出去，並把基地設在中東，成為南非皮特斯堡（Pietersburg）等地偏遠機場出沒的典型惡棍——他聲稱，他多少是迫於其他地方有法規管制他購買的前軍機，才做出這樣的決定。即使他不是第一個入行的，也絕對是箇中翹楚。

但他不是唯一這樣的人。

第六章　軍閥總沒錯
——高加索，一九九四年

引擎湧振時，震耳欲聾的嗡嗡聲轉變成空洞、低沉的轟隆聲，駕駛艙裡的人叫喊、比手劃腳，副駕駛用手指敲打玻璃，指向下方的東西。大家都往下看：我們正在山巒之上的高空，像懸吊式單軌電車一樣平穩。接著米奇點點頭，事情結束了，轟隆聲安靜下來，黑暗再次籠罩我們。

隨著影子在亮如浴室的機艙中消散，融入機身的昏暗光線中，機身中人皆是冷淡一瞥、無所謂地聳聳肩。我們翻滾、驟降、懶洋洋飛行，落入一種自願停滯的動畫中，彷彿被困在銀行保險庫或災難片礦坑下的人。這時，魔咒打破了。呼喊聲驚動了我，我過了一下才發現是怎麼回事。

「車臣。」迪米崔從他的艙裡出來吃點東西，嘖了一聲。「那些白痴對我們開火。」他翻翻白眼。「老是這樣。」

「有什麼意義啊？我們飛得太高了，遠遠高過射程。」飛航工程師嘆氣。大家都聳聳肩。有人開了一罐七喜汽水，但是汽水搖晃過，噴得到處都是，引來一陣咒罵。

那之後，除了「車臣」這個詞在機艙裡傳開，再也沒人說什麼。我張望大家的臉龐。他們面無表情，神情緊張卻空洞，很難區分他們是否只是在盡自己的本分，沉浸在機組員生活的自動化過程中，還是在思考他們是否會受到炮擊，是否在射程之外。

雖然機組員對於居然有人開火顯然不以為然，但這樣可能（有時真的會）下場很糟，即使在這裡也一樣。二〇〇二年八月，一個像現在一樣滿天星斗的晴朗夜晚，一架俄國運輸直升機就在這裡被一名好戰的車臣戰士射了下來。巨大的直升機墜落在一片地雷區，讓這個漆黑無燈的地區在領航員的望遠鏡上一目了然。這是整個車臣戰爭之中俄國傷亡最慘烈的一次，一百一十九名機組員和俄國士兵死亡，墜機地點附近發現了一個使用過的火箭發射器。

多年來，車臣附近一直有防空活動。他們通常是空難打劫者，就像十九世紀，那些匪徒提著燈，讓船轉向岩石，想打劫船難倖存的寶貴貨物。不過對俄國飛機的敵意確實也有影響——這是由於戰爭期間俄國在格羅茲尼（Gronzy）對平民採取焦土轟炸戰略。二〇一〇年九月九日，一名女性車臣自殺炸彈客偽裝成醫護人員，炸掉正出發前往北奧賽提亞（North Ossetia）莫茲多克（Mozdok）空軍基地的整輛巴士俄國空軍。

之後和我聊的一個烏克蘭人咧嘴笑說：「經驗非常老道的駕駛員可以把他的Il-76開去任何地方。下雪的地方、很熱的地方，他媽的哪裡都行。可是大家想到車臣還是會緊張。」

我下一次跟米奇說話時，他皺著眉頭。「其實不會，我想。飛到高空就沒問題。即使你挨了一下，可能也沒太大的損害。我大概可以讓飛機迫降。」他氣喘咻咻地輕笑。「甚至迫降在一片地雷區。」

沒人提到殘酷的諷刺——這些叛軍用的武器和尤里小隊的武器來自同一批軍火儲備。解體中的蘇聯起始了全球自決的趨勢後有個意外後果，是你將見到遠比以前更多的獨立接案瘋子。他們一臉不以為然，手指發癢，滿肚子白蘭地或宗教，在格羅茲尼這類地方的屋頂上、山邊、樹頂上，朝你的耿直運輸機胡亂射擊。當市場決定一切，這些大吼大叫自衛隊隊員的火箭總是太多。顧客至上時代揭幕，也出現了一種新型的恐怖份子。

一九九二年初，要有某種第六感，才看得出兩種新教條（政治自決和消費者的個人選擇）會結合得多緊密，才能看出從前南斯拉夫到車臣、亞美尼亞、亞塞拜然和馬其頓（Macedonia）都有一大群人決心**為所欲為**。而且就跟所有消費者一樣，他們也準備進入開放市場，得到需要的一切。

武裝民兵其實不是新鮮事了。在強權橫行的昔日，叛亂團體總是受到某個陣營支持。連年的安哥拉戰爭（一九六一～一九七五，一九七五～二〇〇二）一向是冷戰衝突的代理人戰爭，安哥拉完全獨立國家聯盟（UNITA，簡稱安盟）叛軍得到美國和南非的軍事協助，他們的敵人安哥拉人民解放運動（MPLA）則有蘇聯撐腰。那背後是更大的戰局。誰是老大這點毫無疑問，「傀儡政權」這個詞已經說明了一切，而且總是有政治和軍事的等價交換。但是突然間，一切都變了。這下子，他們不再需要懇求任何要顧及更多利益的人，就能取得最精良、最強大的軍事裝備和其他任何東西，不用求克里姆林宮、白宮或中國，不用求中情局或KGB，甚至任何人。軍事裝備、子彈、傭兵、動亂是他們身為消費者的權力，而他們的錢或自家種的經濟作物、自然資源、他們可以拿來交易的一切，正在當家作主。

在安哥拉、利比亞、盧安達和獅子山，鑽石買下這些前蘇聯的軍火儲備；在剛果民主共和國（Democratic Republic of the Congo）則是木材、黃金、鑽石、毛皮和鈮鉭鐵礦（coltan）。交易是由布特和列昂尼德．米寧這樣的業者來安排。列昂尼德．米寧是體格高壯的以色列裔烏克蘭全方位說客，他最近成立了一間公司：進口木材企業（Exotic Timber Enterprises），經常駕駛看似無辜的貨機往來歐洲和非洲。於是，瞬時間，像米奇這樣的人開始談生意，飛進飛出，貨艙滿到天花板，還塞進額外的貨。

看起來一片混亂。這是個欣欣向榮的市場。蘇黎士安全研究中心（Zurich Center for Security Studies）的國際關係與安全網（International Relations and Security Network），稱米寧和布特在私有市場軍火販運，「讓軍事力量擴散或民主化」，準確地抓住一九九〇年代的全球精神。

不論國際社群怎麼說，人人都有可能突然成為軍火的消費者，只要他們有現金，或是能用某種方式支付。不論你的國家多窮、多落後，你總有**某些東西**。就像湯姆．傅利曼（Tom Friedman）在他一九九九年著名的全球化研究《凌志汽車與橄欖樹》（The Lexus and the Olive Tree）中告訴他們的：不論有什麼，都可以加以運用，賣掉、交易，以便加入戰局。在非洲，這表示獨裁者可以用血鑽石交易武器和輸入傭兵支援；在塞爾維亞，黑手黨控制了機場，建立臨時自由貿易區，把軍火運到利比亞之類的流氓國家交換強勢貨幣；而歐洲至今仍有蓬勃發展的一條毒品與盜版路線。在此同時，在塔吉克的市集，則表示用海洛因換取軍火，由米奇或其他十多家確實實踐客戶至上這個新信念的公司載著，飛落到塵土飛揚的荒涼碎石坡和廢棄的跑道上。

一切都已經變了。不過法律和秩序的力量例外——像聯合國這樣的機構、情報組織與監管單位，過去四十年都在和稍有結構的跨國組織犯罪打交道。

＊＊＊

換作別的時候，這些開著破爛Il-76和安托諾夫夜間飛行的機組員有可能會觸發警報。提供貨物的人可能變成目標，遭到調查、摧毀——下手的如果不是他們自己的政府，就是西方或他們營運地的政府。不過這次，各種狀況推翻了這個可能性。

一九九二年前後，全球衰退讓歐美到亞洲的貿易和政治籠罩了陰霾，這時西方有一種新的思維成形了——完全聚焦在「展現價值」的思維。一九八〇年代，英文開始使用「外包」（outsourcing）這個詞；到了一九九〇年代，隨著前共產陣營突然出現的便宜勞力，外包成了經濟學的時髦用語，在管理良好的概念中深根。西方政府現在知道瓜地馬拉、盧安達、阿富汗和菲律賓這類地方的人不會被變成「蘇維埃的傀儡政權」，所以遠比以前更不會因為這些地方的人對彼此為所欲為而大驚小怪了。隨著國家機構愈來愈常運用董事會的用語，西方政府一心取悅他們的利害關係人，壓低非必需品的價錢，讓他們口袋裡有更多的現金。這其中也包括貢獻給聯合國這些孤高而空泛的機構。

不過對聯合國本身，這世界仍是同樣的——其實變得更大了。從前只有一個巨大的蘇聯，現在卻有數十個新地方，有著像亞美尼亞、亞塞拜然之類的名字，似乎一堆問題冒出頭，沒有別人照顧他們；聯合國的成員突然驟增為一百七十七個會員國，此外還有非洲到中美洲的無數小國家，水火不容的冷戰「贊助者」們突然消失無蹤。這些國家，聯合國都必須監督，所以維和行動的支出一飛沖天，而大國發現他們被要求付出更多。一九九一年，聯合國維和行動支出是很平常的四億九千萬美元，而逾期欠款累積到三億五千八百萬美元，然而不過一年後，在世界各地的維和費用幾乎躍升為四倍，達到十七億六千萬美元（這一年裡，阿富汗、亞美尼亞、亞塞拜然、喬治亞、塔吉克、阿爾吉利亞、安哥拉、賴比瑞亞、馬利、盧安達、獅子山、索馬利亞、蘇丹、烏干達、哥倫比亞、瓜地馬拉和秘魯都墜入深淵），支付這些行動的逾期欠款也加倍了。

事情很快就失去控制。到了一九九五年，英國的聯合國常駐代表抱怨：「某些國家支付的款項不成比例，導致資金危機……美國（百分之三十）、歐盟（百分之三十至三十五）和日本（百分之十一）占了將近總數的百分之七十五。」這在美國的影響特別糟，國會和輿論界深具影響力的人物主張：那些行動對美國沒有直接的利益，因此美國不應該負擔三分之一的行動成本。

恐慌襲來，雪上加霜的是，美國拖欠款項的行徑惡名昭彰。一九九三年，剛上臺的柯林頓（Clinton）政府驚恐地發現，他們繼任於著重國防的布希和雷根政府之後，繼承的預算赤字幾乎是原來所知的兩倍。這是刻意、刻薄的超支，首腦（布希的首席經濟學家）命名為斯托克曼的復仇（Stockman's Revenge），打算讓政府一窮二白，無法興辦任何福利或其他開支，藉此破壞任何新任的民主黨政權。新政權必須立刻省下五千億美元，全能的聯邦準備理事會主席（Federal Reserve Chairman）艾倫・葛林斯潘（Alan Greenspan）才會認為新政權的預算計畫可行。在這樣的脈絡下，加上摩加迪休（Mogadishu）災難般的「黑鷹計畫」，使得海外活動看起來註定失敗，於是資助聯合國海外行動的經費這項優先計畫，被一股腦地往後放了。

在這場危機如火如荼的時候，聯合國本身擔心無法支付這些新部署，因此準備了一系列籌措資金的辦法，甚至包括在商業市場上借錢（實際上是和銀行經理見面，申請代款來支付嶄新的維和行動），所以聯合國就像在那處境的任何組織一樣，致力於靠著外包「非核心」活動，壓低自己的成本。這指的是運送救援物資和貨運。好巧不巧，正好有了史上最大量的駕駛員和運輸機，而且謠傳這些前蘇聯的機組員收費便宜。

他們確實很便宜，前提是有辦法提高他們檯面下的收入。

至於謝爾蓋，他說他很少知道主要託運人的貨是什麼。另一名Il-76駕駛員說得好：「對我們來說，都只是貨。」包機仲介約翰・麥當勞指出他們大部分工作的「需知」，以及他受僱的一個標準條件，或至少對許多工作的理解，是機組員什麼也不問，託運人什麼也不說。二〇〇九年，一架離群的Il-76因為在北韓和伊朗之間（途經阿拉伯聯合大公國、亞塞拜然、斯里蘭卡和烏克蘭）運送打破禁運的非法軍火而被捕，恰恰證實了這個情形。機組員被捕，囚禁在曼谷，然後不知為何居然無罪開釋。一名《空運新聞》（Air Cargo News）的記者設法和機組員的親戚說上話，他們說起自己丈夫、父親、兄弟和朋友因為不論工作內容是什麼、衝突地區多危險，或飛機維護多糟糕都願意飛，因此雇主會給予豐厚的報酬。他們也提到去蘇丹和索馬利亞的任務。有個男人自稱米凱爾・佩圖霍夫（Mikhail Petukhov），是一個機組員的朋友，自己也曾是同行的駕駛員，他告訴《空運新聞》：「這並不容易……他們的飛機很舊，所以航行很危險。而且這也表示必須打破幾乎所有的航空法規。不過這樣行得通，而且他們報酬很好。」

此外還有個重要條件——他們不過問任何和貨物有關的問題，並且守口如瓶。

話說回來，米奇聳聳肩說，祕密是雙向的。大部分領現工作的包機雇主或貨運顧客，都不知道（甚至不想知道）他們的東西夾帶了什麼一起運送，即使知道，他們通常也願意睜一隻眼閉一隻眼，只要他們的貨物送達目的地就皆大歡喜。所以這時候，機組員開始賺「大錢」了——遞送正規的荷載，加上私下接單運送別的東西，或是單純載進來碰碰運氣。而這些機組員太擅長利用他們額外的載貨量來賺取利潤，就連汽車這麼大、幾公噸重的東西，都能融入機身結構之中。

即使客戶看到不該看的東西，也會願意在他們調包的那瞬間裝作沒看見。布萊恩・強森・湯馬士對一名機組員印象很好。那名機組員從來不錯失提高好處的機會，即使需要違反一些規則（其中似乎還包括物理法則）。

「就是他們讓整整兩輛拉達轎車就這麼消失在飛機裡。」他哈哈笑著。強森・湯馬士當時在一間非政府組織當飛行總監，用耿直運輸機載四十五公噸的毯子去一個人道緊急援助。他還記得當時的一切。「我必須跟一架Il-76和機組員接頭，他們一直在做另一份工作，但那時有空載著毯子繞道進入災區。」強森・湯馬士來到在降落位置的碰面地，在那裡等待。飛機來了，斜臺降下，而他訝異地看見兩輛龐大的俄製拉達汽車，就停在飛機裡準備放置救援物資的地方。

他回憶道：「我問『那是怎麼回事？』」裝載長解釋說，當時，西方的拉達其實比俄國便宜，而且在家鄉弄不到零件，所以他們在西方買二手的拉達，運回俄國的烏梁諾夫斯克（Ulyanovsk），拆解賣掉。

強森・湯馬士不答應。他解釋，官方的物資絕對會讓他們的載貨量滿到載不下。那兩輛拉達得留下來。

「我說，『聽著，救援貨物得裝進去，恐怕沒空間載你們來路不明的拉達。』」他邊說邊哈哈笑著。「但領航員只是把我帶到旁邊說，『布萊恩隊長，拜託，你去隔壁，喝杯啤酒，一個小時之後回來，你不會看到任何拉達了。我保證，我會給你資產負債表，一定過得了關。』

「唉，我還能怎麼辦？所以我恭敬不如從命。我回來的時候，毯子、救援物資的箱子，全都裝進飛機，車子也不見了。**連個影子都沒有**。噢，車子當然還在，總有某種辦法，只是藏了起來，而且他們說到做到，讓資產負債表『過得了關』。這樣就夠了。」

以一個模式而言，簡單得不可思議，幾乎像小城鎮的計程車司機在置物箱裡藏大麻做生意，不管控制中心允不允許。一輛破爛的豐田，能換一架更破爛的蘇聯空軍飛行器。只要置身事外，觀察發展中的那場混戰，任何人都能在像米奇那批Il-76機組員一樣，開始在非洲之角（Horn of Africa）被攜帶火箭炮的海盜擊落、在安哥拉被炸毀、遭塔利班綁架……在那些違禁品從軍火儲備流入戰場和都市叢林之前，看出事情會怎麼演變。

然而**沒有人能夠置身事外**。對西方而言，這是令人無法自拔的一九九〇年代。冷戰結束了，現在讓市場自我調節，帶來和平與繁榮吧。自由市場改革之後，俄國當地的生活水準一落千丈，不過那不重要；預期壽命不斷縮短，不過那不重要；從納戈爾諾—卡拉巴赫（Nagorno-Karabakh）到盧安達的血腥衝突也不重要。貨物在邊界自由進出值得喝采，不該阻礙。和平昌盛的宇宙新秩序正在形成，這只是初期的陣痛，自由市場的天使會讓這成為最完美的世界。在美國，柯林頓政府深信這個展望，即使他們得知黑手黨占據俄國，仍然對證據視而不見——一份報告從副總統艾爾．高爾（Al Gore）的桌上退回，封面被潦草寫上「粗俗的修飾語」（據說那個詞是「狗屁」）。

而一九九〇年代初期到中期，挨餓破產的俄國各地開始形成一種現象：「穿梭貿易」（shuttle trading）。俄國人利用他們新獲得的旅行自由和他們擠出的最後一點盧布，搭乘夜間巴士到土耳其、希臘和義大利，買進廉價（對許多人而言或許仍然極有異國情調）的桌布、洋裝、盤子，在邊界買通海關之後帶回家鄉賣掉，賺取微薄的利潤。簡直像回歸中世紀，那是條殺手伺伏的絲路：死亡人數高得驚人，在夜間車站和長途巴士轉運站的黃光下，搶匪和刺客除掉個別的商人，而腐敗的警察與邊境警衛經常竊取設備和金錢，強暴、毆打和殺害穿梭貿易商的事時有所聞。

米奇興高采烈地承認，他的團隊有點像穿梭貿易商。差別是，他們有飛機，所以可以避開麻煩，把這變成大宗的生意。合法貨物的託運公司吸收了運輸費用，而且他們可以運送的距離遠超過被限制在地面的同胞，因此他們這行裡私下的生意更令人難以抗拒，利潤高得驚人，何況新訂單可以一通電話就立刻完成，幾乎只要機艙門還沒關上就沒問題。

其他人也抱著同樣的想法。突然間，去軍事化的機組員，和他們的耿直運輸機開始替任何能付錢的人載運武器和違禁品進出俄國和烏克蘭。顧客包括剛成名的塔利班，他們的戰士不過幾年前還會擊落在空中飛的Il-76，現在據說卻成了軍火和彈藥運送的重要顧客。

不過關於政府、大企業、總參謀部情報局（GRU）、國安會或取而代之的俄羅斯聯邦安全局（FSB）容忍、甚至參與轟炸非法與違反制裁軍火買賣的謠言，從來不曾平息。一九九〇年代，俄國、烏克蘭和其他前蘇聯國家當局努力重拾對軍隊的掌控、維持公民社會，問題已經夠多了，因此無心追捕走私客。況且，走私客不是清空了前紅軍自己的軍火儲備，仿效了資本主義最理想的企業家傳統嗎？

第七章　流氓國度
——南斯拉夫，一九九四至一九九六年

官方和前蘇聯各地軍火管道共謀的謠言，似乎名副其實——只是謠言，是陰謀理論家、下臺政客別有意圖的胡言亂語，但命運難料，這世界不久就會得到決定性的證據。一九九六年八月十九日凌晨風暴中的事件，加上一小群當地記者頑固堅持（甚至到有點莽撞的地步）決心揭露真相，終將讓世人知道米奇一些後臺雇主的影響力有多驚人，還有他們為了避人耳目，做得出怎樣的事。

Il-76呼嘯飛過悶溼的藍色夜空，黑色形體掠過貝爾格勒的凱悅酒店，穿過城邊低垂的雲層。閃電襯托出輪廓，在旅館酒吧裡的酒客、深夜用餐者和商人眼中清晰可見，然後一切復歸黑暗。影子轟轟隆飛過河川，俯衝向另一端的辦公大樓叢林。就在那瞬間，翼尖升高到避開最高的高樓，耿直運輸機滿載燃料，繼續尖嘯著掠過市中心，近到足以扯下大廈樓頂的天線。駕駛員在黑暗中睜大眼睛，注視著駕駛艙玻璃外的漆黑：他們現在的處境慘不忍睹，即使兩萬美元的獎金也無法讓他們脫離險境。

駕駛員名叫弗拉德米爾．斯塔里科夫（Vladimir Starikov），是個打零工的貨機駕駛員，也是米奇從前在蘇聯空軍的同袍，才中途停留過位在烏拉山脈的西伯利亞側的葉卡捷琳堡（Ekaterinburg）。斯塔里科夫是老手，能夠做到不驚慌失措，但他知道隨著他讓Il-76在貝爾格勒黑暗的街道和橋樑上一圈圈打轉、尋找降落的途徑，他的選擇便愈來愈少。他曾經經歷困境，這次照樣可以脫身。

一開始，這只是從葉卡捷琳堡飛去天曉得什麼地方的另一趟夜間航班，在貝爾格勒暫停換置貨物，然而到了黎明時分，卻將成為和百慕達三角洲的第十九飛行中隊，與愛蜜莉亞．艾爾哈特（Amelia Earhart）消失之謎並列的航空大謎團。

歐洲的樞紐布滿像貝爾格勒、馬爾他（Malta，在那架飛機航線上）和賽普勒斯這樣的熱門加油休息站——也有些人認為那裡是當晚計畫中的中繼站，原因和策略有關。一九七〇和一九八〇年代間，阿拉伯恐怖分子和國安會探員在地中海地區與中東主導「黑色行動」，北賽普勒斯成為他們的熱門基地。《明日報》（Zavtra）的瓦倫亭．普魯薩科夫（Valentin Prussakov）報導：「一九九〇年代，數以千計遭『裁員』的祕勤人員，眼明手快地撕掉他們的肩章，進入私人企業。許多人在賽普勒斯開設了境外公司，之後大量俄國資金湧入。」但資金不只來自俄國。一九九六年，塞維爾亞米洛塞維奇政權下，一些和黑手黨掛鉤的企業也以這座島為家，這裡為他們販運武器和違禁品的船與飛機，提供理想的權宜船旗和基地。馬爾他——他們機組員接下來的目的地——也緊隨其後。

對這國際走私販運網和祕密探員的神祕世界而言，今日的間接後果在火苗撲滅之後仍然會延續許久；不過對於駕駛員和機組員而言，求生的奮鬥才剛開始。

斯塔里科夫要訂購輪胎——沒有輪胎，要燈——也沒有燈。他咒罵運氣不好。他們從葉卡捷琳堡飛來，降落在貝爾格勒之後，他離開休息一下，而機組員和一些地勤傢伙進行例行檢查。他們告訴他機上電力衰退失效的情形，於是他告訴客戶，那架耿直運輸機的狀況無法飛行，堅持那晚絕對無法繼續按照計畫進行。雇主掏腰包多加兩千美元（每名機組員的獎金）說服了他，現在他因此暗自痛恨自己。這是人之常情，但管他的，這是一九九六年啊。對於一群打零工的前蘇聯空軍飛行員而言，工作一晚可拿到兩千美元現金，是很大一筆錢。

就這樣，一九九六年八月十九日星期一的凌晨十二點二十五分，從貝爾格勒的蘇爾津（Surcin）機場起飛前往馬爾他不過十五分鐘，PAR-3601號班機機上電力閃動、發出突波，然後完全失效，讓他們陷入黑暗中。儀器毫無反應、無線電失靈，同一時間，飛機的外部燈和降落燈損壞。這下子，所有儀器都故障了。控制中心用各種頻率拚命呼叫，毫無回音，只有無線電的沉默，以及塔臺周圍陣陣詭異的微風。對地面而言，那架伊留申現在成了螢幕上沉默的光點。

如果機上的貨物是駕駛員、機組員開始懷疑的那樣，他們一定正在努力不去思考。他們身處在一個盲目飛行的一百七十六公噸汽油彈裡，慌忙地設法恢復電力。

斯塔里科夫和他的副駕駛弗拉德米爾．巴爾森諾夫（Vladimir Barsenov）加起來共有四十四年的飛行經驗。他們冷靜沉著，他們和機組員（包括一名老經驗的飛航工程師、一名無線電操作員和一名領航員）絕不認命死去，一定會奮力一搏。他們無法用無線電聯絡到地面控制中心，而且駕駛艙失去電力，突然陷入黑暗，斯塔里科夫知道他們只有一個選擇：放棄飛行，設法讓這架一百七十六公噸的飛機著陸——飛機中載滿一百零九公噸的噴射機燃料，貨艙的黑貨更是嚴重超載。

駕駛員把飛機調頭一百八十度（至少據他判斷應該接近這個數字），飛回貝爾格勒。如果他們能設法不靠導航、地面控制或燈光飛回貝爾格勒，即便置身於午夜的黑暗中，他仍覺得有機會能透過駕駛艙窗戶，在下方一格格的街道和田野之間看到機場和跑道，那他也許（只是也許）就能讓這東西輕輕降落。

有三小時的時間，這架慘兮兮的Il-76一直在貝爾格勒上空絕望地呼嘯盤旋，剪影映在風雨不斷的夜空陣陣亮光中，儀器失靈，無線電無聲無息，導航全數失效。機組員通常靠著燈泡的燈光看東西、在飛機裡走動，但就連這些燈泡也不亮了，飛機外部的燈光也是——包括機頭燈。上頭的雲裡黑得伸手不見五指，斯塔里科夫別無選擇，只能設法盡量壓低高度，看到暴風雲下的景象，但又必須避開城中的橋樑和建築物。

超載的Il-76現在回頭飛向米洛塞維奇黑手黨王國的稠密首都，Il-76現在隱身在雲後，其他飛機都看不到。鐵巨鳥之中，機組員在完全的黑暗、或手電筒或香菸的微弱光線下工作，努力讓系統重新上線。他們用手錶和羅盤計算他們進入貝爾格勒領空的路線，在溼淋淋的烏雲中下降，飛得太低太低，轟隆聲撼動他們經過的建築物。他們降低到離地面只剩一百五十公尺，倉皇確認自己的位置——看哪，貝爾格勒的市中心就在下方。大約凌晨一點三十分，目擊者看到他們差點就撞上另一棟建築頂部——是二十四層樓高的摩天大樓，貝爾格勒宮（Beogradjanka）！有些人探出窗戶想拍照，結果就像有人說的「只拍到一個經過的黑影，有如模糊的尼斯湖水怪照片」。然後那怪物就消失在郊區，再以一樣低的高度尖嘯著俯衝而過。

有些目擊證人聲稱斯塔里科夫這時候慌了：迷失方向，掃視地面尋找機場，而飛機愈飛愈低；而蘇爾津的其他人看他一直低飛過機場，三、四度估計地面狀況準備降落，顯然是為了引起警報，覺得他很清楚自己在做什麼。殘破的Il-76繼續盤旋，不想混淆方向，所以愈繞愈小圈，愈飛愈低，飛過機場、市中心，飛過新貝爾格勒那裡人口密集、燈紅酒綠的凱悅和洲際酒店，咆哮著飛來飛去，正在待命的救援小組現在知道了：那是弗拉德米爾．斯塔里科夫想在最後賭一把之前，盡可能把燃料燒掉。

凌晨三點，居民看到飛機驚險地避開新貝爾格勒的四十四街區，低空飛過貝贊尼斯卡．科沙（Bezanijska Kosa）。起落架已經放下來了。沒了電，機組員在漆黑之中，奮力手動把巨型飛機的輪子放下來。在機場的救火隊忙成一團，他們束手無策，只能眼睜睜地旁觀、等待。最後，飛機在蘇爾津機場上空轉一百八十度，從西北方對準跑道，高速逼進，宛如震耳欲聾的黑影。

事情在電光火石間結束了。Il-76爆炸時，翼尖接觸到地面，機身砸向跑道尾端的空地，炸成一團火球，威力之大把碎片和飛機零件射進控制塔的牆上，撞碎水泥。斯塔里科夫、巴爾森諾夫和機上所有人，以及機上其他東西都在數百公尺的機場場地上方爆炸，化為灰燼。

應該說，機上所有東西。這就是弗拉德米爾・斯塔里科夫最後的航程變得奇怪之處——最先到達墜機現場的單位不是調查員、救援小組或救火員，而是祕密警察。他們蒙著臉，由士兵撐腰，在失事現場散開。

黑衣人在黎明迅速工作，有條不紊地抹除現場的證據。目擊者被送走，相機沒收，錄影器材砸毀，居民被持槍勸告，要他們忘掉那晚看見的一切。探員沿著附近的高速公路散開，在出口設路障，預防車流進入可以看到燃燒中殘骸的區域時慢下來。當局封鎖了消息，看守周圍的人接獲明確的指令：「凡是活的東西，都不准進出。」

日出時分，他們把跑道變成了像五十一區[4]一樣的場地——完全封鎖。雖然祕密警察和機場安全人員趕走記者，幾名被政權視為聽話的記者不僅獲准進入，還受邀參與官方對墜機事件的簡報：「殘骸所造成的火勢非常巨大，任何人都無法靠近。」

3601號班機之事不知為何那麼敏感，就連俄國外交官要回應載著俄國國民的俄國飛機墜機的新聞，都遭到手持自動武器的黑衣人攔阻，不得進入現場。

駐於貝爾格勒的攝影師伊戈爾・沙林傑（Igor Salinger）當時曾趕去現場，他幾度聽見那架飛機的聲音，足以習慣那種獨特的轟隆聲。沙林傑現今回憶道：「我聽慣了飛機的聲音。

我除了專業上和航空有關，還住在通往三〇號跑道的路上，就在外信標臺附近。」

這次，即使在昏沉的睡夢中，他仍然從頭上的聲響聽出事情很不對勁。他說，從他床上聽起來，墜機「就像一系列遙遠的爆炸，像……嗯，有點像鞭炮。」他在破曉時醒來，穿上牛仔褲、外套，一邊聽新聞，前往失事現場，然後發現自己被警戒線旁一排身穿藍制服的男人擋住了。他們無所不在，遍布高速公路、人行道、道路，甚至是黑暗扭曲的那大團東西燃燒、悶燒的田野。「當時是八月，所以玉米長得很高，隨便就長到一人高，方便把要藏的東西藏起來。當時，你只能看到機尾大大的「T」還立在那裡。」他想進入南斯拉夫航空博物館（Yugoslav Aeronautical Museum），因那裡的窗戶可以完美地俯瞰現場，但警方和工作人員早已將那棟建築拉起警戒線。不過他還是在那裡遇見了一個熟人——正在清場的一個男人。那人說的一些話，讓沙林傑一陣心寒。神奇的是，真相一點一點浮現了。

沙林傑回憶道：「那個傢伙，這麼說吧，很了解那種事，而且他看過殘骸。他只跟我說，『看起來格達費今年的閱兵不會有戰機衝場隊形了』。」

但沙林傑的工作還是受到阻撓。「沒記錯的話，失事現場封鎖了十三天。」他說。「直到他們把所有不該給人看到的東西都撿起來為止。」這位攝影師終於悄悄溜過遠方邊緣處的農地和灌木叢，設法拍了幾張照片：先是從一段距離之外的玉米叢之間拍攝，最後拍到警方認

4 譯注：五十一區（Area 51），位於美國內華達州，區內有空軍基地，被陰謀論認為和外星人、見不得人的研究有關。

為他們仔細搜索、妥善「清理」完的殘骸。他們錯了。沙林傑設法溜過去，發現在殘骸之中有飛機輪胎和航空零件，尺寸太小，不可能是伊留申的。

更多被叫來「清理」現場的人開始八卦。他們聲稱在殘骸中看到大量的二十三公釐彈藥——顯然清理工作不像當局希望的那麼徹底——和南斯拉夫產的海鷗（Galeb）和禿鷹（Jastreb）戰機的航空零件，以及二十三公釐的砲彈。

他最後一次採訪時，由於所有證據都被抹滅，彷彿墜機從來不曾發生，於是情急之下拿走了一塊焦黑的Il-76殘骸。他承認那是「病態的紀念品」，當官方開始否認時，這會讓他有所著力。

***

反對派的塞爾維亞《時代》（Vreme）週刊駐葉卡捷琳堡的俄國特派員謝爾蓋・庫茲涅佐夫（Sergei Kuznetsov）請那裡的軍方線人幫點忙。他們發現墜毀的Il-76不知為何，由俄國空軍投了保，但他聽說「那不表示它載了軍火……我們的客戶大多是知名的組織，例如俄國安全局、參謀軍事合作部（General Staff Military Cooperation Department）或葉爾辛總統的運送服務。」

在此同時，《時代》週刊的調查員在一名堅決的資深記者米洛斯・瓦西奇（Milos Vasic）帶領下開始挖掘。瓦西奇是那份報紙的創立者之一，也是一名飛行員，七〇年代在亞洲一間通訊社當記者時開過直升機。瓦西奇和他的團隊嗅到苗頭，他非常頑固地追查這條新聞（甚至有祕密警察出面阻止），因此現在這位六十五歲的人士頂著截稿黑眼圈，在他貝爾格勒的家中談話時，回憶起每次溜上開往布達佩斯的火車「都需要打電話給我們在俄國的聯絡人，為了確保沒被竊聽」時，都還會笑到咳嗽喘氣。

沙林傑咧嘴，笑著說：「米洛斯有很多被懸賞的經驗，因為他是真正打探事情的人。我只是個航空攝影師。」瓦西奇絕對是俄國政權的肉中刺，他已經習慣了他們的威脅、阻礙，或更糟的手段。他記得他和他團隊在調查中遇過的危險。高層幹部「只是『去你的！』，或是『我們啥也不管，我們要幹麼就幹麼。**隨我們高興**。』」

但最後，他們阻擋不了故事愈傳愈快。當真相終於揭露時，看到的是一個像《X檔案》（X-Files）影集一樣複雜的世界，充斥著私下任用、國家腐敗、打破制裁、私掠充斥。這種情況即使是最偏執的檢查官也料想不到。只不過，這一次沒有光明會（Illuminati）的陰謀，沒有神祕教派致力於洗腦敵人或強迫人屈服於任何全能的宣言，只有一個黑暗的角落，小企業和重大政治在這裡交匯。

＊＊＊

那一晚之前，媒體或調查員從來不曾悄悄流傳過托米斯拉夫・達姆尼亞諾維奇（Tomislav Damnjanovic）這個名字。直到今日，有些調查員仍然把清瘦黝黑又銀髮的史蒂夫・馬丁

（Steve Martin）模樣的南斯拉夫男人，稱為「隱形販運者」。他是公認一流的輕到中量級業者。聯合國發展計畫贊助的報告總結了他的故事。這份報告是由斯德哥爾摩國際和平研究所的軍火販運調查員休・格里菲斯和另一位英國人，東南歐與東歐小型及輕型武器管制資訊中心（South Eastern and Eastern Europe Clearinghouse for the Control of Small Arms and Light Weapons）的亞德里安・威金森（Adrian Wilkinson）撰寫。報告指出，達姆尼亞諾維奇打出名號……

靠的是販運到聯合國制裁下的流氓國家和非洲獨裁政府，同時為了美國最大的一些公司提供軍火（例如通用動力公司〔General Dynamics〕和家樂氏〔Kellogg〕、布朗——魯特公司〔Brown and Root〕），之後為美國公司和其他武器供應商如德州先進光電方案公司（Taos, Inc.）運送武器，而他運作的網路為薩達姆・海珊（Saddam Hussein）、查爾斯・泰勒、緬甸軍政府（Burmese military junta）、摩加迪休的伊斯蘭民兵，以及利比亞穆安瑪爾・格達費（Muammar Gaddafi）上校的政權提供物資。

達姆尼亞諾維奇和惡名昭彰的維克托・布特一樣，在非洲、地中海和東歐各地提供包機服務，供應從人道援助到手榴彈的一切。達姆尼亞諾維奇否認有任何不法情事。沙林傑笑著說：「達姆尼亞諾維奇其實不是軍火走私客。他只是『道上的人』，找到辦法做俗話說的

『伊留申這一行』！」

他的故事很典型。一九八〇年代間，達姆尼亞諾維奇受僱於國營南斯拉夫航空（Yugoslav national airline，JAT），他在那裡開始愛上國際的高檔生活，和他愈來愈令人擔憂的家鄉貝爾格勒相距甚遠。隨著南斯拉夫分裂，斯洛波丹．米洛塞維奇（Slobodan Milosevic）的政權開始在波士尼亞和其他地方掀起一系列的戰爭，聯合國發起制裁，阻止南斯拉夫航空降落在迅速成為前南斯拉夫的地區之外，因此有效地禁飛了南斯拉夫航空。一九九二年，達姆尼亞諾維奇在阿拉伯聯合大公國的南斯拉夫航空辦公室關閉，而他就像米奇，開始尋找新機會。達姆尼亞諾維奇這時已習慣了杜拜有空調的外籍人士生活圈，才不準備回貝爾格勒去過制裁、物資短缺、通貨膨脹飆升和戰爭下的生活，尤其他現在已經見識了載著報酬最好的任何東西飛進飛出阿拉伯聯合大公國，交貨給出價最高的人，賺錢有多容易。

在阿拉伯聯合大公國裡那個令人陶醉的年代，看起來人人都在做這種事。沙迦下一個大計的謠言甚囂塵上，這成為不論代價、百無禁忌的途徑。對於有一架老飛機、有意賺取非法金錢的人而言，杜拜是個好地方。杜拜是連接歐洲和高加索地區、中東、非洲之角和巴基斯坦／阿富汗的轉運樞紐，在自由貿易的混亂中，只要價錢談得攏，似乎任何事物、任何人都可以買賣。穆罕默德．賓．拉希德．阿勒馬克圖姆（Mohammed bin Rashid al-Maktoum）親王不只是推動大公國超速成長的遠見人物，也是主要的投資者，以同樣的熱衷，投資旅館、商場、著名賽馬賽事和機場。雖然沒有親王默許或同意的證據，不過當時的當局似乎時常願意讓所有來到、通過杜拜港口和機場的貨物「這麼做」，只要保持低調就行了。

達姆尼亞諾維奇這個舌燦蓮花的高佻灰髮俊男，還在杜拜建立了一個持續擴張的人脈網路，其中成員有其他追求榮耀的東方集團商人和前國安會探員，他們立刻在彼此身上看到機會：達姆尼亞諾維奇可以靠著俄國的空運作業，在迅速崛起的航空業占據穩固地位；而前俄國聯邦安全局的人在繁榮的市場中，有非法貨物的內線。

在貝爾格勒，要大發利市，就要違反制裁。祕密警察頭頭拉德・馬爾科維奇和海關主管科特斯開始悄悄嚴密控制機場保全。馬爾科維奇是受到最高層的指示，科特斯則協調進出的貨運。夜幕降臨後，航站充斥著熟悉的轟隆巨響，Il-76和安托諾夫俯衝降落到瀝青跑道，和最後飛出國的那些南斯拉夫航空航班排在一起。像米奇手下的那些機組員，緩慢但穩健地成為政權可以否認的管道，替米洛塞維奇和他親信做他們要做的任何事。結果顯示，他們的時機非常完美。

南斯拉夫政權迫切需要穩定的外幣來支助國庫、他們的生活方式以及他們在波士尼亞和克羅埃西亞的傀儡民兵，因此也意識到他們可以把某些非常熱門的商品賣去更遠的地方。沙林傑回憶在一九九〇年代間，蒙特內哥羅的迷你首都波德戈里察（Podgorica）有一連串假迫降，藉口停泊以避人耳目，卸貨之後裝進黑市香菸，然後「小故障」神奇地解決了，繼續航行。他們著手組織龐大的走私集團，利用祕密警察和貝爾格勒機場的海關當作軍需官和工頭，貨機由達姆尼亞諾維奇這樣的人包機，把商品載到更遠的地方。多年來，依據國際和平資訊服務組織（International Peace Information Service，IPIS）對前南斯拉夫湧出的武器運送所撰寫的一份報告，達姆尼亞諾維奇「建立了一部分的跨國香菸走私網路，一九九〇年代在巴爾幹半島運作，（而且）依據歐盟委員會的紀錄，其中包括軍火販運者。」達姆尼亞諾維奇與尼可拉斯・伍德（Nicholas Wood）在《紐約時報》雜誌的一篇訪問中，承認運送香菸，但否認涉入那項營運的走私層面，他說：「我扮演的是正規角色。」

這是東歐進入歐盟香菸走私管道的盛世。政權從國內暢貨中心和供應商處大量便宜買進（當然許多空勤人員會暗地自己買來賣掉，可能在當地也可能在俄國賣出，以免稅的價格賣給阿富汗老兵），用飛機從貝爾格勒運到賽普勒斯那個全天無休的國際洗錢中心。之後香菸通常會船運到希臘或義大利，當地的集團會給現金，在歐盟境內分銷。一九九〇年代中期到後期的西歐菸槍，常常在酒吧或街頭買到便宜的盒裝香菸，上面以俄文、土耳其文或保加利亞文寫著警語，那些香菸就是Il-76從巴爾幹半島運來的免稅菸。除了在遙遠異地被塞爾維亞民兵射殺的人之外，這是一場全員贏家的遊戲。

達姆尼亞諾維奇為了載運貨物，當然需要適當的飛機，以及性格符合他個人標準的手下。像米奇和謝爾蓋這樣無畏又技術高超的人，他們受到艱苦從軍歲月的磨練而足智多謀且專業，對他們的任務不好奇，這些人可以在任何狀況下，開著飛機載著任何東西，飛去任何地方，完全不過問。達姆尼亞諾維奇開始在葉卡捷琳堡建立人脈——那是米奇位於西伯利亞家鄉那區極為隱密的前國安會要塞，散布著從前的軍事基地和軍火庫。

葉卡捷琳堡從前是（其實現在依舊是）名副其實的俄國「黑手黨之城」，只要談好價格，任何事都辦得到，可以讓任何事物（或人）消失。更重要的是，那裡有著罕為人知Il-76貨運公司：SpAir（國際和平資訊服務組織／特赦組織的報告中一則有趣的注腳指出，該公司的資產之後會轉移到Air Cess，也就是維克托．布特創立的公司），以及像斯塔里科夫和巴爾森諾夫的二十來個渴望工作的駕駛員。

航班變得更有利可圖，也更頻繁了。話說回來，由於戰爭（目前和計畫中的）傷亡人數和規模不斷增加，米洛塞維奇政權需要的現金超過香菸所能賺取的金額。有一段時間，雖然沒有證據將龐大的毒品流動和達姆尼亞諾維奇自己的包機航班連在一起，但「巴爾幹管道」對其他許多人來說十分方便，海洛因從高加索、阿爾巴尼亞、土耳其和阿富汗流入，經過陸路、海路或空路進入歐洲。古柯鹼和搖頭丸走另一條路徑，滿足俄國的新富階層和塞爾維亞的上流社會。購入成本和賣出獲利之間的價差，足以讓這成為政權、走私客和米奇眼中的好生意。

到了一九九四年，達姆尼亞諾維奇和他的生意夥伴喬爾傑維奇從杜拜搬回來，在貝爾格勒逗留，然後在賽普勒斯成立了辦公室。在那裡，載著塞爾維亞銀行家和便衣警察的南斯拉夫航空，會日以繼夜帶來一箱箱強勢貨幣來洗錢。乾淨的錢會存放在巴拿馬、以色列、希臘和阿爾巴尼亞的空殼公司，而他們的貨物和乾淨的錢，會從純紙上公司和空殼企業轉回貝爾格勒。

此外還有軍火。依據斯德哥爾摩國際和平研究所的報告，達姆尼亞諾維奇是在賽普勒斯得到塞爾維亞當局首肯，開始運送「官方」貨物（據說包括武器），試圖再度充實國庫。

到了一九九六，塞爾維亞當局已經把軍火走私變成一大門生意。格達費的利比亞和薩達姆·海珊的伊拉克都在嚴密制裁底下，而米洛塞維奇的政權經常提供他們金額高昂的貨運。其中應有盡有，從防空系統到大炮，以及格達費自己南斯拉夫製海鷗戰機編隊要用的零件（承蒙當時南斯拉夫的國營軍火製造商YugoImport SPDR）。

依據國際和平研究所的休·格里菲斯所說，達姆尼亞諾維奇的新公司曼瑟斯貿易（Mensus Trade）立刻「組織了數十次違反制裁的航班，進出南斯拉夫，而且……當國營軍火公司或政府需要運送商品進出、載去或載離俄國或中東的時候，就會聯絡他們。」達姆尼亞諾維奇現在是那種國家認可的商人，換作別的時空應該風險很大。但他沒被捕，他和政權關係密切，因此南斯拉夫政府可以為他掩護、否認參與事件，並給予他在國內國外應接不暇的生意和祕密警察的保護。這點無庸置疑。

然後，在一九九六年八月，達姆尼亞諾維奇和喬爾傑維奇打電話給葉卡捷琳堡的SpAir，提供一份工作：「一些噴射戰機零件，到利比亞」。那是已經受聯合國制裁但空軍亟需改組的一個「流氓」國家。賽普勒斯的達姆尼亞諾維奇和貝爾格勒的喬爾傑維奇通話，同意護送這批高度敏感的貨物到終極目的地，盡量避免任何差錯。斯塔里科夫和巴爾森諾夫熟悉航線，了解他們的飛機，甚至可能知道貨物的事。他們只是不知道這次會不會有所不同。

所以和達姆尼亞諾維奇、喬爾傑維奇打交道的是斯塔里科夫和他的Il-76機組員，載運他們受託運送的東西，全然不知他們是一場棋局裡的棋子，玩家正是米洛塞維奇政權的最高層級。這些飛往利比亞走私軍火的Il-76航班，將會資助他們幹部對權力的掌控、他們關係良好的民兵和黑手黨家族，以及科索沃的種族清洗。這場種族清洗將導致數以千計的死亡、北約組織攻擊貝爾格勒，以及政權垮臺。

不過駕駛員斯塔里科夫和巴爾森諾夫對這些一無所知，眼前只有高額獎金。駕駛著他們的伊留申Il-76從烏拉山脈飛入蘇爾津。午夜剛過，三六〇一號航班完成了官媒聲稱的技術性暫停（其他消息來源證實是重型武器載貨），而喬爾傑維奇在機上確保祕密貨物送到目的地之後，就起飛升上烏雲密布的貝爾格勒天空，往馬爾他去，最終目的是利比亞。

不論有沒有禁運，這都是個好機會。可以前往溫暖宜人的中繼站，而且管他的，他們要拋下葉卡捷琳堡幾天，還是北非比較好。

除此之外，非洲和中東當時其他方面正漸趨白熱化。那裡有大錢可賺。傳聞說，阿拉伯灣有個意料之外的地方，逐漸成為前蘇聯機組員和他們非法荷載事業特別有利可圖的基地。

第三部

淘金熱

——中東與非洲

第八章 無名之人——阿拉伯海灣，一九九五至一九九七年

另一班飛機往高加索飛去。我在耿直運輸機的機腹裡，從焦慮的半夢半醒間醒來。我的頭腦錯亂了幾秒，像米奇的艙單一樣模糊不清。我看著我的呼叫器，數字顯示即將凌晨一點整，現在我們應該已經飛到烏克蘭或是高加索山脈上空。我快凍僵了，但至少幽閉恐懼症和附近的男人體臭味一樣，已經煙消雲散。金屬的嗡嗡聲震耳欲聾，起飛後半小時，感覺一切都安靜下來，而夜晚這種效果讓人有暈頭轉向的奇妙感覺。機身用老舊的強力膠帶固定，穩定地搖晃。黑夜裡，不過幾碼外，四具引擎發出震耳欲聾的聲音（因為這樣大部分歐洲國家都禁止Il-76飛行）。

領航員迪米崔坐在駕駛艙入口，從他身邊的餐盒裡拿出一雙無指手套，沿著傾斜的地板滑回他懸空的前機槍手式小空間。他將他高大的身形調整到一個舒適的姿勢，透過他腳下的玻璃看著夜晚翻騰而過。筆在折疊桌上散亂放著，圖表擱在桌上，筆記本大大攤開。我在機上的逃票乘客夥伴是蘇格蘭裔加拿大攝影師道格·麥金萊（Doug McKinlay），他的任務是為

CNN拍攝北阿富汗丘陵間被炸藥炸毀的阿富汗佛像，他拍下玻璃艙的一張照片。迪米崔恰好在這時候爆發了——他對閃光燈的干擾有點不滿，眼睛噴火，轉身咒罵，對相機揮舞手臂。道格暫時讓步。

機內又陷入沉默。飛航工程師坐在折疊式金屬凳上，閉上眼睛。凳子和他工作服上衣及運動褲都是那種藍灰色；謝爾蓋披著一件大號的運動衣，正在用塑膠杯喝東西，不由自主地揉眼睛；彈簧床被人占據了（我從這邊看得到床上有雙腿），所以我在機身僅有空間裡的一小塊區域，側躺在駕駛艙後面一張卡在牆上的長椅上，學大夥們用夾克枕著頭。難受得要命，不過只能將就了。

在米奇的飛天倉庫裡，即使你那一小把鐵絲椅被占走了，你也可以在成山的綁繩米箱、堆著衣服的單面棧板，一堆堆箱子、不透明的十二公斤袋和藍色塑膠布之間找到地方坐或是伸展伸展。我納悶在這之中有沒有所謂的「綠箱子」。米奇一直暗示他們在跑這種單時會載這種綠箱子，裡面裝的是彈藥和小型武器。如果真的有，那這些綠箱子合不合法？箱子非常擠，我沒辦法進入更深處，或是鑽到綁繩和箱子之間，尋找圖案。

詢問機組員其實沒什麼意義。非法貨物擁有「雙盲」的特質，因此機組員絕不會知道那些是什麼，也絕不過問。至於交貨之後會發生什麼事，照理說不是他們的問題。他們只是信差，而且——再次強調，**照理說**——從不需要用他們之外其他人的走私裝置，來越過海關的界線。

而且那其實從來不是問題。這些人道貨物運來的樞紐（像是布滿殘骸的阿拉伯聯合大公國沙迦）對於海關和安全十分鬆散，惡名昭彰，時常允許貨物進出機場不受檢驗，無法對航空公司執行必須的檢查，或是記錄航空公司在機場的營運。

我和米奇與機組員聊起他們的過去和計畫時，「沙迦」這個詞不斷出現。他們說，那是他們的避風港、他們的休憩處，就像空軍的探親假。在那裡，沒人胡亂批評他們，酒吧和旅館都有空調，也沒有人會找他們麻煩。謝爾蓋忍不住跟我說了太多。「知道嗎，在沙迦總是可以好好沖個澡。」他哈哈大笑，笑得肩膀抖動。「去了都會沖澡，不然天曉得什麼時候還有機會再沖澡。」

不意外的是，沙迦這個地名，在眾人的流言蜚語、機密報告和官方通信中赫赫有名。尤其是關於無賴航空公司、洗錢、國際黑市，或軍火走私、阿富汗海洛因交易，特別是人口販運的消息。

話說回來，如果你從沒聽過這個地方，也是意料中的事。一般人沒聽過很正常。

杜拜這個更大、更引人注目，而且沒那麼難搞的鄰居開放貿易和旅遊，以成為「沙漠中的新加坡」為目標，立刻開始了長達二十年的盛世。在這當頭，沙迦這個迷你酋長國發現，把一個人口稀少又陳腐的伊斯蘭沙漠城市變成人、貨物和生意可以隨心所欲流通的樞紐，可以產生無限商機。不過沙迦有個特別清教徒式的伊斯蘭教遜尼派（Sunni Islam）大權在握，類似沙烏地阿拉伯的瓦哈比派（Wahhabism），禁止任何酒精飲料、短褲和流行樂，因此，統治者蘇丹・賓・穆罕默德・阿勒卡西米（Sultan Bin Mohammed al-Qasimi）親王的顧問沒打開觀光的潘朵拉之盒，試圖吸引追求享樂的外國人到他們一成不變米色與水泥的市中心，而是提出一兩個更好的主意。

顧問的首要計畫是把沙迦變成全球的伊斯蘭教研究中心，充斥著伊斯蘭學院，招收來自世界各地虔誠家庭的男孩，結果這計畫中看不中用——投資太多，迅速的收益不足。此外，這表示要從零開始打造一個品牌，在宗教上，這可不是件簡單的事。於是到了一九九〇年代中期，顧問向親王提出了備用計畫。那座單跑道的沙漠小機場原本應該賺進沙迦的外國投資財富，結果並沒有帶來滿載難以預測又難伺候的遊客，也無法和吉達（Jeddah）競爭伊斯蘭生意，而是成為一個貨運樞紐，帶進低調、沒爭議、易於管理的一箱箱貨物，準備送往全球市場。

當然了，其中也包括財務動機和賦務減免，這一套措施是設計用來吸引貨運和運輸企業在機場營運，不過大家也心知肚明，機場也將是「做生意的地方」——公司來這裡，不用擔心受到干預，或是有過度積極的監管者。雖然親王可能沒預料到，一九九〇年代期間，沙迦機場一點一點地在圈內人之間贏得了灰色貨物樞紐的名聲。

早在一九九三年，前蘇聯製的Il-76、安托諾夫An-12和An-124飛機，以及曾服役於紅軍的駕駛員與機組員，就聚到這裡來了。到了一九九五年，沙迦大獲成功，所以親王的手下（像是電影《大白鯊》〔Jaws〕裡緬因州海濱勝地的市長）變得太依賴湧入的金錢，即使那隻巨無霸大鯊魚開始在附近聞聞嗅嗅，他們也無視警告，只把音樂開得更大聲。沙迦酋長國有一段可疑的過去：它是十九世紀大麻脂和鴉片走私貿易的轉運勝地，阿拉伯三角帆船滿載毒品，聚集到碼頭周圍的水域，因此這些官員可能只是誤解了對於沙迦引來的顧客提出的任何警告。或許他們屬下沒老實報告消息，至少在他們決定直接插手之前是這樣。

他們僱用了一個說話得體、身形纖細的敘利亞裔美國人理查・施沙克里（Richard Chichakli）來當沙迦機場國際自由貿易區的商務經理。施沙克里是沙烏地阿拉伯利雅德大學（Riyadh University）的傑出校友，利雅德大學中有個富有的學生奧薩瑪・賓・拉登是他的朋友（據說他曾經回憶，尚未變得激進的賓・拉登「當年很有趣」）。施沙克里是合格會計師，買賣房地產和汽車，在德州有間辦公室，一九九〇年代早期曾在美國陸軍服役，以自己「有一種怪癖，可以擺出很有裝飾性的水果盤」為榮，似乎不大可能贏得國際航空玩家的頭銜，然而這個討人喜歡的業餘主廚自己承認，他也是「世界頂尖的（空中）機隊管理專家……擅長建立航空公司，管理所有財務營運」，因此離開軍隊之後，施沙克里將他在軍中得到的所有飛航知識用於非常驚人的私人用途。

施沙克里監督的自由貿易區欣欣向榮，成為沙迦的淘金潮。很快，企業的成長速度和成功就令當地的報紙及報導者們驚訝不已。施沙克里後來其實抗議過，指控他致力於幫助布特的那些人，對於經營一座機場需要的工作量「毫無頭緒」。數字確實很驚人，機場在一九九五年開放特別區，有五十五家航空公司進駐，這數字在一年內攀升了一倍，到了二〇〇三年，以那裡為據點的航空公司高達二千三百間。很早就登場的一位飛航專家成為施沙克里今日口中的「兄弟和朋友」，這人正是維克托．布特。

很可能就連施沙克里本人也從來猜不到，在沉悶的酋長國開始改變的那時，柏油碎石路和停機棚的陰影中究竟在醞釀什麼。不過隨著愈來愈多蘇聯飛機盤旋、降落，再度離開，二十世紀的黑市熱潮也發酵了。

那是沙迦塵土飛揚、烈日灼身、無法無天的蠻荒西部歲月，那時懷著膽識、小聰明和一把錢來到邊疆的人，都能得到五十畝的土地和一匹騾子──或至少一大筆稅務減免，一個降落位置，還有不過問他飛機載上、卸下什麼的原則。陌生人靠著可疑的人脈，突然來到城裡，然後帶著財富離開，人人其實都是無名英雄。

沙迦機場周圍的沙仍然沉默地見證著許多前蘇聯機組員孤注一擲的恐怖飛行，那些飛機機身從沙丘上探出頭來，水平尾翼在飄動的沙下依稀可見。沙迦的老手約翰．麥當勞說：「他們就把飛機留在墜機的地方。跑道尾端都是飛機殘骸，就躺在掉下來或爆炸的沙子中。」

到了一九九六年，阿富汗身穿傳統服飾、書卷氣、一臉鬍子又沒什麼幽默感的年輕男性會在黃昏時分出沒於停機棚，在冷卻中的一架架飛機、一個個櫃子之間閒晃，見到還在那地方的人，就問起要帶「不問也不說」的貨進出坎達哈（Kandahar）的事（當然是為了打零工）。有個頗為誠懇的二十多歲伊斯蘭學者法立德．阿瑪德（Farid Ahmed）一時間成為當地的笑柄，他在警戒區鬼鬼祟祟，撞上（真的是撞上）任何人，就自稱他是當時仍然罕為人知的塔利班組織的買家。這個新興的伊斯蘭運動，對古蘭經的誡命有著極端的解讀，而這個新興的伊斯蘭運動發源自阿富汗伊斯蘭學院，他們不只視自己為反蘇聯聖戰士的正統繼承人、他們國家的救星，也是阿富汗腐敗、鴉片、小型犯罪和外國干預這些問題的解答。現在我們知道他們的目標是什麼了——嚴格遵守特別簡樸的伊斯蘭觀點。但在當時，他們只是另一個叛亂團體，口袋裡裝滿沙烏地阿拉伯和巴基斯坦私下捐贈的現金。不久之後，阿瑪德就發現一個男人帶著一架飛機，準備談錢的事——維克托．布特。

雖然進出沙迦的業者大多老實，但他們發覺自己和其他地勤人員、機組員和機主站在同一邊，據說其中有些人在夜色的掩護下，改了他們飛機的註冊編號，以免因為特別誇張的軍火走私任務而遭到告發。文件上顯示的航空公司和貨運企業可能是擁有、出租或出借飛機的人，也可能不是；而註冊、稅務、海關和所有權證明文件上的簽署可能是真名，也可能不是，也可能是真人的假名，或是完全虛構的公司、完全編造而成的所有人物假名，而那公司經營著未登記的航班。塔利班的黃金現在靠著飛往巴基斯坦和蘇丹的Il-76或安托諾夫來運進沙迦和杜拜。血鑽石、槍枝、彈藥、爆裂物、魚子醬、毛皮和貨幣都進進出出，看來那裡沒有任何人知情。

如今，有個飽經風霜的貨機飛行員仍然難以相信當時（而且直到二〇〇〇年代仍方興未艾）機場「毫不過問」的做法。

「完全沒有任何保全措施——海關那裡沒有，停機棚也沒有。哪裡都沒有。幾乎任何人都可以光明正大地從街上走進機場，走到飛機旁、繞著飛機走、進入飛機內部。實在令人難以置信。就連遊客也可以買票然後自由進入機場的所有區域，走到飛機周圍，想做什麼都行。你可以看到貨物從船隻和陸路直接送進機場，沒登記出入、沒檢查，什麼都沒做，就這麼搬上飛機，飛到隨便什麼地方。我的航空公司也這麼做，雖然我們沒載過任何不合法的東西，但是要載也是輕而易舉，簡單得很。沒人在記錄，要做什麼都行。」

不論地方當局是刻意混淆或是太過天真，這團渾沌使得任何試圖追蹤違禁貨物的行動都像在亂槍打鳥，良心業者不久就和軍火走私客一樣，陷入懷疑與調查的寬大羅網。布特在他影響力巔峰時涉入的買賣、共同持有、租賃、包租、借用、借貸、口頭轉讓、非正式營運的飛機、商標，以及企業的網路實在太複雜，因此即便當局亟欲追蹤布特，卻只能「找出飛機和他的關係」。

一名英國本地的包機仲介說：「變得太荒謬了。我們是奉公守法的公司，我們的商譽很重要，但外面有些人找出一堆子虛烏有的關連，讓我們這樣的大型租賃公司都變得疑神疑鬼。現在得小心點，大家開始要對付他了，所以現在我們根本不出租跟他有任何關係的底盤，即使是幾經轉手之前曾經屬於他也一樣。在某個傢伙監控維克托．布特的網站上，我有個親戚據說跟布特的『網路』有些『關係』，但他跟布特或布特的飛機從來沒有任何牽連。就是**那麼混亂**。」

機場、裡面的停機棚和貨物裝卸區很快就變成打破制裁者、黑市商人和走私客的遊樂場，也是米奇人脈的搖錢樹（沒多久也成為米奇自己的）。不久之後，只有俄文菜單的空調餐廳、低調的伏特加酒吧和奧德薩（Odessa）與維捷布斯克代辦人，就成為機組員經常的例行公事。銀行帳戶一個一個開，似乎不需要身分證明，或是同一個人每天使用不同的護照，護照上是沒人聽過的名字；紙上公司誕生、登記，然後一下就消失了。道格拉斯．法拉赫（Douglas Farah）是《華盛頓郵報》的調查記者，也是《死亡商人》（*Merchant of Death*）的共同作者，他在一九九〇年代末寫道，匯豐（HSBC）的沙迦分行在一次帳務管理稽核時，發現數百名俄國人開立了大約一千一百八十六個銀行帳號，而這只是那一家分行的狀況。他們報告，帳號以光速開立、轉移數百萬元然後關閉，證明有「規模浩大的洗錢活動」。

來自各國的走私客、洗錢者和黑手黨打算把他們非法生意得到的可疑鉅額獲利「弄乾淨」，而沙迦和鄰近的杜拜境內，符合伊斯蘭教義的哈瓦拉（hawala）銀行業務系統負責大金額撥款、借貸、投資、償還，不需計息（更重要的是，不需要轉帳紀錄或收據），為他們開啟了方便之門。航空公司員工一個月的薪資不到二千美元，帳戶中卻轉入、轉出數百萬元。曾有一次，困惑的調查員嗆了一位那樣的航空工作者，他理直氣壯地回說自己只是在股票交易投資了一點錢，無比幸運而已。（九一一攻擊之後，密切檢查增加，全球的目光轉向阿拉伯聯合大公國，認為他們是恐怖分子資金的可能避風港，於是杜拜成立了至少一個調查小組，不過許多人認為徒具形式。同年稍晚，杜拜中央銀行洗錢調查小組的一名沙迦國民，家裡遭受一群疑似俄國洗錢者的人攻擊。好巧不巧，另一人隨即開始接到死亡威脅。）

不過一九九〇年代中期，在自由又愜意的沙迦成長的當頭，那樣的密切檢查似乎無法想像。先是愈來愈多前蘇聯來的飛機和機組員，然後是愈來愈多的菜單、妓女和企業。這下子很清楚是誰當家作主了。米奇先是走訪那裡，然後待了下來。似乎沒有任何人注意到，名下有架破爛老舊Il-76或一對耗油的An-12的無名男士，成了有一堆別名和帳戶的人。唯一不同的是，在這個義式西部片的世界中，這樣的人朝夕陽遠去時，根本不會有人問那個神祕的陌生人是誰。

但沙迦並不是唯一一個迅速變成當地黑手黨、違禁品和惹事生非的前蘇聯飛行員搖錢樹的蠻荒邊疆。還有其他許多地方，從比利時的奧斯坦德（Ostend），到斯洛維尼亞的馬里波爾（Maribor）——當地人稱黑手波（Mafiabor），不過米奇和謝爾蓋暱稱其為「萬寶路」（Marlboro），這是為了紀念一九九〇年間黑幫經營的那個香菸走私管道靠著那裡的機場，從塞爾維亞和蒙特內哥羅進入歐盟，以及從獅子山的自由市，到位於高加索的前蘇聯國家，那些國家夠靠近政府斷層，很清楚怎樣算是理想的生意機會，因此跟上了開放市場的熱潮。

米奇說，每座簡易機場都有自己的特長，就像巴伐利亞啤酒或倫敦薩佛街（Savile Row）的西裝。拿阿富汗的喀布爾、赫拉特（Herat）、加拉拉巴德（Jalalabad）和坎達哈來說，是載進人道援助、違禁酒類、消費品、軍火和現金，載出海洛因、轉移的救援資金、原物料、文物和人（除了自願被載的客戶，也有不情願的「目標」）；在巴爾幹半島各地，是人道援助、奢侈品、黑市香菸、槍枝、海洛因和現金。至於盧安達、剛果和其他地方，人道援助、槍枝和直升機與原物料、食品及自然資源（包括血鑽石）擦肩而過。

運輸業模式很完美，因為會撒錢，對大家一視同仁——但最棒的是災難的動態，讓他們在進出每個目的地時，都能從雙方那邊拿到錢。業者、飛機主，還有機組員，他們會用自己的領現工作塞滿他們找到的所有剩餘空間。可以的話，機組員絕不會空機航行，所以離開時，他們絕對會把飛機塞滿。而進出「一團糟」的國家，所謂貨物，什麼都有可能——雞隻、水果、魚、木材、地毯、磚塊、砂、咖啡，什麼都行。

奧地利製片人雨貝．梭裴（Hubert Sauper）二〇〇四年的電影《達爾文的噩夢》（Darwin's Nightmare），描述全球化對中非的影響，記錄了救援、商業和走私在當時無所不在的Il-76貨艙裡相遇，那些Il-76為了利潤豐厚的救援合約，和油水更多的軍火走私工作而聚集到非洲。他的電影見證了米奇一幫人所到之處，總會產生一種新的混亂。梭裴發表了一則聲明，解釋他所謂的「電影效應」：

一九九七年在剛果民主共和國，我第一次目睹了兩架載滿食物的巨無霸飛機並排的古怪景象。第一架貨機從美國帶四十五公噸的黃豆來餵飽附近聯合國難民營裡的難民；第二架飛機從歐盟起飛，載著五十公噸沉甸甸的鮮魚。我見到了俄國駕駛員，我們成了同志。但我很快發現，載著黃豆的救援飛機也把軍火載往同個地方，所以得利於黃豆的那些難民，當晚可能就會被射殺。早上，我顫抖的攝影機在這片惡臭的叢林裡，見證了毀壞的營地，橫屍遍野。這個多國的魚貨武器產業欣欣向榮，在世上最大的熱帶湖泊岸上建立一個邪惡的全球化同盟——一群當地的漁民、世界銀行的代表、無家可歸的孩子、非洲部長、歐盟委員、坦尚尼亞的妓女和俄國駕駛員。

梭裴描繪的圖像，宛如現代的耶羅尼米斯・波希之作（Hieronymous Bosch）[5]。不過就像在沙迦一樣，混亂與迷惑可能不像表面上那麼偶然。對於熱衷走私違禁貨物的機組員和他們的包機雇主而言，無組織的表象其實很有利。

強森・湯馬士長期管理世界各地Il-76和An-12上的前蘇聯機組員，他說：「你的機組員要**賺大錢**，就得靠違禁貨物。這些駕駛員大多是獨立接案，他們沒加入任何工會，也沒有在任何薪資名單上，所以他們非常、**非常**難追蹤，想運什麼就運什麼。」

他回想起一名Il-76機組員曾想到的一個違反直覺的主意，提議免費為慈善機構飛救援任務時，忍不住一臉敬佩。

他回憶道：「駕駛員除了正規的荷載之外，還在機腹載了十五公噸的祕密貨物，藉此大賺一筆。依據目的地不同，他會免費替你運一些東西，他載所有的正規貨物完全不收錢，只

5 譯注：十五至十六世紀荷蘭畫家，畫作內容怪誕，多描繪罪惡和道德沉淪的景象。

要你願意讓他用機腹的載貨空間載他要的東西。救援組織——老天請保佑他們的無知——都只認為他超級熱心公益！」

其實呢，一般人都不知道有那個空間存在。但即使他們知道，金錢也是萬能，所以也不會有什麼問題。那些組織不花一毛就把他們的主要貨物送去他們的目的地，所以他們一直找他。強森・湯馬士記得，一次普通的航行中，他的官方救援貨物或鳳梨是從摩加迪休送到奧斯坦德，但在機腹有十五公噸的其他東西。有可能是載子彈進去，載咖啡豆出來。

強森・湯馬士說：「他最後就是這樣賺到他可愛的房子，還有他和她的跑車。那些錢沒有一分列在任何艙單上，更不用說報稅單了！沒在任何申報書上，對這世界而言，那架飛機已經載滿了正規貨物。」

米奇和謝爾蓋就像那個匿名的商業大師，也發揮渾身解術，了解大部分城市的長期熱門貨——不論去哪裡都囫圇吞下當地新聞、搜刮流言蜚語，甚至不斷打電話跟遠方的聯絡人更新資訊。

「有時出去或聊天的時候，甚至是去機場、跟海關人員交談，會聽到一些事。」謝爾蓋說。「有些人可能會說，我們真的很難弄到牙膏，或是礦泉水跟威士忌多多益善。也許你會知道一個新行業會不會來你的城市，而你會跟我們說，然後我們就知道下次我們來要怎麼做。還滿簡單的。」

摩伊希斯・奈姆（Moisés Naím）說：「這些機組員是全球化的化身。」奈姆曾任世界銀行執行董事、委內瑞拉產業貿易部長，也是《非法勾當》（*Illicit*）一書作者，這本獲獎的報導文學，主題是「走私客、模仿犯和販運者如何劫持全球經濟」：「一般理論是，這是一團混亂。但這一切其實一點也不混亂！我們在這裡目睹的並不是**無組織**，而是市場在運作。」

「以前有超級強國，現在已經沒有了，但世界並不會因此變得混亂——恰恰相反。就像以前你有一個有組織的石油和能源市場，是因為你有七大國際石油公司（Seven Sisters），而現在你有數千家獨立的石油公司，所以你以為市場缺乏組織。大錯特錯，其實是參與那個市場的門檻變低了，所以現在這個市場裡有新人在營運——沒錯，他們並不是發揮重要作用的小人物，而是中小企業。從前，他們受到有先發優勢的大公司宰制，那些公司可以占一大部分的市場，然後由於競爭、政府干預、顛覆性的技術、消費者行為改變，加上供需、資金、物流和其他各種變化，那個市場不再由七大國際石油公司之流，也就是那些大人物，像維克托·布特那樣的人壟斷，而是變成開放市場，有數以百計、甚至數以千計的獨立參與者。有些規模龐大，有些非常小，有些是中型，而這都只是一個市場。」

就像中小型企業，他們一開始的關鍵優勢是靈活度高、容易變通、經常性開支少，速度快，還有另一方面——他們進口時免稅，而且完全不用負擔運輸支出。

不論米奇、謝爾蓋、列夫和迪米崔是替誰載東西，都是在做業內生意——滿足顧客需求，而他們超載可以替他們快速賺進鈔票的任何東西，皆大歡喜。謝爾蓋說，他們一旦知道下一站是哪裡，就能迅速決定要在貝爾格勒、曼谷、明克斯（Minsk）、法蘭克福、伊斯坦堡或上海買進什麼。基本上，買的都是在他們目的地最有利可圖、最容易迅速賣掉、能作為籌碼或可卸下的東西。他們的主要貨物，和海關打交道並不是他們的事情，他們只需要把東西丟著，由客戶自行讓貨物放行。至於他們自己的那些東西，就必須買通海關了。

之後要轉賣他們手上的東西。客戶的規模愈小、愈不牢靠，要從他們身上榨出錢來就愈困難。現金流總是很棘手，因此常客很寶貴（包括塔利班和慈善機構、道瓊一百的公司到聯合國），因為如果米奇那些客戶、包機仲介、航空公司和人脈的鬆散網路沒及時付帳單，他們就拿不到報酬。如果他們拿不到錢，那麼他們會立刻無法買燃料，也無法停泊、維修，更無法得到入境許可。二十五高齡的 Il-76 喝油（航空用油）像在喝水，少了燃料，你在中亞或非洲的某條跑道上，就只剩下一座無用的飛機形金屬雕像，擱在那裡一小時都要花你幾千美金。最後，他們會來把你推進沙裡，就像機組員把他們破舊耿直運輸機丟在偏遠的阿富汗前哨。撒哈拉以南的非洲和歐亞大陸塵土飛揚的跑道兩旁，都是生鏽的蘇聯錫罐——有些焦黑扭曲，但大多只是沒錢保持適行性，和沒錢加油。

對航空用油貪得無厭的胃口，加上支出的壓力，時常導致航空公司的老闆偷懶不維護，「鼓勵」機組員駕駛不該升空的飛機。但是可以透過交易賺取積蓄，額外改道做點私下的小生意，塞滿他們自己未列入清單的託運貨物，這些機會也誘使機組員自己在航行時測試可能性的底線。

一架 An-12 從喬治亞飛往土庫曼，卻因為精準計算中，忘了考慮到在亞美尼亞葉里溫

（Yerevan）跑道上發動引擎需要的油量，結果在空中用盡燃油。這一例在這些人之間赫赫有名。而這多少只是黑色幽默。嚴肅的真相是，這是灌輸給新手的警世寓言：重新啟動引擎幾次要花多少燃料（將近一公噸）；如何靠著油箱裡最後一點蒸氣撐下去（盤旋準備降落的時候就把起落架伸出來）；持續和空中交通控制中心通話，以免你要轉向去巴庫（Baku）用機腹迫降的時候，他們還要你不斷盤旋。還有，要算好錢。

這些航行和相關活動時常裹著神祕的面紗，因此產生了一些迷信。機組員之中有些人告訴我，他們相信有種神祕的醉空現象，這種麻痺狀態會影響判斷，造成致命的失誤。就像水肺潛水者和二戰轟炸機的駕駛員，他們常在十萬五千呎的高空看到機翼上有「小精靈」咯咯笑著破壞他們的引擎。在俄國a航空專家迪米崔．科米薩洛夫（Dmitriy Kommisarov）和葉夫．戈登（Yefim Gordon）他們充滿著意外的日誌裡，記錄了一架An-12的機組員，神祕地一同「改變主意」，不停下來加油，因此在西伯利亞的高空上燃料不足。

報告中指出：「他們的油量不足以直接飛去伊爾庫茨克（Irkutsk），而機場很快就心存疑慮。然而，說也奇怪，他還是繼續飛，浪費了幾次（在路上降落、加油的）機會。結果不出所料，糟糕透頂——飛到距離目的地一百二十公里處，在五千二百五十呎的高空，外部引擎熄火，一分鐘後機內引擎也熄火了。」

其他報告中提到駕駛員（包括米奇的老戰友）即使有機組員、地面控制中心和警告系統多次明確警示，仍然撞上明顯就在眼前的山丘或樹頂；或是突然出現倖存者無法解釋的極端行為。這在失事報告、倖存者之間的悄悄八卦中，是反覆出現的模式。沒人知道讓人瘋狂的究竟是高空的痲痺，或只是這一行令人瘋狂。

我們在巨無霸飛機涼爽的陰影中坐著講話，謝爾蓋拖著步子在裡頭走動，這時口傳歷史多了另一個注腳——小道消息說，另一批機組員在目前無法解釋的事故中喪生。對大家而言無法解釋，不過像米奇這樣的人很清楚，為了使命必達而冒險是多麼誘人的事。

像他們這樣的人，無法解釋的死亡率絕大部分都歸咎於超載，但還是有些不滿的聲音，堅持飛機會在空中解體，只是因為那些飛機自從離開空軍就不曾檢修，成了死亡陷阱。米奇說他很小心，但他承認一直有經濟和其他的壓力，讓他載運非正式、付現的額外重量——不只是替知情的託運人和雇主超載表定的貨物，賺取免稅獎金，也會把他們自己穿梭貿易的商品藏在機腹的逃生孔。他氣惱地說，這種事沒得選擇。十五公噸只是粗估數字，所以可能受到各式各樣的情況影響，尤其是天氣狀況。例如烏干達恩特貝的跑道格外滑溜，這是因為跑道建造的方式，加上機場就在維多利亞湖（Lake Victoria）旁邊。輪胎磨光，再超重一公噸，飛機就可能沉到湖裡，或是衝進航站。此外還有如何計畫、執行起飛。機上東西愈多，就要從愈後面起跑——即使你得駛過柏油跑道前的草坪也一樣。如果你不相信米奇的技術有多精湛，可以在你的搜尋引擎裡輸入「Il-76 起飛」（Il-76 take-off），看看一些目瞪口呆的空中交通工作者拍攝的短片。

米奇在判斷載重多少可以起飛的能力很恐怖，甚至能判斷幾公斤的差距。有一則軼事恰恰說明了他這種恐怖的能力，我在旅途中聽過不同人講了幾次，每次的說法都不盡相同。大部分的人發誓事情發生在他們一趟飛行中，有些是當笑話說——看來這要不是都市傳說，就是常常發生，而事發地點通常是非洲或南亞。Il-76準備起飛，機組員裝進了正規貨物和他們自己的領現工作，飛機堆滿要外銷的異國蔬果。駕駛員開始起飛前的滑行，飛機逐漸加速，但跑道只剩五百公尺，他們還沒離地……距離機場圍籬只剩三百公尺，飛機還沒離地……剩一百公尺，他們向前直衝，看來必死無疑。剩下五十公尺，前輪終於離地了，最後他們剛好掠過圍籬。駕駛員火冒三丈，他朝裝載長吼道：「白痴！就跟你說我們還能再裝一籃櫻桃！」

所以謝爾蓋的裝載長角色至關緊要。他不只是巡迴樂團的設備管理員，掌管卡車和收據，他其實是物理學家，也是每趟飛行的安全工程師。他解釋道，Il-76和任何安托諾夫即使遇上引擎故障之類的（或是怪風或火箭炮），還是有許多空間可以操作。這些貨機就是建造來承受這些狀況。它們專做這種事，只有在超重到幾乎無法升空時，才變得脆弱。「那樣的話，你就像個搬鋼琴上樓的人，」謝爾蓋比手劃腳，手臂擺出誇張的角度。「輕輕一碰，你就會摔得四腳朝天。」

所以不只是駕駛員與領航員，像謝爾蓋這樣的裝載長也是大家必須信賴的角色。他們共同決定在這些狀況下、飛過這些戰區，哪些額外的重量要放在哪裡、這次他們有辦法多載多少，而這些決定會確保他們賺進不少錢（最好也能確保他們能飛越下一片山巒，並且燃料足夠，能夠平安賺進這些錢），不過前提是謝爾蓋計算的配置、裝載和數目精準無誤。有多個前蘇聯的消息來源將其稱為「俄羅斯輪盤」：裝載長被放到瘋狂、高壓的職位，必須在扳機扣下之前，設法靠他的手腕和才智，創造出有利於機組員的情勢。

「當然了，」米奇臉上掛著淡淡的微笑。「如果他出錯，我們就得碰運氣。」

一九九〇年代中，米奇的事業天線又開始抖動，尋求下一個突破。解體中的南斯拉夫和蘇聯邊界發生一系列戰爭，賺錢輕而易舉；賽普勒斯、中亞和中東是有利可圖的策略基地，不過非洲對專業駕駛員和他們地勤人員的吸引力愈來愈難以抗拒。航站和酒吧謠傳著更南方有大筆的油水好撈，除了正式的商業合約，也有機會賺取船貨清單之外的「額外」現金。像沙迦這樣的策略基地雖好，不過撒哈拉以南的非洲有那麼多工作在進行，因此目前以那裡之外的地點為根據地幾乎毫無意義。

米奇跟斯塔里科夫、達姆尼亞諾維奇和布特一樣，即將知道他適不適合來一點赤道的太陽。而他在那裡將學到的花招和詭計，會像從軍時學到的一樣至關緊要。

第九章　如何銷聲匿跡

——西非，一九九五至一九九九年

冷戰時期，非洲是地處偏遠的強權遊樂場。不過隨著對峙結束，俄國、美國和古巴在安哥拉等地方支持政權和派系的軍隊與補給線也煙消雲散。突然間，人人可以掌權，得到豐厚的戰利品，美國評論家卡爾．邁爾（Karl Maier）寫到安哥拉：「意識形態被盈虧取代，而保全與武器販賣，成為一門非常有利可圖的行業。安哥拉擁有原油和鑽石的財富，就像膨脹的龐大屍體，禿鷹在上空盤旋……強勢貨幣的香氣吸引了牠們。」

邁爾說得沒錯。只不過在上空盤旋、嗅到豐厚油水的，並不是禿鷹。

對於從小被教導要明白俄國人隨時會打過來的西方人而言，在一九九〇年代看到一波載著違禁品、搗爛酒吧的自由市場蘇聯空軍老兵狂潮，乘著巨大的軍用運輸機呼嘯著衝進從前的「自由世界」，委婉來說，應該很震驚。其實，現在很難體會這些新型的頹廢韓索羅與裝載長丘巴卡（Chewbacca）駕駛著他們震耳欲聾、烏煙瘴氣且低飛的破舊千年鷹號（Millennium Falcon）突然出現時，駕駛員和那幾個國際觀察員究竟有多驚恐。

前美國航空駕駛員在非洲的巡迴跑單幫迅速被他們取代（亞洲的情況倒沒那麼嚴重），但即使對這些人而言，「飛行外籍軍團」的方式也顯得既瘋狂又不可思議（flying legionnaire，迅速傳進俄國之後，創出了「*avialegionery*」這個詞）。這些非洲、中美和亞洲各地叢林飛行員闖出自己的名號，被稱為替中情局出神聖任務而且「不拘任何時間地點內容」的DC-10、DC-6和海克力斯（Hercules）運輸機業者。他們自己幾乎也是傳奇角色，打著「地震麥古恩（Earthquake McGoon）」和「拖鞋威爾森（Showershoes Wilson）」之類的名號，在克里斯多夫・羅賓斯（Christopher Robbins）編劇的電影《飛離航道》（Air America）裡永垂不朽。

經驗老道的包機仲介約翰・麥當勞現在才三十初頭，他記得他家有個世交，他父母叫他「不定期」佛瑞德（Non-Sched' Fred）。麥當勞笑著說：「他們那樣叫他，是因為他在世界各地開飛機的那些年裡，從來沒涉足過定期航班。他總是以嚇得你屁滾尿流為樂，滿載貨物飛進狹窄的峽谷，想從瀑布下面飛過。從駕駛艙窗戶往外看，只能看見一道水幕，直到他把飛機開出去。」

這些男人（還有中情局），多年間幾乎把持了開發中國家的物流。但他們突然出現競爭者，那些人無所畏懼、技術高超，而且更便宜。不出幾年，元老就面臨困境。

俄國流亡者耶夫根尼・札克洛夫（Evgeny Zakharov）是退役的駕駛員，他在令人陶醉的一九九〇年代中期和一個生意夥伴尤里・西多羅夫（Yuri Sidorov）離開他在俄國的家，到南非開設了一間貨運公司，伏爾加—大西洋公司（Volga-Atlantic），技術基地則建在納米比亞，包機到非洲各地，服務對象有聯合國也有私人客戶服務。札克洛夫的事業據說受到俄國官方認可，在一塊戰亂大陸的混亂中能夠專業營運，立下楷模。有些「飛行生意郎」在機組員與技師之間都以能夠拒絕偷吃步、超載的要求聞名，札克洛夫就是那樣的人。

札克洛夫已經獨立門戶，一次次完成任務，現在在經營一間聲名卓著的貨運公司，根據地在約翰尼斯堡，採用Il-76和安托諾夫貨機，公司名稱帶有典型的懷舊浮誇，叫蘇維埃包機公司（Soviet Air Charter）。他對我這個陌生人的態度比我預期的友善——尤其我第一次打電話給他的時候，他剛好在看一場電視轉播的足球賽。他的態度誠懇迷人，而且對於開飛機的人充滿熱情。我們在電話裡相談，他回憶起最初那些年間替他開飛機的人，我能感受到他的興奮之情。

「這第一代都是前空軍的機員。」他說著，並點了點頭。「所以他們的**思考方式**也像軍事人員——命令下來，就執行；不計代價，使命必達。」替札克洛夫那樣的公司降落在聯合國重要（而且時常是極度危險的）航線時，很快就證實那種軍事思維至關緊要。

話說回來，那是早年時光。令他們失望的是，就連那些老實的飛行員也發現自己和更狂放的戰友，被西方看成同樣貨色，而西方正努力接納一個已經三代不曾交流的文化。雖然米奇今日不以為意，但在許多城鎮裡，絕對已經準備好拿乾草叉，來對付這些顴骨高聳、隨心所欲，顯然百無禁忌的陌生人。

排外情節也有關係——最封閉的社會突然敞開大門，於是他們開始大肆打劫，這也不足為奇吧？這些後蘇聯飛行員轉瞬之間隨處可見，不論西方政府高不高興，他們都在和所有人打交道。他們是東方的他者（Oriental Other），難以捉摸、令人著迷，邪惡而幾近傳說的人物，和他們的飛機密不可分，彷彿是被古希臘人誤認為半人馬的那些令人喪膽乾草原騎手。而積習難消的蘇聯式含糊、厭惡透明化的個性，在這時候毫無幫助，期待他們明確告知貨物、到達時間或註冊地的人，只有失望的份。

「這種障眼法的直覺，在俄國企業沒那麼官方的層面裡根深柢固。」馬克・伽略提說道，「大約在同一時間，俄國黑手黨發明了所謂的吸血鬼手機。那種裝置很炫，每次你用這種手機撥打，都會掃描附近的所有手機，複製其中一個號碼。那樣一來，每次你打電話，你看起來用的就是別人的手機，而那樣非常惡劣，當局幾乎無法竊聽，不過對我來說，那真的展現了**作案手法**，如果被懷疑，你只要表現得有點令人混淆就好。我滿喜愛這些懷抱善意的西方人（老天保佑他們），他們以為你可以以這些條件工作、理解究竟是什麼狀況。這絕對是第二天性。」

米奇很乾脆地承認，某方面來說，飽受戰爭摧殘的非洲有段時間對於他的機組員來說「就像家一樣」。高額的報酬難以拒絕，而委託者不只是像安哥拉的安盟叛軍那種軍隊，還有當地的游擊隊總統——如同賴比瑞亞的查爾斯・泰勒。泰勒在美國受教育，一九九七年到二○○三年擔任賴比瑞亞總統，直到被迫辭職，被控多個罪名，包括他在和鄰國獅子山的衝突中用了兒童士兵、游擊行動中大規模屠殺平民、殘害與性暴力，或是在一個大規模綁架計畫中，讓肉票被迫在當地的鑽石礦場遭到性奴役或從事性勞動；或是剛果民主共和國權力薰心的狂人莫布杜・塞塞・塞科（Mobutu Sese Seko）和他的繼任者，羅倫特・卡比拉（Laurent Kabila）——他被剛果寄予厚望，曾是馬克斯主義游擊隊成員，和切・格瓦拉（Che Guevara）一向友好，在專橫的莫布杜被推翻之後掌權。看來所有人都有錢可以揮霍，而那些錢時常是打劫鄰居地盤的戰利品。再加上人道組織提供利潤豐厚的合約，造就了金錢和衝突的完美風暴。

這也是一些大人物喜愛涉足之地。維克托・布特在剛果併購了一小間航空公司，霍加狓航空（Okapi Air），將它重新命名為奧德薩。接著，布特為了得到正規的掩護（況且在非洲大陸還有「資助者」的保護）而出了一個高招，他和烏干達軍中一名中將的妻子合夥。那名中將樂意為布特提供的前蘇聯機組員提出飛行計畫，加倍確保他們不會受到仔細檢查。

對於生意人、救援組織、空運公司和傭兵而言，都是人人為己，向錢看。雖然在全球的注視下看到了救援物資、人員和武器湧入，金錢和鑽石湧出，每座機場都有俄製的飛機，但想要追蹤究竟是誰、載著什麼飛去哪裡，卻是不可能的事。這片土地上，「傭兵」、「救援運輸者」、「販運者」和「生意人」這些詞完全可以互通。

對於駕駛員和機組員而言，在這些剛私有化的蘇聯前哨基地之間飛行，非常有利可圖。不過代價常常更高——光是在安哥拉，這些機組員之中每年就有十到十二隊遭到擊落。不熟悉的地域和狀況也解決不少第一波的人。

二〇一〇年的夏天，耶夫根尼．札克洛夫對我說：「我聽過很多很多經驗豐富的駕駛員在非洲……一點經驗都沒有。」札克洛夫來自伏爾加格勒（Volgograd），曾是駕駛員，他僱用了大量居無定所的空勤人員來領導自己的一系列公司，從他位於約翰尼斯堡（Johannesburg）的基地駕駛安托諾夫和Il-76飛越非洲。「他們經驗不夠老道，所以飛進非洲就墜機。現在所有的機長都超過五十三歲，因為他們非常有經驗，打過阿富汗戰爭。不過……你可以創立企業，可以飛上一萬小時，有些駕駛員覺得這樣的經驗就夠了，但是那和安哥拉的一萬小時根本沒得比。」

一九九〇年代之間，數以百計的這些人被吸引到西非的前葡萄牙殖民地，當時那裡正陷入安哥拉完全獨立國家聯盟（這個民兵組織在冷戰結束之前一直受到美國支持）和安哥拉人民解放運動（是安盟的對手，受到蘇聯支持）之間的血腥內戰。雖然後來美俄雙方都不再正式支持任何人，但俄國的後勤和祕勤行動以及古巴軍隊至少到一九九四年仍在運作，直到聯合國進入之後才撤離。不過，隨著正式支持不在，大跌價的蘇聯武器，以及雙方同樣便宜的任何貨物或軍隊運輸大批湧入，塞爾維亞那段時期的油水很多，飛機載著軍方和民間的違禁貨物進出戰區。許多機組員境遇悲慘，不過更多的人大發利市，有些靠的是替布特這種打破禁運的業者工作，有的則是替札克洛夫旗下那樣的正派公司或像米奇這樣的人效力。他們會用自己業內的貨運生意，把正式載貨的趟數加倍，偷做自己的業內生意。

不論他們是怎麼經營的，在非洲要成功都有關鍵因素：金錢（cash）、衝突（conflict），這個完美的風暴還有第三個「c」，混亂（chaos）。歐洲和中東到處都是空軍基地、雷達部署、邊界和管制（又是冷戰的遺留物），而在非洲空盪盪未開發的遼闊地域裡，什麼也看不到。只要有門道，飛機、軍隊、現金、槍枝、黃金似乎都可以從一處瞬間傳送到另一處。像米奇這樣的人，很快就學會怎麼讓消失這回事變成藝術。

他之所以能模糊地點、身分和貨物，多少是因為國家、機構和監控組織之間缺乏協調。至於和平觀察員和監管者提出的各種大膽動議，那種不透明和破敗在體制中已經根深柢固。

密切監控貨物就像金融監管，這種事對許多國家而言並不是那麼有動力能好好做，尤其米奇那樣的飛機所載進載出之物是對政權有利的情形（不論是財政、軍事或私人的利益）。這種原則在非洲奉行得最徹底。某方面來說，非洲為那種機組員捍衛了最後的自由。

「在非洲那樣的地方，中亞某種程度也是，因為他們有太多漏洞，通常很腐敗，很容易載你想載的任何東西進出。」這話出自一名資深南非駕駛員之口，他在一九九〇年代會搭前蘇聯機組員的便機，從安哥拉去阿迪斯（Addis）。「非洲大部分地方沒有連續的雷達覆蓋，亞洲一些地區更不用提了，所以你一離開起飛地區機場的雷達，你就隱形了。」在那之後，那架飛機的位置完全是無線電操作員說了算。

就連烏干達的恩特貝機場（聯合國在東非的基地，該地區最大、最繁忙的機場）有些星期連個雷達也沒有。撒哈拉以南非洲的俄國和烏克蘭飛行員之間有個笑話：

「某某機場目前的雷達狀況怎麼樣？」

「那裡嗎？喔，他個子小，大概六十歲，下午喜歡來一杯。」

就是那麼破敗。對於想要監控那些弟兄（或是任何人）在撒哈拉以南的非洲、高加索和南亞一片片遼闊土地上做什麼的人來說，這輕浮的說法道出了令人為難的事實。飛行員在非洲曾經（現在多少還是）即使殺人也能免責。

而他們也這麼做了。一九九〇年代間，雖然安哥拉的火箭炮和活火山噴出的致命岩漿和火山灰籠罩了簡易機場和飛機，但那裡的淘金熱有種近乎自由的氣息。自由來自缺乏官方監督管制的偏僻降落跑道（Il-76和An-12特別適合在克難或崎嶇的叢林簡易跑道起降），以及幾乎不存在的雷達。此外，他們的活動在掩飾下祕密進行，符合各方關連者（從機組員到僱用機組員的政權，以及他們做生意的軍閥與販運者）的共同利益。

資深非洲貨機駕駛員泰瑞．邦納（Terry Bonner）是土生土長的美國人，載著貨物飛越南非、東非和西非已經超過四分之一個世紀，對於前蘇聯機組員勉為其難地產生了敬意。「不論你對這些傢伙有什麼意見，這些蘇聯人是我見過最厲害的駕駛員，千真萬確。」他粗啞的美國東岸口音帶著欽佩。「他們可以飛去別人無法降落的地方，而且他們能用他們的飛機，做到其他人不能的事。」

有些駕駛員一向替雙方載軍火、補給品、人員和現金，期間還會替慈善機構和聯合國這樣的國際機構運東西。錢當然也少不了。當地有豐沛的血鑽石和珍貴天然資源，所以雙方民兵為了找到理想的機組員和理想飛機，幾乎出得起任何價錢。

另一名經驗老到的駕駛員向聯合國證實，有人找他違反制裁，運送武器給安哥拉完全獨立國家聯盟的叛軍軍閥領袖喬納斯．薩文比（Jonas Savimbi），報酬是一趟整整十萬美元，工作內容是把致命貨物從盧安達的首都吉佳利（Kigali）運到一個隱密的安盟基地，代號阿爾法一號（Alpha One）。阿爾法一號不會附帶任何地名或導航協助、不會出現在任何人的雷達上，也不會有地面控制中心，他完全得靠自己的GPS，在夜裡找到那個基地、確認跑道的位置。而這名駕駛告訴聯合國會議，他拒絕運送，因為「那不是晚上可以輕易到達的地方，而他們堅持在晚上進行」。

其他人沒那麼謹慎，於是付出代價，成為叢林的俘虜。隨著囚禁的日子一天天過去，毛骨悚然地發現他們的雇主沒有付贖金的跡象，他們的政府也沒施壓。雖然他們時常運送的武器價格低廉，然而他們自己卻是其中最廉價、最可以犧牲的商品。有些人很幸運——至少比上不足、比下有餘。一九九九年的五月十二日和六月三十日，兩架安托諾夫表面上按合約載著救援物資飛進政府控制下的安哥拉城市，結果被安盟擊落。機組員從墜機中生還，卻遭到安盟軍隊綁架，一年後其中五名飛行員（之後由俄國大使指認）在尚比亞叢林裡發現被綁匪放到那裡，餓得半死，胡言亂語。

不過現在很多人畏懼的那條路，米奇卻不以為意——這是份工作，凡是工作都有風險，只要正確解讀風險就好。許多後蘇聯機組員為了聯合國之類的客戶，完全合法地在那裡出漫長、危險又吃力不討好的任務，然而他還有更多前蘇聯同袍以前曾經出過不可能的任務，他們飛到設備簡陋的降落區，而賺到的錢令人難以抗拒——不只來自他們受託替後臺雇主運送的貨物，還有他們為自己領現生意而在飛機裡夾帶的非法貨物。

對駕駛員和夜間貨運這一行的所有人來說，一九九〇年代的西非（從安哥拉到賴比瑞亞、獅子山）非常有賺頭；對維克托·布特和他對手列昂尼德·米寧這樣的商業鉅子而言，更是如此。那裡的司法和遵循措施太寬鬆、太腐敗，所以他們能全權掌控。

想在這樣的地方追到軍火走私客，有個問題：活動紀錄時常徒勞無功。艙單只需要總重看起來符合貨艙裡的份量，以及收據上的現金對得上就好。軍火運送都附有最終使用人證明書（end-user certificate，EUC），鑒明最終目的地和武器用途，證明軍火不會落入武器禁運或制裁下的任何一方。這本來應該滴水不漏，卻能輕易偽造。容易到我在一間烏干達旅館房間，用網路下載的一張JPEG圖檔，加上我編造的一個部長頭銜、從當地報告上找到的一位官員姓名，和樓下商務中心的印表機，就能自己做一份。看起來頗像一回事。這樣無法通過完整的背景檢查，像是撥打政府信頭上的電話號碼，或是太深入思考，恐怕就會露出馬腳，不過一位老經驗的飛行總監說得好：「從來沒人打電話確認——何必呢？」

實際上，只要文件看起來和我的**一樣好**，貨物就會放行。舉例來說，二〇〇九年，蒙特內哥羅批准一百零三組53-65KE反潛魚雷的維修設備出口到馬其頓，給中亞的一個民間計畫使用。依據國際和平資訊服務組織的報告，「出口表上寫著，那些設備最終是在吉爾吉斯（Kyrgyzstan）供民間使用。記得嗎，那裡和最近的海域距離頗遠。」詳盡的補充說明中，觀察員的聲音一本正經地說：「其實很難想出魚雷有什麼民間用途。」

問題是，表格終究只是表格，看起來正式，且容易仿製。等到二〇〇〇年代來臨，官方終於趕上列昂尼德．米寧的時候，他們將發現這些天才的前蘇聯人如何嘲弄了整個EUC系統。許多國家的EUC其實只是稍稍美化的A4信件，如此一來，誰能怪他們想試試呢？相較之下，其他國家卻有完整、多領域、有編號的認證。沒有統一的系統，許多東西飛來飛去，因此第三世界那些壓力龐大、報酬過低的派任海關，不只無法分辨真偽，而且缺乏資源、時間與意願去一一檢查、追蹤，何況常常有時差，還被壓迫著放行貨物，讓機組員和飛機調頭。還有更多文件要填。蓋個章、下一個。

許多經驗豐富的包機仲介似乎對額外貨物的容量視而不見。有位包機仲介一本正經地說：「那些飛機很棒。不過有個問題，如果駕駛員或技師說他們能飛，你就要複查。我們會查出來，然後說『不行，你不能載那個』，然後他們會回『可以啊，我們能載那個，當然能載那個』，而我們得告訴他們『不行，**不可以**，你這笨蛋，你已經超重五公噸了！』」少了全球標準化，EUC幾乎毫無意義（至今仍然如此），但大家似乎都視而不見。

非洲各地，飛機似乎憑空消失，然後再次出現在世界另一頭不可思議的位置。載著食物和鞋子去災區的航班，停兩站加油之後，會載著給剛果軍閥或安盟這種叛軍集團的地雷、攻擊直升機或彈藥，降落在非洲。這些機組員會神奇地同時出現在至少五個地方，然後又無影無蹤。他們變幻莫測，擅於喬裝與幻術。

他們走私古柯鹼時，不會直接從哥倫比亞和秘魯飛進歐洲，而是利用像幾內亞比索（Guinea-Bissau）和安哥拉這類地處偏遠荒僻之地的非洲中繼站，因為非洲政府都沒有飛機和雷達可以偵測、逮捕他們，而且在非洲行賄比較便宜。至於飛去那裡的航程，大西洋幾乎也沒有雷達，因此可以通行無阻地從古柯鹼海岸（Cocaine Coast）飛去西非的藏身處，例如獅子山和賴比瑞亞。

邦納在他基地裡通話時附和道：「他們幹的事實在不可思議，而雷達覆蓋只是冰山一角。」他的基地位在南非自己的一個邊境機場。網路上有許多非官方討論版是給駕駛員分享八卦——客戶、工作、地點、飛機動向和其他機組員的事。在我終於聯絡上邦納之前，我們透過這樣的一個討論版，玩了一個電子郵件的爾虞我詐遊戲。我在那裡逛了好幾個星期，他的貼文（用的筆名比他在本書要求的還要浮誇）充斥愈來愈多前蘇聯機組員，而他最後一則貼文是在我找到他的前一星期，宣稱「非洲的事故之中，百分之九十都是蘇聯建造的飛機。問題是，為什麼？大部分維護不佳，根本不該飛上天。」他聲稱他常常看到「機組員拿回扣，讓他們的飛機超載。這確有其事——這裡大部分的俄國機組員不遵守飛航規則。」

這時他聲音煩躁不安，明顯像是不滿被說服接受訪談，又不好意思掛掉電話跑走的人那樣抱著遲疑，設法描述這「致命的狗屁」。

他解釋說：「他們知道雷達看不到他們。我們飛的時候是用一二六九的頻率，那是飛航頻率，駕駛員都在那裡報告自己的位置。在剛果，甚至在布拉薩市（Brazzaville）上空，他們連應答機都沒有（自從戰後，這種裝置就是飛機的基本配備，會發出訊號給地面的空中交通觀察員和其他飛機的自動識別系統，幫忙辨別飛機的位置），結果知道嗎，俄國人會報出錯的位置！他們會通報不同的機場，跟**每座機場**都說他們再幾分鐘就到了，很快就會在那裡降落！他們在他們的無線電上亂講自己位置。除非做點什麼，否則還會有更多人送命。」

不老實通報位置的好處是，他們可以優先選擇機場。然而，這樣有兩個副作用：第一是提高了撞機的可能性；第二，每座機場都會記下那架飛機的位置（對米奇來說，這可是非常理想的副作用），而每次的紀錄都會不同，所以追蹤一架飛機從……例如烏干達的恩特貝飛到蘇丹的喀土木（Khartoum），變成找鬼牌的奇妙遊戲，參與者是航道上（和許多不在航道上）的所有機場和地面控制中心。這些傳給塔臺的位置中，哪裡真的有這架「隱形」的飛機？哪些只是幌子，哪些位置在報告之後受到監控，卻一無所獲？

米奇的飛機就是這樣，才能從南蘇丹之類的地方出發，同時出現在肯亞、烏干達、坦尚尼亞、剛果、蒲隆地、索馬利亞和蘇丹的夜空。飛機終究會降落在某個地方。不過對大多數的機場而言，那架飛機只是沒出現。就這樣，一架飛機變成五架，在黑暗中朝不同方向飛往不同的機場，這是某種薛丁格的貓（Schrödinger's cat）懸疑實驗，在進行干預、飛機降落之前，所有答案和結果都有可能。

即使和地面控制中心建立聯繫，要騙過他們也是簡單得可笑。米奇最基本的手法簡單有效，甚至將它稱之為手法幾乎有點不公平。

他說：「你在非洲上空的某處，聽著無線電上的空中交通。你沒有任何許可，但這時候只要告訴他們，你是另外某架飛機就好，反正他們看不到你飛機的樣子。你可能會知道後面有一班英國航空（British Airways）將在十分鐘之後飛來，我們想通過某片領空，只要『借』那班飛機的許可就好，所以我們會用無線電說『您好，這裡是英國航空某某某號班機，請准許通過』，對方會回答『請通過』。十分鐘後，真正的英國航空班機飛來，他們說『您好，這裡是英航某某號班機，請准許通過』，那時塔臺就知道是怎麼回事。不過我們早就飛遠了。」

其實圈內人說，盜用其他人的呼號和班機號碼飛越非洲「稀鬆平常，大家都這麼做」。如果你的雷達不好（有人還可能沒有雷達），那麼一切都回歸於信任。

布萊恩．強森．湯馬士說：「總之，在非洲和中亞那樣的地方，有許多天真之舉。哈薩克非常受問題公司歡迎，除了他們讓任何人登記之外，也是因為該公司的呼號一向是獨角獸十一月（Unicorn November），也就是所有在哈薩克登紀的航班開頭字母都是『UN-』，所以非洲、高加索、亞洲、南美各地，很多不明就理的地勤人員以為他們和聯合國有關係，就這麼任他們為所欲為。他們只看到『UN-1234班機』之類的，就假定那屬於聯合國，然後張開雙臂歡迎他們！」

結果他們根本不用擔心。除了叛軍民兵和販運者，還有不少政府很樂於把自己的一些骯髒事假手他人。

第十章　叢林裡的打劫

——剛果，一九九七至二〇〇〇年

一九九〇年代晚期，安哥拉因空勤人員變得危險難料，剛果則是另一種境界的瘋狂，而這都反應在潛在報酬上。一九九〇年代末，盛產鑽石的剛果民主共和國猶勝其他地方，向英勇的駕駛員承諾了豐厚的外快，不論是合法或*na levo*（直譯是「在左手邊」，這在俄文是「檯面下」或「偷偷摸摸」的意思）。在莫布托總統最後那段羅馬皇帝卡利古拉（Caligula）[6]式瘋狂的期間，剛果民主共和國（當時稱為薩伊〔Zaïre〕，又稱人間地獄）逐漸分崩離析。這人據說曾經只因為他不喜歡現行鈔票上他肖像打的領帶，就在一夜之間宣布自己國家的貨幣無效，立刻讓經濟退回以物易物、搶劫和契約勞力的石器時代。而現在，他終於要被他自己的惡毒給趕下臺了。

6　譯注：羅馬帝國早期的典型暴君。曾建立恐怖統治，神化王權，並因為好大喜功，大肆興建公共建築、經常舉行大型宴會，使得帝國財政急遽惡化。後來他企圖增加課稅來減緩自己引發的財務危機，引起所有階層的怨恨。

莫布托經歷了一段美好的時光。他在瑞士的一個私人銀行帳戶存了四十億美元（說來真巧，這數目正是他國家的國債金額）；他曾接受從尼克森開始的歷任美國總統款待，一直到冷戰結束，白宮的茶點邀請才逐漸停辦；他取消聖誕節，宣布十二月二十五日是他的官方生日；他用改名契，更名為「不斷壯大、勢不可擋的偉大戰士」；要求全民衣物上要有他的肖像；他和西方企業打交道，那些企業非常樂意付出底價換取他國家的資源，不在乎資源是怎麼開採、劫奪或獵得的。

現在他時日將盡。一九九七年，莫布托乘坐一架飛機，在槍林彈雨下逃逸。提供飛機的正是維克托．布特，因此莫布托的兒子對蘇聯製造的設備讚不絕口：「換作波音，應該會爆炸！」前蘇聯飛機受到那樣的名人贊助，有錢也買不起。不過當時，傷害已經造成了。烏干達和盧安達的軍隊對剛果部署，支持叛亂團體，占領北方、東方大片大片的丘陵和叢林地。這些團體的領袖——軍閥和他們鬆散半官方準軍事部隊的領導者，將兒童士兵、強暴和麻醉藥品，作為恐懼和控制的工具。

對烏干達和盧安達軍而言，只有一個問題。剛果民主共和國的面積將近是烏干達的十倍，比盧安達大了將近九十倍，因此雙方的軍隊都不可能真正控制他們最後「占領」的廣大地區，於是他們把精力和軍隊集中到策略目標周圍，例如開採鑽石的市鎮和飛機場。他們占領這些目標地區之後，很快就在其他占領軍的指揮官和他們對抗的叛軍之中，找到進出口新創公司的新夥伴。他們馬上就發現自己很受叛軍軍閥歡迎，軍閥沒把他們視為仇敵或解放者，而是顧客和可能的全球經銷商。

從前剛果軍閥總是因為空運的風險大、成本高又臨時的特性而煩惱。誰也不覺得空運是有效率的外銷程序。所以想像一下，這些叛運首領發現這些烏干達人民防衛軍和盧安達軍雖然突然壟斷（不好意思，應該說是維安控制）了運輸基礎建設、礦城和空軍基地，卻沒粉碎他們的非法勾當，甚至沒插手他們頻繁和家鄉的空軍基地（例如恩特貝和吉佳利）往來運送貨物，該有多高興。他們絕對可以跟這些人做生意。

他們很快意識到，東剛果外銷、轉賣自然瑰寶，一開始就是烏干達總統約韋里・穆塞維尼（Yoweri Museveni）軍事行動資金策略的一大關鍵。第二次剛果戰爭（Second Congo War，一九九八～二〇〇三）的一個主要動機，其實似乎是起於渴望控制剛果最無法治而且（不全是偶然）礦藏最豐富的地區，而一九九九年，盟約鬆散的盧安達和烏干達軍在基桑加尼（Kisangani）的鑽石開採中心附近有著一系列致命交火。

結果導致了德國導演韋納・荷索（Werner Herzog）料想中的戰爭——迷人的精神病態、英勇領袖、有遠見企業家和貪婪機會主義者的競技場，他們滿載著槍枝、現金和他們自己的鑽石，在叢林樹冠下艱難地前進，頻繁在中非丘陵與平原肆虐的天啟雷暴閃光打亮了他們。將軍、大兵和游擊隊都懷著致富、成就事業、大權在握的夢想來到剛果，看著這些夢想成真，而因此泯滅了人性。關於與世隔絕的矮小原住民部落被私掠的軍隊獵殺、吃下肚的傳言甚囂塵上，此外還有士兵計畫一夜致富，在無人監督的大片偏僻土地栽培麻醉藥品，還有不少錢可以分給幫忙包裝、運送、放行毒品、在另一端分銷的人。

就像令人陶醉的一九九〇年代早期崩裂的蘇聯，與紅色企業的貝爾格勒，在終極自由市場派對上，供應商遇上了主顧。事情的發展就像任何傑出企業家口中的老樣子——軍閥和叛軍一旦找到他們的顧客，解決了分銷問題，儲備的剛果產品就會，嗯，飛也似地從架上消失。確實是用飛的——在前蘇聯的巨無霸飛機上，向那些地方聚集，而對這些飛機提供的服務需求水漲船高。

「在歐洲飛很不一樣。」耶夫根尼．札克洛夫說著笑了一聲。「（非洲）跑道很短，不像在歐洲總是有氣象（報告）——這裡有霧、這裡在下毛毛雨、那裡天氣不好。在非洲從來沒有氣象報告，也沒有雷達，而且跑道狀況非常、非常糟。手冊會說跑道有兩千公尺，但其實根本不到一千五百公尺，因為另外五百公尺被炸毀、毀在戰爭中之類的——像在安哥拉，跑道老是被火山破壞掉。」

但他們堅毅不屈。而體面的創業家之間出現了熟悉的名字：烏克蘭人列昂尼德．米寧忙著投入天然資源；維克托．布特在這些地區營運多年了。布特提供的安托諾夫在暴民找上莫布托之前，已經偷偷帶他離開他富麗堂皇的宅邸，到了多哥（Togo）的避難所。他被控把蘇聯製的 Mi-24 武裝直升機供應給剛果軍閥尚．皮耶．本巴（Jean-Pierre Bemba）的追風少年軍隊，好換取來自本巴占領鑽石礦場所得的現金。法拉和布勞恩（Braun）說過一個故事：那架直升機不只讓本巴搶先敵人一步，避開艱苦的急行軍，而且飛行時不怕埋伏，甚至他的民兵偶爾意識到自己在炎熱夜裡駐紮在某個偏遠地區，冰啤酒不大夠的時候，還會成為他的私人免稅購物送貨員。布特否認惡行，不過在一場第四頻道的訪問中，他確實把本巴形容為「非常親密的朋友」。

要是九一一前有任何人在乎非洲發生了什麼事，這場混亂應該會成為聯軍在伊拉克和二〇〇一年後的阿富汗一堂非常有用的歷史課——處理他們的後勤支援時，該避免什麼。飛機像計程車一樣進進出出，雖然看不出機組員、包機公司或業者在做任何不法的事，但他們的做法缺乏控管，導致災難性後果。政府、武裝部隊，甚至聯合國（他們軍隊在二〇〇八年涉入軍火交易、象牙買賣、毒品販運，甚至從東剛果走私偽造黃金）的合法目的，都因為他們待在叢林，難以和先前許許多多的掠奪劃清關係，而變得模糊軟化。

各方經濟都是段繁榮的時光，是場雙贏的生意。但當然有例外。當地一般人、被砍伐的樹木和受保護的物種，也包括軍閥碰巧用烏干達和盧安達出口占領者付給他們當部分付款的子彈和槍枝殺死的所有人。

不過這些人不是唯一的輸家。辛勤駕駛這些飛天死亡陷阱的無辜空勤人員，時常付出可怕的代價。一九九〇年代晚期的剛果就像一九九〇年代早期的俄羅斯，權傾一時的貪婪富人玩著高風險遊戲時，通常是不知情的倒楣人被捲入雙方的交火中。

說來恐怖，流彈和飛來橫禍總愛找上米奇的同袍。時至今日，站在剛果民主共和國的一條跑道上——一條滿地垃圾、彎彎曲曲又布滿炮孔的泥土跑道——左右看看，就可以看出端倪。隨處可見這些碩大無用飛天怪物的化石零件，嵌板和輪胎卡在樹上，螺栓和補丁淪落水溝。就像早期的飛行員揮舞著他們伊卡若斯之翼（Icarus）[7]、多層帆布和起火的螺旋槳，這些新的《飛行世紀》（Magnificent Man in their Flying Machines）成員為了完成他們的任務，屁股下坐著用他們褲子和強力膠帶補起的坐椅，在他們的飛行機器裡墜落、爆炸、翻轉、俯衝，四分五裂，把當地人打成泥。他們是前蘇聯的空軍，他們在槍林彈雨中飛進地雷區，在早餐前回來，而且他們不畏危險。

有時候他們或許該怕才對，因為剛果有許多辦法可以拿回他們設法載出去的貨。最先出局的是一架An-12，在本尼亞（Bunia）降落時無緣無故起火燃燒，機組員不得不跳機逃生；幾個月後，一九九六年六月，一群機組員用一架修補到很誇張的Il-76冒險載了超重貨物因而喪生。他們就沒那麼幸運了，他們那天稍早已經撞上一根電報桿，那架耿直運輸機在剛果上貨的時候，已經殘破不堪。這樣並不罕見，不過想必是敗在高熱之下，無人生還。

一九九八年，辛巴威的空軍噴射機在某個黎明，於卡萊米（Kalemie）攻擊、摧毀一架停在地上的伊留申，這架飛機屬於維克托．布特的Air Cess[8]。

下一個事件位於本尼亞，這場看似自燃的案件，有個可能的解釋。一九九九年十一月十日，一架前蘇聯的An-12，滿載高爆藥的子母彈（現在全球禁用），就這麼在姆班達卡（Mbandaka）機場的跑道上爆炸，機內六名人員死亡，殘骸散落在空軍基地。這樣的災難不斷發生，頻繁得令人心寒。二〇〇〇年四月十四日早上十一點三十分，金夏沙（Kinshasa）

一座空軍基地倉庫的火花蔓延到彈藥貨物，摧毀了一架安托諾夫-28，然後轉移到其他飛機。據說地面有一〇九名平民喪生。

前蘇聯數十名機組員同袍在叢林上方遭到安盟的火箭炮和步槍擊落，更多人因為其他原因成為他們不牢靠的影子貨物犧牲者，機艙中的爆裂物導致飛機在空中或跑道上「自燃」。總是令人想要無罪推定，因為終究可能是一發準確度驚人的火箭炮炸了飛機。

不過隨著一九九〇年代演進，先是安哥拉，然後盧安達、烏干達、蘇丹、索馬利亞、賴比瑞亞、剛果民主共和國、肯亞、蒲隆地和獅子山都陷入混亂和戰爭中，米奇承認一項冷酷的事實：危險，甚至死亡，多少有助於想要草率行事的人。

雖然有許許多多的墜機現場和機翼碎片，然而也有許多飛機就這麼消失無蹤。由於偽造的身分、不斷改變的可疑註冊和時有時無的活動紀錄，因此無法判斷這些飛機究竟是墜機了，或只是重新粉刷，現在正開心地用著化名和沒人注意的新身分飛行。二〇〇〇年，一架安托諾夫載軍火到賴比瑞亞時遭擊而墜落，但這架飛機於摩爾多瓦（Moldova）在同一日登記、註銷，在官方已經不存在多時。也就是說，這是架幽靈飛機，報廢後卻仍繼續飛行，載

7 譯注：希臘神話中著名工匠之子，父親為克里特王米諾斯建造了迷宮之後，遭米諾斯囚禁，建造蠟製的翅膀以便逃脫，伊卡若斯卻因飛得太靠近太陽使翅膀融化而墜落身亡。

8 編注：位於阿拉伯聯合大公國沙迦的貨運航空公司。

著致命的荷載，穿過非洲的迷霧，鬼魂般《漂泊的荷蘭人》（Flying Dutchman），在世上無處為家，死亡相隨。政府密謀遮掩的謠言甚囂塵上。二〇〇三年十月三十日，聯合國調查員試圖進入東歐摩爾多瓦共和國（Moldovan）安托諾夫-28的失事現場時，遭到拒絕。那架安托諾夫據信一直在載運非法軍火貨物，在卡米納（Kamina）城外遭「佩有AK-47步槍的軍官和身穿便服的人」擊墜。摩爾多瓦的業者之後回應，他們已經進行內部調查，「百分之百確定」他們沒走私非法武器，所以至少澄清了這一點。

即使大家知道你在哪裡、你是誰，像非洲這樣的地方，你還是很可能可以逃過制裁。每個註冊的機尾編號隨時最多會有十四個「幽靈」航班，非洲、東歐、亞洲和高加索的夜空充斥著米奇這樣的人，但你認為哪些是真的？你要追蹤哪些？該怎麼追蹤？雷達的覆蓋範圍逐漸消失，在陸塊的空白區域上留下空洞深淵。山區、莽原和雨林，那些正是最不可能受到政府或警察控制的地方，邊界很長，處處破綻，時常無人看管。米奇說，「飛上去之後，就可以在任何地方降落，換裝東西。真的。」

布萊恩．強森．湯馬士說：「伊留申Il-76是專門打造，好用來降落在崎嶇克難的跑道，甚至比安托諾夫An-12或An-24更適合。」Il-76有個特點：這種飛機是設計在沒有地面支持的狀況下裝貨、卸載，而這也是Il-76比全球使用的任何美國型號更厲害的原因。

我問一名前Il-76駕駛員，那樣換取的獨立性如何，他聽了哈哈笑。

他回答：「真的想要的話，也許可以載著任何東西升空，等到你離開雷達範圍，就誤報你的位置，替自己爭取一點時間，然後繞道去別的地方，隱密碰個頭，降落，卸貨，交貨，載上別的東西，然後繼續飛行。在這些傢伙營運的地方，沒人會注意到你是不是遲到四十分鐘。沒人看得到你在哪，也許你已經回報位置，說你接近目的地了，所以你可能只是閒晃一下。飛機就是這樣載著一種貨起飛、載著另一種貨落地。假設一下，如果食物變成了壞東西，那壞東西很快就會變成金錢。」

這一切或許能解釋俄國貨機（不論是否合法）墜機時，少數從剛果之類地方洩露出來的媒體報導中，看似反常的情形。

恩斯特・梅札克（Ernest Mezak）是位調查記者，也是科米紀念館（Komi office of Memorial）的人權主義者，這間俄國組織致力於預防蘇聯式的殘酷再度發生。梅札克就近追蹤了非洲的俄國貨機空勤人員生活（和死亡），指出二〇〇六年一月一架An-12在姆布吉馬伊（Mbuji-Mayi）機場起火燃燒的例子。事發後不久，起先聲稱機上有來自俄羅斯科米共和國（Komi Republic）夕克替夫喀的四個人。之後不再是四人，而是六人，來自夕克替夫喀和葉卡捷琳堡；飛機是從戈馬（Goma）飛來，不過俄國的新聞通訊社塔斯社（ITAR-TASS）稍後宣稱飛機其實是從金夏沙起飛；墜機的罪魁禍首說是天氣、超重和引擎故障。在這時，似乎發生一小陣媒體封鎖，機組員的姓名不加以公開（據業者耶夫根尼・札克洛夫所言，顯然是出於他們自己要求），而他們的遣返事宜由相關官員祕密安排。

真的就那麼簡單。跳上飛機，帶著你想帶的任何東西，起飛，然後離開所有人視線之後，你就可以為所欲為了。你可以繼續直接飛向目的地，也可以降落到一片地面，在那裡跟人碰頭，換裝貨物，幾分鐘內再度起飛——這事不用讓任何人知道。

布萊恩．強森．湯馬士回憶非洲那百無禁忌的年代，有個大膽的駕駛員曾經只靠一輛車的車燈引導，降落在一片田野中。那名駕駛員在一九九二年為救助兒童會（Save the Children）載了奶粉飛進摩加迪休。一般來說，分發作業會在摩加迪休機場進行。不過這次，戰事使得機場的倉庫——當時差不多空了——太危險，無法靠近。此外，沒有任何停火的跡象，所以就連飛進機場也根本不用想。強森．湯馬士說：「所以我把車開到摩加迪休西南方，找了一大片算是平坦的好沙漠。」

然後這個威爾斯人著手把他「算是平坦的沙漠」變成堪用的跑道。他收集一些樹枝，生起「頗大的」營火，然後直直開著他的越野車跑了兩哩，調頭朝著營火那裡，把車頭燈開到最亮，照亮想像中的跑道另一頭。然後他開始等待。

「我對無線電說，『迪米崔，收到請回答』。『收到，布萊恩！』『好，迪米崔，GPS座標是如此這般，吹東南風。』『放馬過來！』」

引擎聲緩緩打破沉寂的沙漠夜晚。強森．湯馬士拿起他的高頻無線電。「我說『呃，右轉、右轉』。過沒多久，他說『我看到你的火堆了！』。我要他繞著火堆和我的車頭燈盤旋，然後跟他說他可以降落了。我記得我們都在哈哈笑，亂開玩笑，『航線中沒有其他交通』那些機場術語什麼的。」

雖然強森．湯馬士替他的越野車擔心，不過降落的過程就像教科書上一樣標準。看起來一定古怪得很，一架蘇聯時代的超級飛機，由沙漠裡徒步的一個男人引導就位，男人舉手指揮，像在幫朋友並排停車一樣。「他降落得很漂亮。」容光煥發的威爾斯人說。「我包辦了一切，像在希斯洛（Heathrow）機場一樣……我不確定，他們有一堆小輪子，沒有大輪子，所以我讓他調頭，回頭迎著風，然後發出信號。他放下斜臺，把引擎熄火，然後我們把旁觀的當地人聚起來，幫忙快速卸貨——他們只是類似打零工的剃羊毛工人和駱駝伕。我們就這麼打開前門，讓他們走進來，爬上階梯，把所有東西搬下斜臺，搬到我們的卡車上。」

說來不可思議，整備時間比他在國際機場看過用絞車卸貨的速度還要快。「迪米崔只在地面上待了大概五分鐘吧，甚至不到。然後他又起飛了！就這樣。」

有些駕駛員懷著正確的實際知識、有些人脈，他們如果想偏離航道，在計畫外多停一站做一筆祕密買賣，簡單得誇張。馬克．伽略提回憶起一名駐紮在塔吉克的蘇聯駕駛員從基地飛額外的祕密航程，載著海洛因跨越阿富汗邊界，「學到等同於把汽車里程數倒轉的辦法……只不過他們是在飛機上。」為了掩蓋自己的行蹤，以免基地有人要他們解釋他們的航程，或是問他們為什麼突然滿口袋的毒品錢。

即使在今天，像米奇的公司會採用可以稱為「積極進取」的方式，進行鑑定和記錄。最近一例是登記於蘇丹的一間公司，有架Il-76遭到攔劫檢查，當地媒體開始稱那類公司為「空傭」（空軍傭兵的簡稱）。那是一家知名的航空公司，機尾編號符合紀錄，所以稽查員的直覺反應是直接放行。然而其中一名稽查員發現了問題——那家航空公司三年前遭到禁航，歇業之後，已經從民用航空公司中註銷了。開飛機的那些傢伙穿著已經停業的航空公司制服，顯然打著別的主意。

貨機靠著創意處理註冊和文件，可以享有幾乎無限的化名和新身分。我在二〇一〇年夏末撰寫這本書時，我從恩特貝基地的崎嶇灌木地望出去，可以看到三架顯然廢棄、遭到除名的飛機，不過這些飛機的未來可以和它們的過去一樣多彩多姿。有一架Il-76登記在聖多美普林西比（Sao Tome & Principe），那是座迷你小島，坐落在幾內亞的海岸外，在航空界裡以檢查與紀錄保存要求鬆散聞名；此外還有三架安托諾夫，按一名員工所說，「喬治亞人（又是註冊鬆散得惡名昭彰的政權）四處尋找了很久」。這些飛機雖然被列為不適合飛行，卻都保養得宜，可疑得很。

「那些嗎？」一名空軍基地的守衛笑道。「噢，那些飛機會再飛，這你不用懷疑。現在是老飛機，早該退役了。不過終究會有人去開——等著看飛機消失不見吧！」他戴著墨鏡坐在自動駕駛後，發出豪邁歡暢的大笑，對我的問題搖搖頭。這也難怪，像他們這樣的飛機主、業者和機組員，被人目睹過靠著一點自己動手做的實際知識，讓他們的註冊、文件，甚至制服在一夜之間「再度生效」，不是漆上油漆，而是靠著印有標誌的自黏貼紙（比較容易迅速更換），從黑名單上的貨運航空或不知名獨立業者，變成哈薩克空軍或聯合國飛機，只花了撕下、貼上、壓平幾個標籤的時間。

米奇說，有些公司（他知道那些人，但從來沒跟他們飛過）會用速成的磁鐵貼花，甚至在必要的時候用霧面乳膠漆。這已經是無人不知的祕密了。傳言乳膠漆之所以受歡迎，是因為過了一天，乳膠漆就可以由隨車附人的業者用水和抹布洗掉——有些航空集團網路經常交換飛機，比磁鐵片更麻煩的東西都是不必要的阻礙。

不用說，使用、清除磁鐵或乳膠漆的過程都很隨便，因此有時變成混搭的古怪遊戲，一架安托諾夫的飛機後半屬於一家業者，機身或機翼卻屬於另一家。今日，其他外籍駕駛員會在網路聊天室公然交換蘇聯時代貨機照片，不過有時候無能得誇張，他們為了避開注意，試圖複製大型航空的制服，甚至在機翼和機身複製著名的聯合國標誌和字母。

一位義憤填膺的英裔駕駛員告訴我：「連UN（聯合國）這麼簡單的字都能拼錯，他們就是這樣。」他的聲音在喊叫和大笑之間擺盪。「而且知道嗎，當局不知道是根本不在乎，還是敲了他們一筆，又或是他們一點頭緒都沒有。也可能這些都對。」

安德列．洛夫切夫（Andrei Lovtsev）是位受敬重的退役軍方與民間貨機駕駛員，在他位於莫斯科星城（Star City）的太空人訓練中心基地，經營他自己絕對合法的事業。洛夫切夫指出，對於想要檢查的人來說，至少照理講，檢查很簡單。「如果飛機有強盜開過的紀錄，我就不會碰。你總是可以（跟航空局）確認飛機維修的時間。強盜會在文件本身蓋上偽造的戳記，不過工廠裡不會有（那些登記、延長使用年限或維修的）任何紀錄。一切都可以查個水落石出。」

洛夫切夫繼續說：「問題不在駕駛員，而是這一行背後的人。那些人行事沒有良心。很多是在索馬利亞或剛果被打下來，也很多是因為機械故障而墜機，那些駕駛員遭人背叛了！」

確實，隨著一九九〇年代逐漸過去，米奇愈來愈覺得駕駛員和機組員是砲灰：他們離開阿富汗一場徒勞無功的糟糕鬥爭，結果又被丟進另一場更糟糕的戰爭。雖然他們能自由載運自己的貨，這樣很好，但在幕後真正賺大錢的人（洛夫切夫稱之為「土匪」）比較喜歡杜拜有冷氣的商場、他們位於英國桑赫斯特（Sandhurst）和賴比瑞亞蒙羅維亞的豪華別墅、地中海的歐洲渡假處，或是瑞士或奧斯坦德。至於其餘的世界，就像那位飛行外籍軍團說的：「誰鳥啊。」事情就是那樣。

不過接下來，二〇〇〇年，義大利當局幾乎碰巧地在米蘭附近一間小旅館打斷了一場私人派對，而那一切即將改變。

第十一章　品味出眾的富人

——米蘭，二〇〇〇年

二〇〇〇年八月五日那個炎熱且黑藍交織的夜晚，歐羅巴酒店（Europa Hotel）三四一號房開敞的窗戶外，一切似乎都停滯了。即使在八月，週六晚上的車流還是很平靜。米蘭市郊漫長慵懶的夏季就像這間不起眼的三星旅館一樣，幾乎沒有人煙，不過在套房裡，房內之人和他的四名妓女確實打得火熱。美麗絕倫，而且一絲不掛的肯亞妓女傳來精煉古柯鹼的煙斗時，義大利女孩拿穩了那塊加熱的古柯鹼。男人吸口氣，讓那股電流般的自信傳遍全身。另一名妓女是阿爾巴尼亞人，美麗而緊張，她心不在焉地看著平面電視上的色情片。

男人低頭看著他袒露的肚子。他五十三歲了，無法否認他確實胖了幾公斤，而且呢，他大概不該做這種事。不過管他去死——他養成了每天來個四十克的習慣，多一克也不會怎樣，何況他是貨真價實的百萬富翁，花得起這個錢。他瞥了書桌一眼（他把他的雙臥室套房分割成「商務」和「娛樂」區），俄羅斯妓女在那裡專心皺著眉頭，切分、稀釋那四十八克古柯鹼的一小部分，好稍後使用。列昂尼德．伊凡麥維奇．米寧（Leonid Efemevich Minin）

又感到一股狂喜爆發，他咬著牙，仰躺到床上。人生很美好。

接下來發生的事改變了一切。受到影響的不只有列昂尼德，還有他共同擁有的三星旅館，以及一些國際當局。遠如獅子山和賴比瑞亞那些飽受戰亂蹂躪的國家裡，武器遭遺棄的政權實施禁運，卻似乎絲毫不受影響地出現，這事令他們困惑極了。

當地警方收到投訴（後來有人聲稱那是被賴帳的另一名妓女打小報告），敲門後破門而入，逮捕一干女孩。警察也逮捕了那名男子，他們原本以為他只是另一個辛勤工作的商務旅客，來享受一點當地風俗業提供的專業的小罪惡。

五星期之後，他們才意識到他們遇上了大尾的國際軍火走私客，他因為販運罪而受到瑞士、法國和摩納哥當局通緝，比利時和義大利則懷疑他在洗錢。其實，米寧雖然遭到逮捕時交出的是以色列護照，但他也持有蘇聯、德國、玻利維亞、希臘和俄國發給的數個假名護照。他的假名包括弗拉德米爾．阿布拉莫維奇．波佩拉（Vladimir Abramovich Popela）、弗拉德米爾．阿布拉莫維奇．波皮洛弗斯基（Vladimir Abramovich Popiloveski）、里昂．米寧（Leon Minin）、沃爾夫．布列斯拉夫（Wulf Breslav）、列昂尼德．布魯弗施坦（Leonid Bluvshtein）、列昂尼德．布魯弗斯坦（Leonid Bluvstein）、伊格爾．沃索斯（Igor Osols）、弗拉德米爾．阿布拉莫維奇．凱勒爾（Vladimir Abramovich Kerler）和伊格爾．利馬爾（Igor Limar）……族繁不及備載。

不過真正令人驚訝的一擊，來自這個愛狂歡生意人的公事包。雖然他被列為異國熱帶木材有限公司（Exotic Tropical Timber Enterprises）的所有人，但調查員發現大量的各式物件，顯示他們發福的犯人不只是生意人，甚至不只是一般的販運者。這是一系列國際政要幕後支持者的文書資料——除了石油、木材出口的收據，還有米寧調查如何成為奈及利亞行動網路供應商的資料、他對土耳其提出烏克蘭航空母艦報價得到的信件回應，以及一封從他北京辦公室發出的信，信中詢問賴比瑞亞總統查爾斯·泰勒（當時正一起對抗叛亂，兩年後才會發出他的戰爭罪犯逮捕令）想不想和中國建立外交關係。還有米寧和泰勒總統之子恰吉二世（Chuckie Junior）之間的通信。

然後，他們在公事包底部發現了軍火交易。

這是一次數千件小型武器貨物的最終使用人證明書（ＥＵＣ），簽署者是象牙海岸的獨裁者，羅伯·蓋伊（Robert Guéï）將軍。ＥＵＣ的作用類似指紋，每一批運送的武器都有獨一無二的ＥＵＣ，完全只屬於那筆交易。這是非常有效力的證據，保證這批貨運只會交給購買時指定的那些人、用於特定用途。目前為止都很正常——只不過米寧的公事包裡塞滿之後用於其他地方的證明書副本，更可疑的是，蓋伊後來向一個聯合國專家小組作證，他不但只簽署一份ＥＵＣ（也就是說其餘都是米寧偽造），而且他還是賴比瑞亞總統泰勒承諾分與一份武器、賄賂之下才簽署的。

檢查官現在盯上米寧了。他們很清楚這個看似三流的業者雖然近在他們眼前，就住在米蘭郊區，卻可能為世界另一頭的民兵暴動和暴政鎮壓提供軍火。看來惡魔一直都存在，而他在城郊經營一間舒適的旅館。

這下子，警方急著尋找鐵證，想找出不可動搖的證據，既證明米寧和付款的關連，又能證明米寧和販運的關連。他們開始一一過濾米寧其他所有物，找到價值五十萬美元的鑽石原石、獅子山遭到叛軍控制的邊界地圖、一本滿是小型武器條目的帳本，包括五百萬發七點六二公釐子彈，和一封給米寧的傳真，要求批准一架飛機載著一一三公噸的子彈從烏克蘭飛到象牙海岸，此外還有至關緊要的金錢紀錄，來源呢，你猜得沒錯，是個俄國人所有的小型航空公司。

文件顯示米寧付了一百萬美元給那間公司，那是一家位於亞塞拜然的企業，航空趨勢公司（Aviatrend），雇主據說名叫瓦雷利・契爾尼（Valery Cherny），這家公司不只是軍火買賣的掮客，而且包租負責送貨的飛機和機組員。一筆八十萬美元的貨款存入航空趨勢公司在惡名昭彰的黑手黨洗錢勝地——土耳其賽普勒斯的一個帳戶，其餘的可怪了，進入航空趨勢公司在美國紐約大通銀行（Chase Manhattan Bank）的帳戶。

調查記者馬修・布倫瓦澤和有爭議的比利時聯合國軍火貿易調查員約翰・皮里曼（Johan Peleman）一起追蹤這場逮捕的進展。布倫瓦澤說，米寧絕不像他時常被描繪的那樣，是天賦異稟的犯罪首腦，更不像尼可拉斯・凱吉（Nicolas Cage）的好萊塢大片《軍火之王》（Lord of War，傳說是依據米寧的事業改編而成）。說話輕聲細語的山恩・法蘭斯肯（San Franciscan）在他位於伊斯坦堡的辦公室裡說：「米寧和像他這樣的人崛起的時機並不是偶然。若不是前蘇維埃共和國受到亂象、貧窮和國家機器逐漸瓦解的衝擊，他們也不可能擁有那樣的權力、那麼成功。」

但起訴米寧的過程立刻碰上了麻煩。他們當然讓刑責萬無一失，但是說到跨國販運這種事……究竟誰會有仲裁權？鐵證如山——傳真文件、最終使用人證明書，一切好像能有多確鑿就有多確鑿了。但還有更深一層的問題。

看來米寧做的很多事其實算不上非法。違反制裁應當受到指責和譴責；運送非法的軍火貨物可能違反個別相關國家的法律，也可能不會，但那些國家經常因軍火買賣而得利，或有更重要的考量，或是本身法律和執法體系孱弱、腐敗而混亂。

這些軍火交易就像穆斯林的哈瓦拉貨幣兌匯系統，或是反盜版集團認為太難破獲的點對點下載網路，得利於他們沒有中央指揮，不是由單一的銀行處理或核准付款、沒有中央處理器，不會在哪個國家的哪棟建築裡有會計部門，而且由於他們在許多地區有許多團體涉入，都在信任與鬆散的忠誠架構下進行，所以每個國家只能看到拼圖的一小部分。

這是完美的偽裝——全局化整為零，散落各地，很難察覺。事情還不只這樣，但即使義大利警方把全局拼湊起來，在他們管轄內的部分也不夠多。

馬克．伽略提說，藉由法院來對抗這些看似混亂的販運網路總是很困難，採用的證據免不了零碎而關連性不大。

「我們通常覺得組織犯罪像電影《教父》（Godfather）之類的，有紀律，階級分明，像金字塔狀，教父下令，經過一層層的層級，最底下的小兵唯命是從。實際情況卻不是那麼一回事。通常你的重要人物會在外面為自己推銷。幫派的角色是訂下規矩，不干預，調解糾紛，因為槍戰對生意不好。重點是維護安全，維持寶貴的品牌，那麼一來，人們來找的時候，就知道敬畏你，而不會說『你誰啊你？』某方面來說，團體整體受到某種系統性威脅的時候，會成為一個集結的群體。」

我告訴伽略提，他描述的也可能是存在於「灰色」貨物世界的一些隸屬關係。他指出，這個網路有著鬆散的從屬關係，關鍵優點是適應性高，因此非常適合新環境。「某方面來說，一個俄羅斯或烏克蘭的黑手黨幫派，比較像某種共濟會。如果突然間，你得到某個新機會，不是你能獨力完成的，你就會聯絡大家。有人會說，『聽著，我可以弄到一卡車偷來的運動服裝。』你會心想，『我他媽要拿偷來的運動服裝做什麼？』幫派可以提供你人脈網路，但這個幫派的個別成員時常是很蠢的一群人，他們或許詭計多端，或有些街頭智慧，但他們並不是思想家，沒什麼才智，他們沒有商業計畫或使命宣言。不過組織整體與其所代表的經濟，時常複雜得超出預期，而這反應得相當迅速。」

列昂尼德．米寧接受一場審判，過程中法官斷定他的證詞 *poco verosimile*（「幾乎不可信」）。之後，他堅稱雖然他和契爾尼之間有傳真和訂單往來，但他不認識契爾尼，他只在義大利的一間旅館酒吧遇過他一次。雖然有來自烏克蘭、米寧和航空趨勢公司連到象牙海岸與賴比瑞亞的一連串活動紀錄，但米寧卻僅僅因為相對輕微的犯罪，判服刑兩年。米寧和販運軍火相關的罪名宣告無罪，居然是因為義大利法庭覺得他們缺乏恰當的仲裁權，想不到吧。

不過雖然義大利檢察官在追查這樁軍火走私案上受挫，但另一方面來看，逮捕案卻達到了某種成功。文件的藏匿處和證詞不只成為某種破解的關鍵，還是難得完整的速成課程，讓人了解如何追蹤像米寧這樣的人和他的貨運公司、駕駛員、軍需官與最終使用者網路在全球造成的軍火動向。此外，本案的報導也成為某種警鐘。

宛如滾雪球、備受矚目的逮捕案（一點也沒錯，古柯鹼、妓女和滿口袋鑽石的賴比瑞亞無賴總統們對媒體而言，是難以抗拒的組合）令人注意到這些像共濟會網路的本質，並且突顯了傳統執法單位無法確實扼止他們。

在那之後，政府之間至少會設法合作，追蹤貨物來去，如果不是監控他們的天空或港口，至少是透過銀行控管。即使他們還是不大會揪出這些販運者、加以扣留，至少他們覺得可以找到新辦法讓他們關門大吉了。米寧是查爾斯．泰勒的同事，因此財產遭到扣押，戶頭被凍結。

對於唯一重點是賺錢的人來說，這種方式的作用可期；但要是覺得風向會改變，就大錯特錯了。隨著十年過去，不只有賴比瑞亞或安哥拉那樣偏遠不安定的國家跑道，會隨著蘇維埃時期的鋼鐵雷電而動搖。

比利時的奧斯坦德是個高雅且經濟確實發達的地方，卻成了走私客的集散地，也是「清理奧斯坦德機場」運動的重點。而正當維克托．布特在那裡掙得一席之地的同時，從巴爾幹半島到地中海的歐洲邊陲，仍然對於完全正派的企業和「無賴」貨運企業同樣敞開大門。

清理運動雖然招募大批拿著相機的狂熱飛機監視員和貨運團隊，得到了寶貴的幫助，最後仍然無疾而終。因為想要阻止像這樣鬆散的販運網路，即使在地上有目擊證人，仍然非常困難，甚至是不可能的任務。

彼德．丹瑟特（Peter Danssaert）瘦小親切，輕聲細語，是負責追蹤所謂顛覆性商品在全球流通的一員。彼德．丹瑟特是安特衛普（Antwerp）國際和平資訊服務組織的重要人物，也是聯合國數個軍火販運專家委員會的成員，專長是軍火貿易，向聯合國安全理事會（UN Security Council）、歐洲安全與合作組織（Organization for Security and Cooperation in Europe）以及英國國會提供專業的服務。

丹瑟特的責任是監控，最終阻止像米奇這類人和他們關係鬆散的客戶、雇主、飛機主、聯絡人與包機人。這任務十分艱難，不過丹瑟特現在回想起幾年前在東非走私前線的一場近距離接觸，讓他親身體驗這些販運「組織」如何靈活適應，就連他也忍不住笑出來。

「我那時在旅館登記入住，在烏干達內陸辦聯合國的某件事，卻聽到我背後有個男人操著斯拉夫口音在講電話。」這次不是俄國人，在聽見這不熟悉的音調時他心想。因過去二十年和保加利亞的軍火走私管道打交道的經驗充足，丹瑟特慢慢熟悉了口音，認得出當地人。

「我轉過身，看到一個男人穿著駕駛員的制服，胸前口袋上別著聯合國的正式徽章。」丹瑟特說。「所以我等了等，然後走向他，寒暄幾句，然後以聯合國駕駛員的身分，其實就是同事，劈頭問他，他有沒有聽過另一邊的傳言。知道吧，就是這地區的非法軍火販運。看得出他的英文不大行，他顯然誤解了我的問題，所以點點頭，面露微笑，壓低聲音對我說：『沒問題，跟我說就好——告訴我時間、地點、數量』。」

丹瑟特很驚訝，不明白他聽到了什麼，還設法澄清他的問題。「我說，『不，不，我是問你**知不知道**任何事。你在這附近有沒有看過那類，走私軍火、武器的活動？』

「但他還是聽不懂。好像我們說定了一樣，他伸出雙手，又說『對，對，跟你說，**我們辦得到**。告訴我就對了——時間、地點、數量。我會去辦，沒問題！』

「他在一張紙上潦草寫下一組號碼，要我跟他英文比較好的同事安排事宜。我回家之後，查了那個號碼。確實是一間保加利亞的貨運公司——當然，在那之後他們就因為販運軍火而關門大吉。」

另一位非洲的飛行總監哈哈笑說：「誰也不知道**任何事**。公司都有別人替他們挑選飛機和機組員。如果出了問題，你覺得他們真的想知道他們的薪資名單上有走私客嗎？不用，謝了！我是說，那種事都是別人的工作。我們都是那樣運作的。我想，在水門案期間，他們稱之為『合理推諉』——『噢，我們當初不知情。我們會處理，我們會和他們劃清界線』。但他們已經習慣了最低價者得標，因為得符合預算。不然你在期待什麼？」

丹瑟特在烏干達的巧遇，除了滑稽，還有另一層意義——那名駕駛員替聯合國開飛機，佩戴著聯合國的徽章，一邊又在旅館大廳，跟找上他的任何人接非法軍火買賣的委託，賺取外快。這是一種新模式：這世界不再能分成好人和壞人、「乾淨」和「骯髒」的航班。販運者和各種行動（從維持和平到慈善行動）密不可分，這些行動完全不受懷疑，因此販運者可以拿那些額外載重做任何他們想要的事，永遠不會有任何人知道。這是丹瑟特宛如電影《駭客任務》主角認清現實的一刻，他說他開始了解這種做法多麼普遍、多麼明目張膽。這跡象令人不禁尋思，沒人注意的時候，還可能發生什麼事，還可能有哪些臨時交易。丹瑟特說，就像幽靈空勤人員、身穿聯合國制服的軍火販運者，和消失的兩百公噸飛機所屬的這個暗影世界中一切，你會習慣外表可能騙人，只要知道下次你設法阻止他們的時候，他們會怎麼進行就好了。

＊＊＊

米奇通常沉默寡言——至少和我在一起的時候都這樣，老是一副精疲力竭的樣子，乍看之下絕對不像適應力驚人、靈活的販運組織成員。他看起來像軍團的士兵或工廠的工人，只要有機會回歸單純的生活，他會樂於在電視機前面，配著手邊半打啤酒，打盹過一天。某方面來說，這或許是完美，而且完全無意識的偽裝。

列昂尼德·米寧的逮捕案，和許多層次的偽裝及非正式偽裝有關，對此還有一個有趣的注腳。航空趨勢公司，也就是米寧用來把武器從烏克蘭運到非洲的公司，直到二〇〇〇年六月七日，仍然透過大通銀行接受付款。航空安全網（Aviation Safety Network）資料庫裡，這間公司一九九八年就不復存在了。還說什麼適應呢。

大家在比的就是適應力。米寧被捕、定罪時，米奇和他的機組員和以往一樣，正在西非沿著同一條航道飛行，只為了初來乍到的新客戶——聯合國、全球媒體和慈善事業的潮流。

然後，二〇〇一年九月一個晴朗的早晨，另一個鬆散、靈活的全球網路——蓋達組織劫持的兩架飛機撞上了世界貿易中心。

突然之間，一切再度大變。

第四部

高遠而不馴

——阿富汗到伊拉克

第十二章　兄弟回來了

——阿富汗，二〇〇一年

在我眼中閃爍的顏色逐漸恢復清明。米奇和道格（我的加拿大逃票旅伴）已經出去繞著飛機走動。米奇停下腳步，懶洋洋地一一踢過巨型飛機的二十個輪子，嘴裡叼了根捲菸，看來心底暗自滿意。我一站起來就想吐。我想道格也有他自己的難言之隱。

「我的天啊！嘿，米奇！你最好過來看一下，你起落架的輪胎看起來很薄。」

「我來瞧瞧。你覺得這些輪胎算薄？不對、不對。這才不算薄。」

「什麼……拜託，老兄，我都看得到金屬了！你不換輪胎嗎？」

「不，不。幹麼換輪胎？等輪胎爆了再換就好。」

「你……噢，老天。那輪胎什麼時候會爆？」

「這個嘛，通常是降落的時候。」

米奇就是這樣子。那架Il-76的巨型輪胎中，至少有十四個嚴重磨光到危險的地步，或融掉、破破爛爛，不過以小企業錙銖必較的邏輯來看，這些輪胎還能再撐一趟飛行，才會在著陸的時候全部爆掉。

人人在處理自己瀕死經驗時，都有自己的方式。我在努力壓抑我的小腿發抖，而在這之前都沉默寡言的加拿大佬則處於近乎狂喜的狀態，不停說話；在我周圍，就連機組員在踏進阿富汗早晨的烈日下時也腿軟了，一身剛剛冒的汗才在冷卻，只有米奇本人看起來像剛剛在莫斯科輪完一班漫長枯燥的計程車排班，一臉睏倦，打著呵欠。米奇已經把Il-76挪到著陸區，經過武裝運兵車，駛過阿富汗跑道上咧嘴笑的坑洞。換作在世上別的地方，這樣的跑道會受到指責，關閉空中交通。當我們整理思緒時，米奇套上了不知哪來的西裝褲，拿下掛鉤上的夾克，走下甲板。

外面瀝青路上，我在飛機的陰影側踱步，一邊看著邊境跑道上的來來往往。水泄不通的航站，標幟上用一公尺高的紅字寫著「歡迎蒞臨喀布爾」，字母龜裂褪色了。這些字旁邊有個阿哈瑪德・沙哈・馬蘇德（Ahmad Shah Massoud）的巨型雕像，他是當地的軍閥，也是塔利班和蘇聯入侵者的禍害，在九一一前夕遭到自殺炸彈客攻擊身亡。他頭戴破爛的帽子，蓄山羊鬍，一臉欣喜，在基座上彷彿雷鬼樂之父鮑勃・馬利（Bob Marley）。左邊還有另一座蘇聯時代的巨像，那是一架有渦輪螺旋槳引擎的安托諾夫。靠近看，所有飛機都絲毫不如遠看那麼壯觀：從不到二十呎的距離外檢視你最愛航空公司的亮麗色彩，眾多的凹痕、鏽斑和缺的鉚釘可能會嚇到你，這架An-12更是從原本的駝獸，搖身變成待宰的老殘家畜。這架飛機由遮罩膠帶和生鏽鉚釘拼湊而成，機翼下已然燻黑。這時，我意識到有兩個身穿褐綠制服、沒蓄鬍的阿富汗青年看著我，於是轉身回到耿直運輸機。

米奇拖著腳步出現在眼前，他緩緩眨眼看著四號引擎上的什麼東西，活像中年建築師在準備估價，我呼喚了他，「所以現在是怎樣？」

聲音從瀝青路面上傳來：「海關。」兩個外表年輕得不可思議的男人穿著襯衫，正從破破爛爛的航站走向我們。我背後的Il-76貨艙斜臺上，有人在竊笑。

＊＊＊

九一一之後，這世界對貨運鉅子來說（不論做的是正當或非法生意），突然變得非常不同。不過並不是說變糟了。隨著二〇〇一年十一月，阿富汗落入美國主導的聯軍手中、二〇〇三年伊拉克遭到入侵，龐大複雜的軍事、人道主義、商業、外交與媒體利益的生態系迅速在這兩個地方紮根。這些生態系每天需要的補給、人事和設施多到超乎想像。

首先來的是聯軍，然後是北約組織、聯合國、救援機構，接著浪潮似的企業隨之而來，從哈利伯頓（Halliburton）到新印行的伊拉克貨幣（non-Saddam）供應商。出生於科米的技師謝爾蓋．伊凡諾夫（Sergei Ivanov）與許許多多的人，就像維克托．布特和托米斯拉夫．達姆尼亞諾維奇一樣，都聽到包機公司揮舞著大筆合約的號召聲。

伊凡諾夫年逾五十，來自俄羅斯科米地區的一個小村莊，就在烏拉山脈的西北面。二十年來——蘇聯解體的前後十年——伊凡諾夫在偏僻城市夕克替夫喀一座有點過度辛勞的貨運軍用機場內擔任維修技師，不過一九九九年，這位安托諾夫An-24和圖波列夫Tu-134貨機修理專家，得到一個好到難以拒絕的工作機會（月薪兩千到三千美元），於是調去安哥拉，為成群在非洲大陸遷徙的前蘇聯機組員修補飛機。伊拉克的工作機會太好，實在令人難以放棄。

伊凡諾夫向位在夕克替夫喀的《茲梁生活》（*Zyryanskaya Zhizn*）記者兼人權激進分子恩斯特·梅札克（Ernest Mezak）說：「那工作太瘋狂了！我們載著錢橫越國家——伊拉克幣的鈔票。都是舊鈔，上面印的薩達姆被抹掉，我們飛進去發送替代的鈔票。」

象徵上也是很多錢飛來飛去——主要是這樣，伊拉克和阿富汗才突然又成為昔日蘇聯空軍粗野少年族的熱門目的地，甚至成了外籍人士的避難所。

伊凡諾夫說：「那裡的食物和生活環境棒極了！伊拉克並不是『挨餓的非洲』。當時我們每天有五十元可以花用，等下次輪班時，沒想到那數字已經翻倍，變成一百美元，比我們在非洲拿的多了很多。」

這時米奇的狀況也有起色。米奇回到他熟悉的世界——至少再度接近沙迦和前蘇聯在中亞和高加索的地盤，這些東歐的公司（在美國眼裡）似乎重出江湖了。他們享有提供給美軍供應商、和一些知名正派公司，例如白俄羅斯的泛航出口（Transavia Export）航空的免費燃料，甚至享有聯合國「主要供應商」的地位。

米奇回憶起這工作周轉率快速的本質，永遠有股熱潮——一堆新建的軍營和難民營需要補給、裝備需要搬移。在斷垣殘壁、革命和重建之間，生意蒸蒸日上，不斷冒出新的人道事項，一切都立刻需要運送。難怪報酬那麼豐厚，不論你是幫誰工作都一樣——可能是替伊凡諾夫那樣的合法組織（這些大型業者都有著霸氣的名字，像泛航出口、伏爾加—聶伯〔Volga-Dnieper〕和蘇維埃包機公司），或是有著復活的飛機和可疑過去的紙上公司。每次局勢有賺頭的時候，那些公司就會冒出頭。

至於阿富汗，那裡終究是米奇的老地盤。很可能早在走過瀝青跑道檢查我們文件的年輕人出生以前，他就在喀布爾機場進進出出了。時值二〇〇三，這次他變得不多，只不過多了——或少了——幾根灰髮、一次油漆和一套俐落的新制服。

結果，在阿富汗地區，我很快就將首度見識「幽靈」貨物的買家登上另一架巨型貨機。

＊＊＊

我猛然驚醒。我們現在住在喀布爾的民宿，窗外溼淋淋的黎明正在杏樹上破曉。我忍不住發抖，我從頭到腳都溼透了。起初我告訴自己，又是恐懼惹的禍，自從幾天前米奇在飛彈走廊俯衝轟炸式降落之後，我夜裡就一直為盜汗所苦。但如今我凍得半死，而且渾身是血。我身上蓋的毯子沾滿嘔吐物、汗水，令人憂心的是，還有不少的血。我踉踉蹌蹌走進走廊，走廊裡有間簡陋的浴室，我癱倒在地板上，在一波波暈眩和疲憊中動彈不得又無助，然後在下一波嘔吐中猛然往前仰起頭。米奇的援助憑證就是在這裡開始首度揭露。

最近的聯軍入侵，在喀布爾造成兩個結果。第一，塔利班的軍隊遭到驅散，重新集結；第二，當地基礎設施受到了致命的一擊。這座城市已經因為塔利班獨裁，而失去教士階級（塔利班的說法是，因為對法律和民法通則的所有疑問，都應該交由伊斯蘭教法委員會來裁決，所以不需要國家和城市權力的官吏結構，例如部會、議員職位或法庭），但是隨著聯軍來到，僅存的任何還算有能力的塔利班派職員都被除去，當地軍閥受到拉攏，加入了新的指揮鏈。

休．格里菲斯說：「這造成了很大的問題。基本上表示任何人若想要在阿富汗做生意，都要先買通軍閥。我聽過一些例子是有些組織必須僱用這些軍閥的親戚，才被准許做他們要做的事，不會受到騷擾。」

所以政府和民間基礎建設都癱瘓了。運輸的基礎設施也是。此外還有電力和燃料的基礎設施——機靈俄國公司的二手Il-76還在赫爾曼德（Helmand）這個塔利班占據的不毛之地某處積灰塵，就是這個緣故。但是我發現，在此刻之前，我從來沒認真思考過管道和排水的事。

人道主義報告討論一波又一波痢疾和腹瀉的主要原因很簡單：這是大家重建議程上最醒目的一項——人們或許不會注意新部長，卻會注意到他們的馬桶能用了。占領軍打算讓人看到他們改善了事情，並希望立即見效，因此他們需要大量的大型貨物升降機，由空運迅速載送數千百公噸的建築材料。在此同時，軍隊突然湧入，也亟需他們的補給。此外還有人道緊急救援狀況——戰亂國的難民需要棲身之處，大規模遷徒到安全的小型收容所，離開無法無天的郊區，進入城市，表示人人的食物都不夠吃。而且我剛發現，管道壞了，人們染上痢疾，甚至發生更糟的事：世界各地的非政府組織，都遭到亟於確保最後不用支付所有花費的聯合政府掠奪。美國國防部長唐納德・倫斯斐（Donald Rumsfeld）表示，他們想邀請「非國家成員」扮演寶貴的角色。

他還沒說完那句話，從白俄羅斯到南非貝南（Benin）的電話就不斷響起。蘇聯第二次入侵阿富汗開始了。這次，西方和米奇的機組員在一張美鈔綠的資本主義旗幟下攜手並進。

其實沒人會想「催」像耿直運輸機這樣的貨機，除非是想在攻擊前讓那架貨機離開某條跑道。不過現在，你幾乎可以在荷載拖上斜臺、引擎換到超速檔的時候，聽到加起來數千公噸計的烏茲別克和烏克蘭製引擎在尖嘯。在第一波猛烈的浪潮中，阿富汗就像位處內陸而灰撲撲的敦克爾克（Dunkirk）[9]，幾乎所有擁有可以飛上天機器的人們都以那裡為下一站，能載的貨當然愈多愈好。

米奇的團隊發現自己身處在救援工作行列的前排。他們很了解那國家、情勢、跑道，以及勉強可以充當跑道的地方。他們了解貿易樞紐和飛彈走廊，而且和許多機組員不同的是，他們有意參加。米奇聳聳肩說：「*Nichevo*」那沒什麼。他開玩笑說，二〇〇一年以來他飛阿富汗和中亞的次數，比他在那裡服役的時候還要多，那樣很棒——開著有聲譽的飛機做正當工作，報酬相較之下不錯，包括額外的加給，還有他們在飛機裡的剩餘空間塞滿菸、酒和其他所有願意在阿富汗和外地出賣靈魂換取的東西，並為米奇公司賺進的錢。

對於聯合政府來說，這些送往阿富汗（不過幾個月後，也送往伊拉克）的空運貨物裡面或許會有幾隻瘟疫老鼠，但這可能不是他們優先考量的事，也可能是最好別提的難堪祕密。一個例外是彼得．海恩（Peter Hain），他是東尼．布萊爾（Tony Blair）的一名幕僚，早在一九九九年就靠邏輯判斷看出端倪，然後在二〇〇〇年十一月為了維克托．布特的事而對議會怒吼，說這「死亡商人擁有航空公司，載進軍火……然後載出鑽石」，聲明「容許他用國內設施和飛行基地載運死亡貿易的國家，就是在助長、唆使拿槍對著英國士兵的人」。

他說的是聯合國調查員報告中，布特的飛機載進、載出獅子山和安哥拉的那些貨物，而布特聲稱那些報告經過「潤飾」，想試圖給貨運業一點顏色瞧瞧。但即使報紙爭相報導和這國際貨運業的迷人新科壞男孩有關故事，然後敲響入侵的鼓聲，維克托．布特客戶的組成已經寫下了新的一章。

等到巴格達淪陷，第二波聯軍資助的貨運淘金熱已然開始，沒人想到要問是誰的Il-76和安托諾夫在巴格蘭（Bagram）和巴格達收取「優先供應商」燃料收據。話說回來，該做的事情很多，而且不能等——醫藥、重建、保安、收容所，當然還有鋪路、通訊、排水系統之類的基礎建設。還有管線。這我很清楚，因為我在我自己那灘血裡蜷縮著，在喀布爾斷水的一

9 譯注：法國海港，二戰盟軍曾由此撤離至英國，近年有相關電影《敦克爾克大行動》。

間浴室的瓷磚地上嘔吐時，我隱約窺見了救援組織的兩難。如果我想的沒錯，我染上了痢疾，那麼我也需要有人幫忙了，而且要快。而我不會對他們的履歷太吹毛求疵。

早晨過了一半，加拿大佬道格和一名年輕的阿富汗地陪哈倫（Haroun）醒了，他們愈來愈擔心。哈倫希望我早點接受治療，「我表弟在外面，他的車子裡，」他說，「我們會幫你弄點藥來。」我被人半抬著來到前門臺階，塞進一輛車裡。加拉·法塔拉（Qala-e-Fatullah）從前是中產階級的郊區，現在成了塵土飛揚的降級飛地，卻因為沒什麼競爭對手，仍然是西方人偏愛的地方。穿越加拉·法塔拉的旅程沒花多少時間，但我仍然覺得非常漫長，才出發幾秒，我就在乾嘔，往那輛黃色豐田計程車滿是灰塵的車窗外嘔吐。

我努力控制自己的臟腑，呻吟道：「我們要去醫院嗎？」

「才不是！」哈倫顯然很驚恐。「我們需要可以幫忙的人。」我沒力氣爭辯，就在後座暈了過去，醒來時，我們正停在一間商店外。

加拿大佬道格說：「很好，很好。」他是身經百戰的阿富汗迷。「我想我知道接下來會怎樣了。」

歪歪倒倒的門面上塗寫著達利語（Dari，阿富汗當地波斯語的一支）的阿拉伯花體字。這間商店和喀布爾幾乎所有商店一樣，賣各種點心、阿富汗的流行樂卡帶和五金。店內涼爽，但我幾乎站不住。我躺在門口，手裡拿的不是桶子，而是一個塑膠袋，而哈倫在解釋情況。店主人看著我微笑。他有我們需要的東西。他和哈倫交換眼神，示意他們把我從後面抬出去，下樓穿過迷宮般的交錯走廊，走廊邊全擱著紙箱和茶葉箱那樣的木箱。

我們被人帶到後面，棧板上堆著無數飛機木的箱子。每個箱子上都蓋著英文、法文和其他各種語言的「人道援助」字樣，還有各大藥產的商標。一張標籤上寫著「UNHCR」——聯合國難民署（United Nations' refugee service）。他用一把餐刀打開箱子，遞給我一盒二十四瓶的優質抗生素膠囊，上面蓋著「聯合國救援計畫所有，不得分別散布」。我用顫抖的手指把五百阿富汗幣遞給他。這樣大約十美元。他謝了我，立刻用溼布揩揩他的手，向我保證他給我的劑量幾分鐘內就會見效。我仰頭吞下一把藥丸，就像店主說的——三顆紅色、一顆赭色，接著我不斷把藥吞回去（我怕吐出來，所以沒配水），直到我不再作嘔。只要藥吃得下去，我就會沒事。

即使渾身虛弱發抖，我還是很好奇這些聯合國包裹怎麼散落在店主人的內室。哈倫原本憂心忡忡，聽了開始踱步，顧左右而言他。他非常清楚這個人怎麼得到送錯地方的聯合國救援物資，但我還是逼他問了。聊了幾句之後，他轉身回來面對我。「是從飛機那裡拿到的。」

店主注視著我，「讚嘆神。」他面露微笑。

不過，如果說神的作為神祕，那米奇也差不了多少。國際和平研究所的休・格里菲斯說：「從事國際救援工作的人，都不該對發生的那些事感到驚訝。蘇丹和衣索比亞高達百分之五十的人道援助被改道送給叛亂團體，時常是透過難民營，而這只是舉我們知道的兩個鐵錚錚例子。真是一團糟。即使在科索沃之類有著大量國際維和部隊的地方，他們（走私客和救援黑市商人）也在營運。」

即使在最初很樂觀、相較和平的那幾個月裡，喀布爾傳出來的一些名字已經很耳熟。巴格達也一樣。首先，維克托就在那裡。早在二〇〇三年，休．格里菲斯就在他的聯合國報告中寫道，據信有十來個在摩爾多瓦註冊、設立於阿拉伯聯合大公國的公司「涉入軍火走私，利用這些蒸蒸日上、干預後的經濟。而這些經濟充斥著外國資金。」從軍火之王到重建工作中的重要夥伴，從倫敦、紐約和華盛頓家鄉的一點預算壓力，居然能讓昔日的可怕傢伙改頭換面，實在驚人。

但問題就在這裡：因為把注意放在像米奇那種魯莽公司的非法活動，表示要扼止他們。一旦你扼止了他們，就會阻止許多有能力、有實際知識、有膽子的公司把救命藥物、難民收容所、你自己的維和部隊和部隊裝備送到需要的地方。而這樣的公司已經不多了。大盜止，聖知亡。

何況，網子撒下去，還可能抓到不少合法的業者、飛機和機組員。此外，任何追捕神出鬼沒對象的人都會告訴你，即使找到你想找的，也不表示你能阻止你找到的再度消失，甚至沒人相信那樣的情況存在。即使對兢兢業業的販運觀察員和飛機監視員來說，無數的伊留申和駕駛者仍然有如鬼魅，忽隱忽現，幾乎無法阻擋、無法追蹤，也無法懲罰。而對我們其他人而言，那些鬼魅甚至不存在。

一部分的難處是，私營的轉包商和外包的外包之網變得複雜至極，而他們爭奪著伊拉克和阿富汗油水滿溢的聯合國與聯軍軍事合約。當大家都在外包，最上游的傢伙能監管下面僱的代理人——這是五角大廈為了解釋他們和維克托．布特公司的合約，在事後給的說法（此外還有其他公司。在那之後，開始有人質疑那些公司的紀錄了）。不過說實在，宣布一般商業規則，用於一個惡名昭彰的神祕部門在他們軍事占領局面下的合作方式，聯軍的指揮階層以為會發生什麼事？

琳達．波曼（Linda Polman）在《戰爭遊戲》（*War Games*）這本傑作中，敘述了救援和戰役太緊密並存的情況，在書中描寫了後果——一個新的影子國家。波曼稱之為「阿富汗騙局」（Afghaniscam）：龐大、為了救援而起的混亂，在軍隊、人道援助和「當地夥伴」合作的國家中盛行，而這樣的合作本來應該帶來重建、救援物資有效發放，結果在混戰中，反而拚了命地竊取。被挪用的不只是救援物資，或在喀布爾店主的凍肉櫃夾層裡無中生有的威士忌，甚至遠比這有價值的貨物常常消失在喀布爾國際機場，以及位在巴格蘭、負責軍事與後勤的姊妹機場。

一片黑暗籠罩著進出阿富汗的供貨商，讓聯合國難民署的藥物物資可以直接進入黑市——大概是用老套的運輸花招，把一部分託運貨品註銷成中途「毀損」，就像米奇在蘇阿戰爭裡學到的那樣。美軍譴責這種情形，但事實上，美國替阿富汗政府與軍隊取得並送往該國的武器，有超過三分之一不知去向。依據美國政府課責署（US Government Accountability Office）說明，二〇〇四年十一月到二〇〇八年六月之間，大約有八萬七千件武器在運送到阿富汗途中，因為「供應鏈失責」而消失，另外運送至其他國家的十三萬五千件武器也不見了。美軍都已經這樣了，你覺得非國家組織是什麼情形？

＊＊＊

回到倫敦，我問救援業有沒有人清楚，他們包租的人道航班「夾帶」了多少貨物進出——像米奇那類人，這裡送個十五公噸，那裡送個十五公噸——但知道的人不多；又問了監控團體，有沒有人審查他們航班的救害比（help-to-harm ratio），或是在人道航運樞紐冒出來的這些非官方自由貿易區造成什麼衝擊，他們都無言以對。

特赦組織的奧利佛．史普拉格感嘆：「那是因為你問題的答案是：恐怕沒有。」史普拉格的辦公室位在倫敦老街（Old Street）附近一條灰暗的小街，他在那裡替國際特赦組織標示無賴航空業者的動向。「仔細想想，那是因為要回答那問題，會產生另一個問題：誰真的想挖掘真相？這就是那種問題。要非常勇敢的組織，才會想試著打開那些艙門。」

史普拉格解釋道，他們未必不想知道他們僱的機組員另外帶了什麼，他指出像飢餓牛津（Oxfam）之類的機構「每次包機，都會確認他們沒有扶持哪個走私軍火的帝國」。飢餓牛津自己的後勤人員確實自豪地說，他們有個負責的採購政策，可以讓他們認出「夾帶東西」的飛機。不過就連他們也同意，他們能做的有限，而且藏著的東西（本質上）難避免多了。

史普拉格說：「人道航班的運作方式是這樣：臨時包機，負責所有的開銷——出燃料費、機組員的薪水，還有從甲地到乙地的一個定價。

「那樣好是好，但如果你有像Il-76那樣的東西，那顯然有不少空間可以運用。其實大部分的人道物資並不重，載重其實非常輕，都是管線和床單布那樣的東西，很少運送食物——在地區之間是會運食物，但不會從英國載食物去蘇丹——所以會有很多空間可以放其他東西進去，基本上根本就像給機組員的手頭現金。然後，你能拿它怎麼辦？即使你知道他們（離開的時候飛機上）只有你的貨，但他們很可能要開很遠，總是會在利比亞班加西（Benghazi）之類的地方暫停一下，而你其實管不了他們在那裡載了什麼。」

不過，二〇〇九年那份斯德哥爾摩國際和平研究所替聯合國撰寫的報告中，列出一些像聯合國兒童基金會（UNICEF）、無國界醫生（Médecins Sans Frontieres，MSF）和聯合國在蘇丹的維持和平與人道行動這麼正直、照章行事的組織，僱用的航空公司卻在聯合國安全理事會自己的報告裡，被列為進行非法軍火販運的企業。顯然還需要更加努力。無國界醫生的後勤主管傑哈．瑪賽斯（Gerard Massis）說，人道行動在蘇丹這樣的地區所遇到的困難，是查明你用的航空在運送合法貨物之後，有什麼事要忙。

飢餓牛津的崔西雅．歐魯克堅持不該假設「骯髒」的航空公司一定比有信譽的便宜，但史普拉格指出，費用有極大的差距。

「假如說你想把東西從英國曼斯頓（Manston）送到蘇丹的法希爾（Al Fashir）好了。你需要用Il-76，因為這種飛機不但有你需要的容量，也能在沒有地勤人員幫助之下降落、卸貨。所以你找了找。一間在摩爾多瓦註冊的公司，提出人道讓渡，可以用七萬或是八萬美元達成目的。但如果你說，不，我需要的 Il-76 必須名聲好、裝了消音器，符合歐盟空域規範，那麼費用就會將近十五萬美元。救援組織有沉重的經費壓力，許多錢來自政府，所以不難想像花上最低報價兩倍的錢，人家會問怎樣的問題了。

史普拉格又說：「我們都知道有些事要手頭現金才能辦，他們有些違禁品想要運送，但飛機調度也很重要。某些公司有動機飛那種航班，即使他們知道那些航班的報酬不怎麼樣，不過那會讓他們飛去不錯的地方，方便接下來轉往其他地點。這也符合商業考量。有時候這些航行其實沒有任何報酬，但很靠近可望大賺一筆的地區。」

此外還有個問題——大問題。在米奇這一行，工作很難預期，即使有工作，也容易削價競爭。東翼（East Wing）航空公司近期有一架 Il-76 的駕駛員，在違反制裁航向北韓的途中，遭到泰國扣押，駕駛員的妻子向媒體解釋，那是他一段時間以來首度支薪的工作。他好幾個星期沒航班可開，坐在家裡，急於帶些薪水回家。米奇靠人脈，讓他有得忙，但即使是他也沒有賺飽錢的樣子，他可是運氣好、會變通，又有生意頭腦的人。曼谷機組員當時遭泰國當局無罪開釋，但要是當初他們找了額外方式讓那些零星航段有賺頭，就會受到當局責罰。

馬克．伽略提說得對：「對這些傢伙來說，報價最低的就能接到工作。大家不在乎你是怎麼完成的，特別是當你前往的地方有隱藏價值的時候。比方說，把某些東西載進、載出緬甸或菲律賓時，飛行員或業者就有機會趁機私下販運一點毒品，因此他們的收費會格外有競爭力。」

只要收費有競爭力，很多站在道義那一方的人都不會挑剔天上掉下來那兩百公噸塔什干製的禮物。

就連國際和平資訊服務組織之類的監控團體，也覺得這議題的沉默大有蹊蹺。我把我目睹的事告訴彼德．丹瑟特，他跟我說：「我們聽說救援飛機在做走私的事。不過我們寫報告時必須謹慎——總覺得事情遠不只有這樣。」

飢餓牛津的歐魯克承認，即使用最厲害的監控系統來監管，也無法清除所有隨著救援物資運進來的違禁貨物，更重要的是，也無法排除把工作包給骯髒的航空公司。「我們必須儘快把救命的設備送進災區，但『乾淨』的飛機或貨運公司難尋，必須求得平衡。」歐魯克說，「這是道德與倫理的兩難，不只飢餓牛津必須處理這個問題。我們有系統幫我們做出有依據的判斷，不幸的是，由於我們工作的國家和空運業本質，很難完全避免這種事。」

許多救援團體的辯解是，很難知道他們用來運輸的飛機還載了其他什麼貨物，有些甚至不智地附和販運者的說法：「只是計程車司機」。無國界醫生的後勤總幹事傑哈．瑪賽斯在去年一次訪問中告訴美聯社：「感覺很像叫計程車。你不知道你下車之後，他們會做什麼。」

＊＊＊

飢餓牛津和其他組織現在有資料庫，可以在空運公司的犯罪紀錄有任何問題時提醒他們——尤其航空公司曾被證實在做壞事的時候，公司名稱會顯示為紅色，如果回報為可疑，或飛機、機主或活動紀錄和「紅色」的名字有關聯，則顯示為橙色。不過有時候，他們除了僱用影子公司，也做不了什麼。比方說，如果要把重要的救濟物資送給地震災民、拯救性命，唯一的辦法是付錢給疑似（甚至已知）的軍火走私客和走私業者，讓他們飛進飛出，他們認為道德的選擇其實完全沒得選擇。即使是「紅燈」狀態，也可以由資深管理者階層撤銷。這種情況頻繁得令人沮喪。二〇〇九年，斯德哥爾摩國際和平研究所的一份報告發現，軍火販運相關報告中辨識出的運輸公司中，百分之九十也為聯合國單位、歐盟、北約組織會員國和最著名的非政府組織提供服務。

其實，就連英國機場和官員，都曾替這些無牌的空中計程車提供棲身處和豐富的工作機會。Il-76和安托諾夫都被禁止進入英國領空，表面上是因為一九九九年的英國飛機噪音條例，不過有些官員將其歸因於安全（或者該說不安全）和政治考量。然而自二〇〇三年以來，已經有數十次免除禁令的情況，有些理由不言而喻。

二〇〇四年二月二十七日和三月一日之間，肯特郡一座冷戰時期的美國空軍舊基地——曼斯頓基地，一架噴射國際（Jet Line International）的Il-76在此停靠，免稅的理由是「英國政府的國際發展部（Department of International Development）委託運送武裝車輛到巴格達／巴斯拉（Basra）」。隔年，噴射國際的耿直運輸機得到特許豁免，不受禁航條例限制，可以從威爾特郡（Wiltshire）的萊納姆（Lyneham）和牛津郡布萊茲諾頓（Brize Norton）起降。

這些航班的奇妙之處是，豁免必須列出目的地、貨物或用意，以及宣告該航班例外的理由，然而英國政府的豁免紀錄中，噴射國際的名字旁只有：「國防部委託。」

這種不透明的做法，令英國政府顏面掃地。二〇〇三年春天，蘇格蘭的普雷斯特維克（Prestwick）停了一架耿直運輸機，班機號碼ER-IBV。班機的委託者是個光明正大的優良非政府組織——光環信託基金會（HALO Trust），在世界各地清除了超過八千一百個地雷區。這架班機預定從蘇格蘭載著清除地雷設備到安哥拉；而班機所屬的業者是航天公司（Aerocom），公司登記、所有人皆於摩爾多瓦，位在東歐的軍火生產大城，基希訥烏（Chisinau）。光環信託基金會並不明白，當時聯合國調查中的賴比瑞亞和獅子山鑽石軍火交易，航天公司正是調查對象之一。二〇〇三年，聯合國報告指出，航天公司將違禁武器販運到那些國家。同年，五角大廈聘請航天公司，將小型武器從波士尼亞祕密運送到伊拉克。美國政府委託航天公司遞送至少二十萬卡拉什尼科夫自動步槍，然而，按特赦組織和國際和平研究所的說法，這些武器雖然據說是要交給新建立的伊拉克軍，卻不曾送達伊拉克，而是透過一個非法航班、幽靈貨物和假中途站的網路，在路上改道了。沒有紀錄顯示那些航班和他們九十九公噸的武器到達了目的地，國際和平研究所聯絡之後，美國駐伊拉克的將軍表示，他們從來不曾從波士尼亞收到任何武器。

英國國際發展部（British Department for International Development，DFID）直到二〇〇四年，還因為明知道航天公司在聯合國的「骯髒」名單上，卻繼續允許航天公司從英國起飛，受到嚴厲批評——其中包括一場地震後，委託從肯特郡的曼斯頓運送救援物資到摩洛哥以供重建，以及替飢餓牛津運送救援物資到蘇丹。摩爾多瓦政府長期涉入非法軍火販運，但那時就連摩爾多瓦政府都迫於國際壓力，嚴厲打擊這項行業。二〇〇四年，摩爾多瓦政府由於懷疑航天公司正是替維克托．布特做事，因此舉出「保安與安全顧慮」，吊銷其營運許可。然而即使失去摩多瓦爾的許可，航天公司有好幾個月仍然繼續替美軍空運消失的卡拉什尼科夫自動步槍到伊拉克，並從冷戰時期美國空軍位於南英格蘭的一個基地飛到非洲。

那家航空公司現在已經歇業了，公司的資產和飛機正是登記在達姆尼亞諾維奇的前東家、同樣在摩爾多瓦註冊的噴射國際。

另一間公司，設立於葉卡捷琳堡的航空Aviacon Zitotrans，被國際和平研究所描述為「負責俄國軍火公司的主要空運公司，替非洲的衝突市場提供武器」。然而，Aviacon Zitotrans成為英國空軍基地的常客（包括布萊茲諾頓、布里斯托〔Bristol〕、東密德蘭機場〔East Midlands Airport〕和曼斯頓），執行這些只標著「英國國防部委託」的眼熟神祕任務，並且替飢餓牛津飛救援航班到蘇丹。不妙的是，斯德哥爾摩國際和平研究所的休．格里菲斯在一份報告的附帶聲明中，指出蘇丹這個國家「是最糟的地方……在那裡，所有聯合國列出有非法軍火轉移的公司，都曾參與人道援助」。

Avient這間註冊於辛巴威的Il-76業者，辦公室位在威爾特郡埃姆斯伯里（Amesbury）的一個小型商業園區，曾經面對空運非法軍火的指控。雖然辦公室有著位在小鎮的乏味背景，

Avient的名號卻和蘇丹到剛果涉及販運的航空公司、政府與地區連在一起。國際和平研究所的報告中，也懷疑Avient本身是運送者，但該企業的常務董事安德魯．史密斯（Andrew Smith）否認這項指控。二〇〇四年，英國政府一份聯合國專家小組的調查報告，內容針對「剛果民主共和國（DRC）非法利用自然資源與其他形式的資源」，指控Avient的一個罪名是將軍火走私給剛果軍和辛巴威國防軍雙方，以安托諾夫運輸機和Mi-26直升機，為DRC內攻擊事件提供人員，並且扮演掮客，居中販售攻擊直升機給DRC政府。

政府要求Avient回應，而Avient交出貨物清單，顯示從辛巴威運往DRC的貨物中有「開礦設備」，並且聲稱運送「人員與設備」去辛巴威國防軍，並非戰術或軍事任務，只是「補給功能」。接下這任務的公司，在DRC提供一些人員及訓練，以便「向DRC的政府軍空投食物與補給」，但公司遵守所有停火協議，雖為剛果一架Mi-24直升機提供機組員，然而後來直升機壞掉，大家就回家了。他們否認扮演販售直升機給DRC政府的掮客。

英國政府的報告結論是：「DRC和周圍地區是很艱難的企業環境。該時期缺乏規範，且毫無法紀，治理無方。由此來看，雖然艱難，但是公司以支持該地區發展的方式來運作，還是很重要。」

報告還沒完。「Avient有限公司聲稱按照合約安排，與該地區官方認可的政府合作，而他們（專家小組）採納Avient有限公司的論點。未來，Avient有限公司應該小心考量《規範》的建議，特別是第二章，再和該地區政府與企業簽訂合約。《規範》的第二章明確指出，企業應該著眼於達到永續發展，對經濟、社會與環境進步做出貢獻；尊重受其活動影響者的人權，且其活動需符合地主國政府之國際義務與承諾；另外避免不當涉入當地政府活動。」

從「例外」航班的名單（即使像以往一樣經過國防部編輯）來看，能看出我們對全球軍火偷運和走私業的熟悉程度，比對寧靜海岸、鄉間飛機場和郡裡郊區，更超出英國人的預期或料想。

其實，一個聯合國專家小組的成員（應當事人要求而不具名）描述了一次貨物檢查，若不是英國官員用規避責任的巧妙方式處理，無疑會成為震驚社會的頭條。

「發現貨物的地方，是英格蘭的一個舊空軍基地，現在改作貨機機場。登記的是管子，結果卻是攻擊型直升機。他們發現攻擊型直升機時，我的印象是某些官員多麼氣急敗壞。他們火大的不是非法武器透過英國走私，而是他們得處理這件事。他們應該打了些電話——而且是竊竊私語緊張兮兮的電話。

「最後，一名官員把開飛機的那些人帶到一旁說，『絕對不行。你們不能從這裡載那東西飛出去。但真的要運，何不放上開往法國的火車，你們飛去那裡的一個空軍基地，再從那裡出發？我們就當沒看過這東西。』所以他們就那麼做了。對他們來說，問題解決。貨物禁飛，但沒遭到扣押，而飛機、荷載和機組員開開心心上路，只是在接下來幾小時要分頭進行。對英國來說，燙手山芋離開我們家門口，所以和我們再也沒有關係了。」

二〇一一年，阿爾及利亞出現大量武器，之後越過利比亞邊境，落到叛亂團體手裡，產生一些質疑，看來英國政府對貨運業黑暗面的容忍度可能根本沒那麼特別。

公布阿拉伯之春當年的豁免清單，或英國檔案解密，都還要一些時日。不過到時候可望看到一些熟悉的名字，由Il-76載著，趁夜飛進飛出英國飛行基地。

＊＊＊

在那樣的邪惡遊戲中，你免不了同情大型非政府組織，例如飢餓牛津和紅十字會。他們顯然在迎頭趕上——能夠盡量追蹤、避開那些已經被逮到的公司，有時則是無視標準模糊、微妙且完全不可見的公司。

然而這正是計程車司機或郵差這種類比真正的美妙之處：讓人人——不只是米奇——需要的時候，都有否認的空間；被控有某種管理疏失的當局也有否認的空間；從非政府組織到五角大廈、英國國際發展部和英國國防部，都有串通的空間。尤其是喀布爾機場、恩特貝、金夏沙和摩加迪休這些地方，套句國際和平研究所休．格里菲斯研究員的話：「薪資消失的頻率比實際消失的頻率還要高，知道我的意思吧。」

我的匿名駕駛員線人說：「總是有兩、三方接受這些花招。」他參與了清除「骯髒」非法軍火交易機場的行動，包括沙迦和比利時的奧斯坦德舊機場。他說，最近接洽沙迦機場正是為了這個目的。「他們串通好，製造出恰到好處的疑慮，讓大家覺得『喔，真的嗎？我不知道呢。』我在二〇〇九年二月去了沙迦，跟那裡當局說我看到的一間航空發生的事。跟我談的人表示，他很驚訝這間公司居然涉入非法情事。可那之後，我設法和他通信，他就是不回我的電子郵件。」

「串通」的感覺無所不在，從無視蘇聯武器大量廉售時期的牟取暴利，到非政府組織準備無所不用其極地達到他們聲稱的目標，以及一些機組員和業者對違禁貨物「不問、不說」原則。

很像一股無所不在的詭異力量，彷彿吉卜林和《黑暗之心》作者康拉德（Conrad）筆下虎視眈眈的瘋狂、一次妥協一點點的詛咒。然而也許背後的肇因無關心理、無關道德。

或許只是資產負債表說你該那麼做。空機待在某個地方的跑道上，等於荷包不斷失血，而你就是不能接受這種情形，除非你準備為了東西擱置不用的快樂，每星期揮霍數千美元。確實，讓四分之一世紀那麼老、咳著煤灰的超級飛機升空時，燃料費驚人，所以你既無法負擔停機費，也無法承受空機飛行。想來奇妙——米奇、維克托．布特、任何在貨運業的第三世界那方運作之人，原本希望飛機解放他們，卻可能成為飛機的奴隸，被迫為了飛機本身需求，以及他們唯一謀生之道帶來的壓力，而接受其實不甘願的交易。維克托．布特本人說過，他曾被迫把他的飛機註冊權轉籍、在可疑的國家裡作業，只因為安托諾夫和伊留申在比較正派的政權下，不是遭禁，就是遇到文件處理問題。

布特開玩笑說，好處是至少米奇不用負責一架代號哥薩克舞曲（Cossack）的安托諾夫An-225。那架飛機太過龐大，胃口驚人，因此載重量與攜油量至今仍然未知。我和一位英國出身的老經驗裝載長兼飛航總監談過，他曾坐著Il-76和安托諾夫（包括巨型的An-225）飛入世上最動亂的地方，包括為了軍事、救援與商業任務而進入巴格達，為了聯軍後勤而到阿富汗的坎達哈，為了維和部隊進入金夏沙，並且為麥可・傑克森（Michael Jackson）的歷史之旅（HIStory）巡迴安排運輸事宜。

「誰也無法真正查明哥薩克舞曲能裝多少油。」他說。「他們有製造商的數據，但是都不大準。而An-225太大了，所以直到起程之前，從來沒人完全灌滿油箱！也不會有人有錢加滿那麼多飛機用油。」

An-225是在一九八八年為了蘇聯太空計畫而建造，目的是負載蘇聯的巨大太空梭，直到太空梭的高度足以獨自飛行。世上只有一架這樣的空中巨獸。之前曾經著手建造另一架，但工廠三度用盡材料、時間或經費，於是成果棄而不用。另一名英國人，艾隆・休伊特（Aaron Hewit）三十歲，他記得二〇〇二年在一個小型分遣隊坐著An-225，奉命護送一些「重量級裝備」給英國皇家海軍、澳洲空降特勤隊、挪威特殊指揮武裝部隊（FSK）和美國特種部隊共同參與的最高機密水雉行動（Operation Jacana）。他回憶道：「飛機太大，直到機尾傾斜、我們摔得七葷八素，才知道我們已經升空了。然後降落的時候，我記得我看見巴格蘭就在我們正下方，但不記得接下來三到四分鐘的事，因為我完全失去方向感，可能甚至失去意識。機鼻下傾，飛機用驚人的速度落下，我們突然就在地上了。」

An-225在各層對間有繩梯，有著遠洋郵輪尺寸的艙區和可上掀卸貨的機鼻，是許多笑話的笑點（謝爾蓋特別愛拿An-225開玩笑，他覺得妙極了），不過笑話卻掩蓋了這整件事的淒涼真相：你的飛機愈大，你就愈不能挑飛機要載什麼。

話說回來，有些機組員一心想瞞著包機人、客戶和其他所有人多載點私人的貨，對他們來說，大飛機可以讓違禁品非常誘人。尤其是在阿富汗這樣的地方。

第十三章　阿富汗的黑

——毒品管道，二〇〇二至二〇一〇年

米奇所知的一切都是在蘇聯戰爭中學到的，戰爭早就結束了。不過他和其他在阿富汗灰撲撲街道和白靄靄的山巒山頂徘徊的人，仍然身處在對我們其他人而言早已過去的世界，彷彿現代的小野田寬郎（Hiroo Onoda）——小野田寬郎是日本兵，在菲律賓叢林裡躲避追捕，一直不知道日本已經在一九四五年投降，直到一九七四年。同一批強盜和聖戰士有些仍躲在機場周圍和黑暗、混亂的城鎮外圍，在同樣那些巨大尖嘯的剪影準備降落時朝它們開火。那些剪影之中，同一群老戰友看著比家鄉更熟悉的地方在他們眼前升起。他們就像從前一樣，幾乎可以在睡夢中緊貼著山谷左邊飛，然後直直拉高，越過山巒，甚至爬升、下降。

而在地上，主導這場戲的傢伙可能有了不同旗幟，不過真正讓這地方繼續運作的當地企業大亨、店主、官員呢，還是同一批人。政府會變，戰爭開始、結束又開始，但生意就是生意。米奇列出鎮上可以在這乾巴巴伊斯蘭國家買到酒的地方，因為他發現他自己的酒出現在那裡。清單很長，不少店名很眼熟——茶店中冰箱的夾層藏著一箱箱思美洛伏特加，街上小

販的某些檸檬水瓶子替特別的顧客摻了酒，餐廳登記的是慈善機構，比較方便收下重要的「醫療物資」——可能是上好的法國葡萄酒，也可能不是。喀布爾基本上就像禁酒時期的芝加哥，只不過條子更糟糕，黑道的武器更精良，市政廳更喧鬧。

米奇說，所以和常客的私人交情很重要。一個常客附和：「他在這邊，一瓶約翰走路可以賣到兩百美元。」常客是個歐洲僑民，要求我別提他的名字，也別透露他低調、甚至掩人耳目的酒窟位置線索。他擔心警方報復，情有可原。這個月，市中心已經有三間「對西方友善」的店家，在阿富汗警方的一連串嚴厲突襲下歇業了，其中包括著名的救援工作者出沒的氣氛餐廳（L'Atmosphere）。許多喀布爾的外國團體已然習慣當地執法單位視而不見的政策，對他們來說，那些突襲搜查暴力得驚人。每次突襲搜查之後，國際媒體都會提到遭搜查的店家，店主說：「上次是《新聞週刊》，大家都知道總統卡賽（Karzai）本人會認真讀。要留意你在跟誰說話。」

店主解釋了供應管道的事。「我們的酒從阿拉伯聯合大公國飛進來，阿治曼（Ajman）和旁邊的沙迦，賣的酒非常便宜，因為他們知道雖然沙迦在伊斯蘭教方面很保守，禁止賣酒，但機組員高興讓多少酒飛出沙迦機場都行，不會受到任何檢查。當你來到阿富汗，海關可能會發現，不過他們東討一瓶酒，西討一筆賄賂——很多阿富汗官員，不論是哪種人，私底下都喝酒——他們分到一杯羹，你機組員的違禁品就能過關。再下去，我們會把酒賣給西方人，還有非常低調地賣給一些阿富汗人，當然也買通了警察。他們時不時還會突襲搜查我們，沒收那些酒，然後他們又會把酒賣還給我們，偶爾自己喝或賣到其他地方。如此整個循環就完整了，從機組員開始，人人都從中獲益，而且沒人會想阻止這個循環。」

走私違禁酒類只是其中的一環。聯軍支持的阿富汗政府也在無意間，讓走私小型武器到阿富汗這事變得愈來愈吸引人。

一名北約組織的前士兵表示：「二〇〇二年那時，許多槍械進入阿富汗，而且都是合法的。但接著阿富汗政府決定，他們不希望外國公司在阿富汗賣武器賺錢，他們想要自己販賣那些沒收的武器、發予許可來賺錢。所以現在，想要槍的人必須非法買槍。而這就是你們這種前蘇聯機組員臨時走私上場的時候了。」

不過如果機組員夠有創業精神，會利用他們隱形的超重空間和昔日人脈，爭取更多發大財的機會。有一種貨物從來不會只是「灰色」，總是「黑」的——如麻醉藥品從來不會只是違禁品，而是永遠非法。而在美國主導的聯軍控制環境下，幾乎不可能當場逮到販運者。不過阿富汗也是全球的海洛因生產巨頭。間接證據顯示，到處都有非法的空運貨物出口。

「目前實際的狀況是，每天有多少毒品黑錢的現金從喀布爾進入杜拜。」北約組織發言人多明尼克．梅德利（Dominic Medley）正在追蹤喀布爾和阿拉伯聯合大公國之間的航線——米奇在他阿富汗空橋運輸的期間，幾乎每天都飛那條航線。

---

10 編注：又稱尊尼獲加，是世界著名的蘇格蘭威士忌品牌。

巴基斯坦記者阿哈瑪．拉希德（Ahmed Rashid）附和：「海洛因讓其他所有東西（即使加在一起）都黯然失色。」他曾和塔利班住在一起，近距離看過阿富汗的栽培和供應鏈。「當你談到在阿富汗的販運，如果說的是軍火，或非法的酒，就是在說現在相較之下比較小的數字。我是說，軍火雖然多，但海洛因才能賺大錢。大約在一九九〇年代中期，海洛因又開始跟著俄國貨機進出，還有阿里亞納航空（Ariana Airlines）的乘客，和徒步、走陸路越過漏洞百出的陸地邊境的人。不過入侵之後，有更多飛機進出，那個量更是大到不可思議。」

確實是如此。二〇〇九年，阿富汗的財政部長歐瑪．扎克爾沃（Omar Zakhilwal）終於（勉為其難）證實美國官員的估計：每日大約從喀布爾機場偷運出一千萬美金。那個數字其實只是違法運送的現金，扎克爾沃坦承，海洛因本身很難有效估計，一部分是因為機場籠罩在混亂和誤導的迷霧中。在此同時，空中報告（Skyreporter.com）這個以阿富汗為主的獨立新聞通訊社指出，自從二〇〇一年聯軍入侵、進出喀布爾的飛機（無論是客機、貨機和軍機）突然爆增以來，阿富汗海洛因出口貿易的黑市價值從大約十億美元，提高到大約六十億，占阿富汗整體經濟的六成。

阿富汗不只是全球最大的鴉片生產國，菸草也是全球第一，每公頃的查拉斯（charas，優質阿富汗大麻脂）產量是一百四十五公斤。這種夏季作物就像阿富汗外銷的水果，保存期限比鴉片短，卻能換取更多現金，易於栽種，最重要的是，比較沒那麼顯眼。至於機組員，他們座右銘不只是「別讓空機起飛」，還有「起飛時別留下一立方公分隱藏空間沒填滿」。他們甚至會按軍事模型，把後機槍手的玻璃泡泡上漆，讓外表看起來就像純金屬的空氣動力構造，但內部空間足以裝下價值好幾千美金的查拉斯，所以不難猜到他們的答案。

在北約組織領導的占領行動下，歷史重蹈覆轍。二〇〇九年九月，一場調查行動發起，調查英國和加拿大士兵設法用大型軍用運輸機，從堡壘營區和坎達哈偷運鴉片離開的行為。

而一些俄國外交官指控，中情局為了試圖「讓俄國泛濫」而包庇海洛因流動。他們問，如果俄國占領美國門前的一個國家（例如墨西哥），立刻監督類似的古柯鹼爆增，美國會有什麼反應？

我在喀布爾周圍打探的時候，慢慢發現阿富汗機場裡運作的力量，也促成了頻繁的大量鴉片走私貨運業。

不論什麼人在鋪路，風險都很高。話說回來，有了阿富汗海洛因的利潤（加上沒有運輸費，烏茲別克、塔吉克一路到歐洲都有友善的前蘇聯軍方面孔），好處的吸引力足以讓二十五年前米奇開始運用的管道，成為熱門選擇。

這個忠誠與舊識的非正式系統，只是讓彼德．丹瑟特這類人更辛苦的事情之一，更不用說阿富汗境內的軍方和非政府組織了。他們必須設法標示、追蹤航班、關連、之後的航線、領現工作和口頭協議的網路，時常沒有紀錄，只靠著點頭、眨眼、現金支付的包機構成無書面文件的「網路」，而參與的人以一個信任、互相忠誠的社群為基礎而運作。

話說回來，那麼多鴉片、以及購買鴉片的現金為什麼能過關？從阿富汗的鴉片田經過阿拉伯聯合大公國，回到俄羅斯祖國和莫斯科的歐洲門戶，有一段時間一直是個謎。如果是單純的毒品黑幫，或是走私行動，看來影響力特別驚人。二〇〇八年，英國《獨立報》（Independent）的一項調查，向外界揭露了在阿富汗無人不知的事：阿富汗充斥著前蘇聯走私進來的槍枝彈藥、外國企業和私人保全公司湧入喀布爾，以及海洛因流向俄國和西歐，都不是偶然。

俄國走私客告訴獨立報記者，他們促成俄國軍火商和塔利班毒梟在塔吉克沙漠的市集裡會面，那片遼闊的三不管地帶曾是蘇聯與阿富汗的邊界，現在則是無人監督的荒地。這樣的荒地上散布著降落跑道，從前蘇聯占領期間，蘇聯空軍的空中運輸和轟炸機軍團曾用這些跑道飛進阿富汗。現在米奇和弟兄們再次使用這些跑道，開著同一型的老飛機，回到他們從前的老地方加油、載貨、卸貨。掮客聲稱完全沒有金錢交易，「我們從來不賣毒品換錢。」一名走私客自豪地向報紙說：「我們把毒品換成彈藥和卡拉什尼科夫自動步槍。」

其實，這些塔吉克市集會面有自己的匯率，一公斤的海洛因等同於三十把AK-47步槍。交易談成，槍枝會拆散，再運過塔吉克與阿富汗的邊界——可能是小批託運，或用十五公噸的大宗運送，裝在超載的Il-76機腹貨艙，通常標注為汽車零件和機件。

俄國祕勤調查員安德列．索達托夫（Andrei Soldatov）在調查中發現證據證明，尤里回憶中的阿富汗戰爭時期走私管道仍然存在，而且這些年間根本沒有停止活動。只不過索達托夫描繪的背景更奇妙了。原來，蘇阿戰爭期間，有些走私沒那麼隱密，甚至超乎米奇原本的想像。

索達托夫表示：「一九八〇年代晚期，率先組織海洛因販運、穿過蘇維埃聯邦進入西方的人，不是軍事情報員，而是國安會探員。在烏茲別克，有些特勤傢伙認為，靠著走私海洛因和那些東西到西歐，毒害西方意識或道德，是個好辦法。當時的海洛因走私是特別行動，走私管道受到烏茲別克和莫斯科這裡的國安會探員保護。」

管道通常延伸到俄國的烏拉山脈，接著到莫斯科和聖彼得堡，然後走陸路或從空中通過巴爾幹半島，進入西歐。法蘭克福、愛丁堡和巴賽隆納注射的海洛因之中，百分之九十是從阿富汗的田間走這條路徑過去的。但即使那條管道以及阿富汗通往俄國與歐洲的海洛因走私網路，原本屬於更大的陰謀，在一九九一年的某一天也和蘇聯空軍一樣四散，主腦失去原訂目標，轉入私部門。

「一九九〇年代，其中一些（前述的國安會探員）仍然參與這一行。」安德列・索達托夫說，「只不過，一九九〇年代不再受任何人的指示，純粹只是腐敗。有些人從蘇聯時代繼承了些東西，於是就這麼用來牟利。」

二〇〇二年四月，約在莫斯科西方一百哩的特維爾（Tver）地區，當局逮捕了一名男性，他們聲稱此人是「小而老練」的四人團體首領，據傳利用「從軍駐紮在塔吉克時的舊人脈」，壟斷了當地的海洛因市場，靠著軍中運輸進口優質的海洛因。這只是冰山一角。現在莫斯科內務部（Moscow Administration for Internal Affairs）的毒品主管瓦西里・索金（Vasiliy

Sorkin）宣稱，所有人都參與了這個最有利可圖的行動，包括民間企業家、軍閥、貨物販運者，甚至他們目前在俄軍服役的同袍，如此一來，這對送貨人而言，幾乎完全沒有風險。從俄羅斯聯邦進入阿富汗的海洛因之中，估計只有百分之六遭到警方或俄羅斯聯邦安全局攔劫。

目擊者不願出面，這也難怪，因為人人都有利益要保護。

「一名上校描述了烏茲別克和老蘇聯管道的這個系統，現在被用於走私海洛因了。」索達托夫說。「他曾在烏茲別克（他指控的）這個單位服役，現在在莫斯科服役，所以看來他知道一些事。我跟他要情報的時候，他報出一些名字。可能是在報復賺得比他多的人。」

或許這恐懼是情有可原：前國安會探員和阿富汗毒梟聯手提供資金，用米奇手下那樣的飛機販運海洛因，這可不只是阿米努拉．阿馬赫爾（Aminullah Amarkhel）將軍和他在阿富汗那邊的盟友，或是調查記者太常刺探錯航空公司而必須躲起來這樣的事。

我訪問了一名航空專家兼違禁貨物追蹤員，他不只要求別提他的名字、甚至假名也不要，「以免有人猜到」，而且希望改寫或避談他的居住國和出身。

「大家覺得我住在和我最有關係的國家，我希望他們繼續這麼想。」他說。「我和其他人談過，甚至是寫布特報告的傢伙，但我要求他們別把我的名字寫出來，因為從前曾經有人要見我，某些方的人會邀我坐他們的Il-76去飛一趟。我總覺得他們會在三千呎的高空打開門，而我沒降落傘可用。」

聽起來像妄想症，我沒理會。直到我在一個夏日早晨遇見一名聯合國調查員。我們約在倫敦聖潘克拉斯車站（St Pancras Station）月臺邊的一個長型香檳酒吧，那裡是歐洲之星高速列車的樞紐。他正要去布魯賽爾的一個北約組織會議，同意見面吃個早餐。我們在玻璃帷幕內的開放式高級酒吧談了至少一個小時，頭上是拱形的天花板和維多利亞式的時鐘。我們喝咖啡、吃可頌，我提到專家擔心在飛機上遇到一些追捕對象時，他和我一起輕聲笑了，但他等到我們聊天結束、我關掉錄音機時，才一手抓著我的手肘，把我帶到穿堂的一旁。

「關掉之後，就能跟你說這件事了。」他說。「幾年前，有個傢伙在阿拉伯半島上空大約三萬呎的地方，從你朋友那樣的機上掉下來。搭過那些飛機的人，都知道很難就那麼掉下飛機。沒人說那個事件有任何不對的地方，但確實讓人忍不住去想可能發生什麼事。」

說完他就離開了，留下我一人在月臺上，納悶著我那個線人收到的高空會面邀約。我想著阿富汗毒品管道非比尋常的效率，真不知道這一切的背後是什麼人。然後，幾個月來我第一次憶起蘇爾津墜機現場遍布那些戴著面罩、佩槍的探員，他們抹去人員、飛機和貨物的所有痕跡。俄羅斯聯邦安全局和GRU的人在賽普勒斯、中東和非洲出沒，然後我心想：我**真的很想**看到這些無臉人的面孔，查出這些神祕的力量究竟是誰，或是什麼。一次就好。

然後我幾乎隨即恢復理智。說實在的，我不大確定我真的恢復理智了。

第十四章 龐大勢力

——阿富汗，一九九五、二〇一〇年

人工光源滋滋作響，另一位同事要離開辦公室了。他關掉螢幕，抓起一件厚實的長大衣，朝著還亮燈的幾張辦公桌喊聲「晚安」，然後拱著肩，嚐到了瑞典秋夜第一陣潮溼的狂風。

那座蒼白的長型建築位在首都斯德哥爾摩北邊的索爾納（Solna），俯望一片漆黑的稀疏草原。關節式桌燈、高大窗戶裡偶爾有螢幕的倒影閃動，零星的鍵盤敲打或紙張窸窣聲（或許裡頭有斯德哥爾摩國際和平研究所的禁止擴散與出口管制報告、一些聯合國來的破損JPEG檔紙本），是保全巡邏員知道這座建築裡還有人的唯一線索。不過這裡確實還有人，因為這是斯德哥爾摩國際和平研究所的總部。此時此刻，這裡還有人詳細過濾資料庫、報告和飛行紀錄。他們就像我一樣，正在努力描繪這堆海量資訊不斷湧出的結果背後那些面孔、活動與動機。

國際和平研究所的休・格里菲斯透過電話線的微小迴音說：「英國政府甚至有個特別部

門，專門檢查飛機的註冊編號。」格里菲斯又加班了，而讓他工作到這麼晚的一個原因，使他耿耿於懷。「他們設立那個部門，正是因為他們意識到這些編號可以告訴你很多飛機的事，知道不少誰帶什麼去哪裡的事。但他們現在關閉了那個部門，把事情留給我們這樣的人，設法追蹤那些航班、比對紀錄，推測發生了什麼事。」格里菲斯哀怨地笑了一聲。「說來諷刺，他們放棄的原因是，有太多非常可惡的傢伙在經營這些非法航班。」

雖然登記、檢查機身編號，加上適航性和安全檢查，應該由個別國家的民航局負責，然而現實從來沒這麼簡單，尤其是嚴重貪汙的開發中經濟體與國家。格里菲斯嘆口氣，顯然對於觀察員光是要抓到最自大、最糟的走私客，都感到滿滿的挫折。「他們無所不在，自信得不可思議。我是說，你為了他們的活動而去找這些人的時候，他們會在早上十點招待你土耳其茴香酒和梅子白蘭地。他們總是把飛機註冊在哈薩克之類制度鬆散的地方，避免受到監控，那裡沒有透明、一致而可靠的紀錄保存，所以全球的資料庫（例如英國的資料庫）都因為這些未註冊國家不透明而被徹底打敗。太誇張了——我們知道他們在做什麼，但他們卻總是搶先一步。」

我能了解格里菲斯等人感受到的挫折，尤其是安特衛普國際和平資訊服務組織的彼德．丹瑟特，他的憂心，以及為了國際特赦組織和聯合國這些客戶做的研究，讓他更進一步深入這些飛機服務的灰色經濟受到政府祕密涉入的情形。這位比利時研究員指出「我向歐盟委員會解釋過，如果沒有至少一個政府知情卻視而不見，許多這樣違禁品運送或武器轉移的事就不會發生」。他又冷冷地說：「那是經費很難取得的最可能原因。政府涉入，或至少視而不見，是我們這個小世界的第二大禁忌。而最大的禁忌是人道援助飛機和軍火走私之間的關連。」

這使得原本就困難的任務，愈加不可能成功。我覺得米奇已經夠難找到了，即使喝著啤酒詳談的時候也一樣。試圖用鑑識的方式，處理每天數以千計的飛機、託運、機組員、客戶和貨物，根本就不切實際。

不過丹瑟特描述滑溜的客戶和大膽行動、一次又一次在收網當下讓他們消失無蹤的蟲洞，以及國際和平資訊服務組織、特赦組織和政府研究員面對的障礙時，我忍不住覺得販運者總是「搶先一步」，實在很誇張。

不，說誇張還太含蓄。不知怎麼，感覺實在不可思議——幾乎像是有更強大的力量在運作，對監控、管制機構暗中搗亂。

如果真是那樣，那麼將布特和米寧這些樣版人物視為公敵和軍火之王，藉著一己之力傲步全球、引發混亂和破壞的軍閥，看來不像只是誤導，更極為成功地轉移了注意力。

畢竟，在米寧牽涉古柯鹼和妓女的逮捕案後所發現的文件，顯示他把一百一十三公噸的小型武器運送到西非。那樣的槍枝為數不少，足以引起執法單位、甚至殘存的烏克蘭軍方注意。

話說回來，其實在烏克蘭內部，並非長久以來都沒人注意到。一九九〇年代中期，烏克蘭總統列昂尼德．庫奇瑪（Leonid Kuchma）下令一個議會的委員會調查他基地裡武器消失的比例。報告指出，一九九二年烏克蘭軍方庫存有八百九十億美元，到了一九九八年，有三百二十億美元神祕蒸發了。

然而報告才剛提出，委員會就神祕地解散。十七卷的成果都消失了。委員會主委，奧列克山大．伊格納堅科（Oleksandr Ignatenko）將軍遭到軍事法庭審判，摘除軍銜。唯一願意出版調查結果的發行人，是一名基輔的新聞通訊編輯沙里．歐達里奇（Sehry Odarych）。一晚，他的公寓外遭人埋伏，朝他腿上開了一槍作為警告，在他靠著街區的牆邊痛苦扭動時，告訴他：「別再蹚政治的渾水了，不然我們會除掉你。」攻擊者就這麼消失了，再也不見蹤影。警方說歐達里奇是為了引人注目才射擊自己的腿，但他其實沒有槍。

像米奇那樣的業者，上游人脈的祕密時常太深遠、嚴格保密，所以只有在出問題的時候（例如斯塔里科夫和達姆尼亞諾維奇在貝爾格勒失事），破綻出現了片刻，我們才得以一瞥運作中的力量。

其實，要不是一九九〇年代中期一架Il-76飛進阿富汗後續的事件，我們目前對聯軍和北約組織占領下，以阿富汗為起點的走私途徑僅有的那點認識，可能都還沒浮上檯面。如果那架飛機按計畫飛行，我們可能永遠不會聽說維克托．布特或他效力（或不曾效力）的那個無名男子。

然而那架飛機並沒有按計畫飛行。直到今天，這個故事仍有細節持續浮現，堪稱軍火走私史上最有趣的一個故事。

那是個莫斯科陽光普照的星期天。電影製作人伊利亞・內雷丁（Ilya Neretin）年輕、成功、一臉朝氣，打扮幹練，是二〇一〇年真實故事改編的俄國破紀錄賣作鉅片《坎達哈：存活與返家》（Kandahar: Survive and Return）背後的男人。這部動作強片說的是一九九五年一架Il-76機組員遭塔利班綁架、逃脫的故事。

電影很棒——傳奇冒險、超現實的離奇故事，充滿勇氣與懸疑。在復興的俄國表現這麼好，我並不意外，就像藍波系列電影在一九八〇年代的狂熱美國走紅。當時美國決心重拾一些自信，寧可犧牲有根據的報導。不過我有興趣的是故事和背景。機組員替維克托・布特飛一個任務，但一直有傳言他們那天飛往坎達哈的航程有更黑暗的交易，其他不肯露臉的影響力在這樣的Il-76任務中有利可圖，如果我能了解那些影響力是誰，或許我就能在脈絡中理解米奇的工作。

我們聊了很久，聊電影、聊俄國當時和現在的狀況，聊內雷丁最近的私人旅行，在摩洛哥拍片的快樂與痛苦（他們在那裡取坎達哈的外景），以及一九九一年以來，俄國漫長而奇異的旅程。我很喜歡伊利亞，他很棒，很好聊，還會憑空冒出岳母的故事和俏皮話，雖然我為了找機會和他說話而追他追了幾個星期，但他有那種罕見的才能，讓人覺得他才是已經等了幾輩子只為了跟你聊天的那個人。他跟我說電影的事，以及把一整架Il-76和機組員弄到摩洛哥是多大的挑戰。過程中他笑個不停。

他遇到兩組機組員——原版的傢伙，為維克托．布特的軍火走私任務飛去阿富汗；還有一群膽大包天的白俄羅斯貨運傢伙，他打電話給他們，請他們在電影裡開耿直運輸機。他把他們比作牛仔。

「那些傢伙在他們任務中發生的事，尤其是被抓的機組員，就像西部片一樣。」他說。「在西方，英雄會說『這是我的土地。政府、警察、誰都幫不了我，只有我辦得到，單槍匹馬』。而我們這架飛機上的 Il-76 機組員逐漸明白這事實。舉目四顧——塔利班、軍火商，只有敵人，在那樣的狀況下，可以說塔利班是印地安紅番，所以如果我想保有我的自由，或像他們在西方說的，保有我的土地，我就得自己來。」

這部電影描繪了像米奇手下那樣的機組員——之後我一再遇到——有些人認為他們太常跨越生意和犯罪活動之間那條經常模糊的界線，因此叫他們「牛仔」是汙辱他們；有些人知道他們得自力自強、有多強韌，就像現實中的荒野浪子，叫他們「牛仔」則是恭維。不過伊利亞的話也驚人地總結了後蘇聯的心態。米奇正是誕生在這樣的心態之下。這是天助自助的時刻，沒有政府、警察——稱之為無政府，或是雷根經濟學（Reaganomics）都行。

很多方面來說，伊利亞都令人耳目一新。我發現他迷人、桀驁不馴又風趣，他對機組員的興趣反映了我的喜好。「人類的故事……我想，很有趣。」他附和道，「我們在這裡聊著計程車司機。」然後他話鋒一轉，聊起他岳母造訪的事。歡笑不斷。

我們已經聊了一段時間，我跟他處得很自在。我提到我其實在調查這些機組員的故事，不只是他們的生平，而是他們在世界各地傳遞人道援助、維和部隊、槍枝、毒品、希望和黑暗時扮演的角色。

然後我告訴他，電影中的Il-76是由布特出租的，真是有趣的關連。

伊利亞打斷了我，但一時沒說任何話。最後他才開口：「麥特，我和你啊，我想，我們知道我們所在的世界是什麼樣子。麥特，聽好了。有很多『某某先生』這樣的人物在統治這世界，而布特先生就像其中的王子。不過還有**國王**存在。如果你賣軍火，只要上頭的傢伙替你掩護，你就辦得到。我的目的並不是查明那一切的真相。那是檢查官要做的事。」然後他加了句：「還有記者。」

突然間，他得離開了。我後來又聯絡他一次，但我再也沒聽到他的回音。只收到幾封顯然是他電腦上木馬病毒傳來的約會詐騙郵件。

所以我又挖了些消息。這時我才發現，這群機組員大膽逃脫的故事還有另一面說法。謠言說得沒錯——遭囚禁的機組員的故事，不只是他劇本（或他）透露的那樣。

沒錯，這個最近民營化的前蘇聯駕駛員與其機組員，一九九五年開著Il-76載運軍火飛往阿富汗北方聯盟（Northern Alliance）時，被塔利班強迫著陸，改道坎達哈——和電影演的一樣。而他們也像電影裡演的，被塔利班囚禁為人質長達一年以上。

俄國政府起先試圖談判，但談判不斷延宕。一週週過去，然後一個月一個月過去，希望逐漸渺茫，機組員開始親自上場。他們擬定了一個計畫，親自和俘虜他們的人談話，說服他們其實飛機本身（目前只是在飛機場的跑道上積灰塵、掉漆）和貨物一樣十分搶手，在公開市場上價值數百萬，當作塔利班空軍自己的軍用物資運輸機會更值錢。不過，他們說，如果沒有定期維護、偶爾發動引擎，飛機就毫無用處。而他們說，複雜的定期維修需要全體七名機組員。於是，前幾次檢查（都在武裝守衛眼皮子底下進行）他們讓塔利班看他們是怎麼做的。

一九九六年八月十六日星期五，囚禁、幾近奴役超過一年之後，守衛變得夠放鬆了。四名守衛跑去祈禱，看守機組員的守衛剩下三人。駕駛員弗拉德米爾・沙巴托夫（Vladimir Sharpatov）判斷他們的機會來臨了。機組員只說：「我們需要發動引擎。」就推開獄卒，把他們鎖在伊留中外面，發動噴射機滑行過跑道，但那跑道怎麼看都遠遠不夠起飛。

這就是飛機和前空軍機組員發揮他們真正精神的時刻，他們在跑道變成岩石的那一刻升起輪子。沙巴托夫知道塔利班有戰鬥機在空中走廊巡邏，因此沒向北飛往俄國，而是飛向西方，朝伊朗而去，然後飛向他們遠離家園的家——沙迦，並且為了避開塔利班的雷達，高度都維持在離地幾公尺的地方。機組員降落在沙迦時滿臉鬍渣、茫然而精疲力竭，不到三天後，他們吃飽肚子、充分休息、刮了鬍子、受過醫療照護，回到俄國的家，接受英雄般的歡迎。又過了三天，俄國總統鮑利斯・葉爾欽為他們別上奧倫治（Order of Orange）與俄羅斯聯邦英雄（Hero of the Russian Federation）動章。

這是實際發生的事，都是事實。在俄國，這部動作片的描繪迅速取代了歷史真相的正典。俄國的諾拉德納黨（Narodna，祖國之意）前黨主席迪米崔．羅戈辛（Dmitry Rogozin）現在是俄國駐北約組織大使，他甚至稱這部電影為「紀錄片」；羅戈辛和沙巴托夫成了朋友，他稱沙巴托夫為國家英雄，「像搖滾巨星」。而沙巴托夫和米奇一樣，是勇敢又智足多謀的人，他確實值得英雄的地位。

但真相是複雜又層層堆疊的東西。而我接下來要說的，可能是完整的故事。也可能是真正情況。

一九九五年八月，就連北阿富汗政府和俄國都關係緊張，俄國指控阿富汗在塔吉克挑起動亂，不過在安全部隊的暗示下，維克托．布特受託把軍需品偷偷載進喀布爾，給比較溫和的北方聯盟聖戰士。

布特認識駕駛員弗拉德米爾．沙巴托夫，沙巴托夫自他們在沙迦一間旅館酒吧相遇以來，經常替布特開飛機。這不是沙巴托夫和他的機組員們第一次開耿直運輸機從阿爾巴尼亞運槍枝彈藥進喀布爾了，他很清楚他載的是什麼，也知道他必須多加小心別被發現。一般來說，沒什麼問題——俄語是說*nichevo*。不過這次不一樣。無線電操作員沒保持緘默，而塔利班空軍的米格-21攔劫了他們。

依據調查員法拉和布勞恩的說法，他們被囚禁的消息一傳到布特耳中，布特就開始打電話了。布特本人告訴《紐約時報》的記者彼得．蘭德斯曼（Peter Landesman），他致電塔利班的指揮官，試圖用電話推動和他們的獨立談判，然後親自飛去坎達哈，卻被拒絕會面。指揮官深信那架飛機一定是俄國官方空軍任務，只願意和政府談判，但他們的談判延宕。塔利班的人究竟為什麼那麼深信那個說法？這問題很有趣，但從來沒真正完全地解開。是單純的偏執嗎？還是有強烈政治承諾的團體，無法看出那只是單純的私人軍火交易？即使許多年後，我追問沙波什尼科夫元帥這個問題——究竟這某方面來說是否確實是祕密國家任務，引起令人著迷的可能性，透過像布特這樣可以否認的中間人，進行的某種黑色行動？而沙波什尼科夫斷然回答：「不予置評。」

許多個月無消無息。然後，據說布特在幕後（不知是單獨，或是和缺現金的俄軍商討）達成一個他和塔利班都能接受的協議。只要布特同意從此以後供應他們一架架飛機的軍火和彈藥，他們就允許機員和他們的飛機「逃走」。皆大歡喜。幾天內，機組員執行了他們無畏的逃脫計畫，獲准飛回家。

聯合國有個匿名消息來源認識布特，他宣稱二〇一〇年春天，布特曾經告訴他，自己只是在奉命做事，上頭是「食物鏈裡非常高層的傢伙」。那人究竟是誰，從來不曾完全證實，即使沙波什尼科夫元帥知道，他也沒說什麼。不過有人宣稱布特的岳父是前國安會大人物，而他當時是弗拉德米爾．普丁（Vladimir Putin）最忠實的支持者。

雖然布特從前有他的內線消息，做事比較自由，但在風頭上，布特的嘴也閉得更緊了。有一次，有人直白地問起，他說：「他們沒逃走。他們只是被救出來。有強大的勢力……」然後及時閉上嘴。布特被捕之前不久，《紐約時報》記者彼得．蘭德斯曼曾經訪問他，而他似乎欲言又止。布特說：「（我的客戶是政府，但）我守口如瓶。」然後，他指指額頭中央：「如果我跟你說更多，這裡就會開一個窟窿。」

的確，俄羅斯聯邦安全局很樂意提醒貨運業者誰是老大。二〇〇〇年，俄國祕勤機構或許是因為布特愈來愈高調而感到難堪，或許是友善的警告，而對布特的一個Il-76業者同行殺雞儆猴。該年九月，戴著面罩的聯邦安全局人員宣稱他們扣押了一架Il-76，飛機上藏了二十二公噸的貨物，這些貨物並沒有列在飛機的相關文件上。俄國外交部表示，他們收到報告警示，伊爾庫茨克機場有飛機起飛時特別笨重，地面設備受損。聯邦安全局接著突襲搜查了業者的辦公室，那是一間設立在莫斯科的貨運公司，東線（East Line），營運處在多莫傑多沃（Domodedovo）機場外，離莫斯科大約三十公里。這間公司固定的飛行模式是飛往巴基斯坦、阿拉伯聯合大公國、印度、中國和南韓，似乎透露了他們一直以來懷疑的事——依據一則政府部門聲明，它是「消費品違禁運送的慣常管道」，目的是為了迴避海關檢查中國來的違禁品。總裁阿米蘭．庫爾坦尼澤（Amiran Kurtanidze）提出抗議，但聯邦安全局探員全副武裝，戴著頭套，把辦公室搞得天翻地覆，拉開抽屜和檔案櫃，帶走公司所有的電腦和文件，完全癱瘓了東線航空的貨運作業。

當突擊搜查的消息迅速傳開，又有兩架東線的飛機被人發現閒置在西伯利亞和下諾夫哥羅（Nizhny Novogorod）偏僻的跑道上。據報兩架飛機的機組員接獲公司高層指示，將返航的飛機調頭，飛回中國，然而燃料不足，機組員只能就地降落，拋下飛機，逃進荒野，任飛機像幽靈船瑪麗・賽勒斯特號（Marie Celeste）一樣空無一人，幾小時後才被人發現，無線電仍嘎嘎作聲。

這奇妙的故事到此還沒結束，後方還有更多轉折。首先，庫爾坦尼澤先生向媒體聲稱突擊搜查和惡行的指控有誤，這原本應該可以簡單修正；其次，這是一個影子團體（他稱為「和解與協議基金會」〔the Reconciliation and Accord Foundation〕）所策劃的巧妙暗算，為了自己空運公司的邪惡目的，試圖控制通往中國的航線，鏟除所有「競爭者」。

一些比較勇敢的俄國報紙更進一步——他們寫道，聯邦安全局正在騷擾一間難能可貴的優良公司。東線是在一九九三年的艱苦歲月間成立於多莫傑多沃，據說黑手黨集團在機場無孔不入，但東線當時拒繳保護費，因此謠傳這起事件不過是俄羅斯境內黑手黨份子的勒索。俄國商業報紙《生意人報》（Kommersant）懷疑，這次搜查背後是加強對海關通關的控制，或是出於某個政府要員的私人利益。只因為一些未列入清單的貨物就關閉航空公司，確實史無前例。

調查拖拖拉拉，東線的財務一落千丈，評比從第二名——僅次於俄羅斯航空——掉到第六名。一連串的政府發言重申他們對東線航空的指控（但不曾提出起訴）之後，聯邦安全局終於中止調查時，庫爾坦尼澤被迫辭職。幕後黑手是誰，前蘇聯境內各地的航空公司心知肚明。

對當時的俄國人來說，謠傳的官方陰謀論太可信了。這場戲劇化、廣為宣傳的突襲搜查，絕對向其他機組員和中間人（不論是東線航空這種合法的藍籌公司，還是比較可疑的企業）發出了明確的警告——當局正在看著你。不過當時，不論是米奇或其他機組員，參與世上最肥的走私圈裡的包機人或生意人，都無法停止販運。即使他們想收手也做不到，利潤實在太高了。

直到現在，聯邦安全局再也不曾對付過這些航空公司或他們的機組員（如果確實是聯邦安全局下令突擊搜查，而不是安全局內部的私人利益使然）。東線成為俄國數一數二的大公司，掌管了多莫傑多沃機場，最後一次上頭條，是在二〇一一年行李提領處的自殺炸彈攻擊造成三十五人喪生之後，參與自主提高機場維安的措施。此後再也沒有和解與協議基金會的消息。

當然，貨機業者事務受到的祕密影響時有所聞。烏克蘭反情報機構的前局長格里戈里·奧姆先科（Grigory Omelchenko）告訴《紐約時報》的彼得·蘭德斯曼：「像布特這樣的販運者不是受到保護，就是遭到殺害。完全在國家控制之下。」那麼，或許伊利亞·內雷丁的聲明不那麼正確；或許掩蓋軍火運送的人，一直都在監看；或許機組員終究不是沒受到任何一方幫助的孤軍奮戰。

＊＊＊

安德列·阿烈克謝維奇·索達托夫（Andrei Alexeivich Soldatov）髮色灰褐，身穿皮夾克，不像俄國祕勤比較特立獨行之人，倒像印度樂團的貝斯手。索達托夫就像和米奇相反的天使，也是個變色龍，在後蘇聯故事中最關鍵的時刻突然登場。年僅二十一歲就成為《今日報》（Sevodnya）記者，遊走在各家報紙之間，報導了貝斯蘭（Beslan）學校人質與屠殺案件，和莫斯科的劇院脅持事件。他見過投敵者、同行情報員，也曾揭露俄國政府包庇犯罪行為，但現年三十四歲的索達托夫，最為人知的作為，卻是調查俄國祕勤網路過去，以及現在的黑色行動和非正式活動。

索達托夫也認為「這些進出阿富汗的航班，顯然多少享有一些保護。」他解釋道，他懷疑維持祕密貨物的管道、知道其他人的管道中有什麼，其實很可能對當局有利。索達托夫也懷疑，看得到少量海洛因販運到俄羅斯本土，偶爾零星破獲幾起，對俄國政府有利（克里姆林宮一心想強調北約組織無力消滅俄國後院的海洛因交易），或許還能作為更強力干預中亞的一個藉口。「大博弈（the Great Game）的新階段正在上演。」索達托夫微笑著，想起十九世紀英、俄在暗地裡耍手段爭奪在阿富汗與印度的軍事和貿易影響，結果無組織犯罪不過如此。

但如果有人利用這些航班，殺害、保護、突襲搜查或控制所有販運者；如果有人釋出給俄國的海洛因剛好足以壓迫北約組織撤離阿富汗，那麼，問題來了，這些人是誰？想找到這些人，要查到多高的層級？

我再次致電彼德・丹瑟特時，他說：「我總是跟大家說，我不是警察。」他的辦公室位於安特衛普碼頭旁，那裡是比利時歷史悠久的鑽石中心。看起來愈來愈像祕密的國家陰謀，不像幾個獨立行動的壞蛋。這次我需要有人幫忙了解這是怎麼回事。丹瑟特說：「我不在這一行，不會把人關進牢裡或其他任何地方。」

對丹瑟特來說，這些問題也是吸引他研究走販運班的一個原因。「對我來說，這是等待解開的一個謎團。如果有人告訴你，這裡有一班軍火航班，或有些軍火要送去那裡，對我來說，我會積極查出他們要怎麼進行、有誰參與，以及從全局來看，這代表什麼意義。「許多時候，僱用這些軍火掮客和貨運業者的，正是原本那些政府。政府僱他們合法做原本非法做的事，或至少公開做原本私下做的事，所以，我要設法查出，這是怎麼辦到的？那個謎不斷激起我的興趣。」

不過丹瑟特這樣的人不多（他一定會乾脆地承認，實在太少了），分散在各國經費不足的組織裡，各自試圖監控軍火和其他顛覆性物資在全球的動向。這工作很辛苦，更難的是與非營利組織的要求牴觸，他們希望在特定話題熱門的時候發表某些報告，但報告的證據必須經得起檢驗，條理無懈可擊。丹瑟特說，他「目前的報告一開始只有二十頁，現在已經擴增到兩百頁了。特赦組織想拿到報告，但我們必須讓報告正確無誤」。

丹瑟特說，記者也讓他更難辦事。「大家寫這方面的文章時，把事情講得很簡單，至少沒那麼複雜。但這世界是個複雜的地方，這一行有時候又遠比看起來複雜得多。」丹瑟特表示，不只是行動，試圖阻止行動的政府和執法團體也籠罩著厚厚一層黑暗，完美地闡釋了究竟有多複雜。而且「合法」與「非法」的界線有時模糊得危險。

「比方說，我看不慣這一堆布特動態相關報告的地方是，他們完全在自我參照。」丹瑟特說。「我甚至知道一例，有個作者寫的一篇文章裡假定了一些事，然後情報組織用那篇文章當作他們報告的根據，最後把那篇內部報告洩露給那名記者，於是該記者引用『情報來源』，把那當事實報導！」

確實，為布特辯護的人，正是利用記者非法手段的疑慮，有人質疑時，中情局、華府和一些調查員無法或拒絕回應。最著名的是丹瑟特在國際和平資訊服務組織的前任調查員，比利時人約翰．皮爾曼（Johan Peleman），他因為報告中充斥著「煽情」，成為布特陣營最愛攻擊的目標（有些攻擊合理，有些並不公平）。一名調查員訕笑：「你一旦看出誰興奮了，就可以輕鬆把罪名加到他身上。」

這句妙語是布特本人自己提供的，他以典型的浮誇態度，承認（甚至可能鼓勵）這種無所不在的惡名，好像很樂於取笑那些把監視他當作一生志業的人。布特的網站上，在「聯絡資訊」下面只寫著「通訊地址：史書、情報檔案和人們的想像」。

不過布特在所謂「單純」公司的這整個現象之中，只是最顯眼的樣版人物。這些特立獨行的飛行員在全球事務中扮演了重要角色，卻不曾受到認可。

所以當局要整肅天際，到底有多困難。尤其是在阿富汗和伊拉克這些遭到封鎖的國家？照理說，黑名單應該能發揮效用，或者至少極為嚴密的效能管理與觀察應該可以。搜索應該也可以。很多做法應該也行得通。

問題是，要在世上最糟糕的地方，去辦最危險、最關鍵的事，米奇和他的同袍，還有他們破破爛爛呼嘯的伊留申和安托諾夫，往往是唯一找得到的對象。更何況他們的價目表低廉。二〇一一年春天，我曾打電話給一名空勤人員查核一些事實，他跟我開玩笑，隨著《魔鬼剋星》（Ghostbusters）的調子即興發揮：「我要打給誰？白俄羅斯！」

不過，隨著二〇〇〇年代逐漸過去，維克托·布特在賴比瑞亞和安哥拉的角色愈來愈為人所知。彼得·海恩（Peter Hain）遲至二〇〇〇年終於在國會演講中提到布特，引發一波驚嚇，後續來自觀察員、非政府組織、部落客、情報機構和調查員的壓力，會使得這群莽撞機組員為美軍進行的一部分（不過絕不會是所有）行動受到抨擊。

隨著打向槍枝、人、錢和資源在世界各地非法流動的探照燈愈來愈亮，有些貨運公司會再度轉移陣地，尋找更宜人、更低調的獵場——天空仍然自由、迫切需要他們服務的地方，他們有朋友的地方。

對某些人而言，這表示重新注意空盪盪、七分靠運氣的非洲；對其他人來說，則是南美那片一樣沒有雷達的天空。

只不過我忍不住覺得，這次對米奇來說，愈來愈像最後的藏身處了。其實，對他們許多同袍而言，這些前哨是窮途末路；而對不只一位高調的前維捷布斯克同事來說，這是國際執法之網開始收網的地方。

第五部

回到叢林

——中美洲與非洲之角

第十五章 古柯大黎加的黃金年代
——中美洲，一九九九至二〇〇八年

發現蓋達組織靠著販賣仿冒CD、T恤和DVD籌措資金之後，大家開始明白，恐怖主義、毒品販運、違禁軍火、風化業，甚至侵害版權，都可能是一個全球經濟完整而不可或缺的一部分，就像「直接」經濟不同的部分和分支。

「恍然大悟」的時刻有點遲了，資本主義的西方被米奇等人利用了整整十年才省悟。不過至少終於明白了。九一一後，全球突然開始熱切地設法把國際的恐怖拼圖拼湊在一塊。

見識過米洛塞維奇政權在南斯拉夫最後那段日子的人，應該不覺得奇怪。當時他們就用蘇聯時代巨型貨機走私的非法香菸和違禁武器，支助游擊軍和準軍事組織。其實，塔利班控制了海洛因貿易，所以財務十分健全。他們把非常不伊斯蘭的毒品販運合理化，說那是為了更高遠的利益——打垮異教徒；他們利用從前阿富汗「好心人」的老技倆，把零散包裝的海洛因或一袋袋大麻丟進坦克、丟過軍營的圍牆給占領軍，希望他們上癮，削弱他們的力量。

販毒恐怖行動這個新行話，是一九八〇年代早期在秘魯發明的詞，青年黨（al-

Shabab）、金戈威德（Janjaweed）民兵、索馬利亞海盜和哥倫比亞左翼游擊隊組織革命武裝力量人民軍（FARC）興起壯大，看起來愈來愈不像地方問題，而是全球問題了。

突然間，米奇的航班不再只是救援機構、生意人、軍閥，或偶然有幸在華盛頓、安特衛普或斯德哥爾摩有張辦公桌的零星觀察員或飛機監視員關心的事了。不論喜不喜歡，就連這些缺乏雷達的區域都被捲入全球的生態系。因為自身狂野、恣意的能量而過熱的一個生態系。

米奇的蘇阿戰爭當時，那些飛機或許贏得它們毒品走私的勳章，但航線網路似乎成長了，從哥倫比亞、秘魯、委內瑞拉和墨西哥各處收取古柯鹼。早在一九九二年，中美和南美的當局已經開始注意到，中美洲古柯鹼的壟斷集團形成一份美國情報報告中所謂「和俄國組織犯罪的正式聯盟」。那年，哥倫比亞當局記錄了一個哥倫比亞人（渾名「卡利奇」，Caliche）和一個他稱為「席維斯」（Sylvester）的男人之間的聯繫。他們懷疑卡利奇是奧雷惠拉（Orejuela）集團的一個主要送貨人，席維斯則是來自勢力龐大的莫斯科地區黑手黨索切夫幫（Solntsevskaya Brotherhood）。原來，這兩人正在建立一個「大規模銷售網」。

不難想見，西非國家——碰巧有個大型的前蘇聯航空基礎建設正迅速建立——證實了是熱門的轉運點。

如果你要在拉丁美洲，找到進行毒品與軍火交易的幕後主使，更不用說在利用昔日蘇聯軍方人脈的人，那麼從FARC開始找，似乎是不錯的選擇（FARC曾是準軍事組織，在昔日蘇聯軍方有人脈）。

哥倫比亞游擊隊團體的古柯鹼走私活動，不只資助了哥國高原鄉間愈加血腥的戰爭，還把那裡變成一個全球熱門產業的樞紐。FARC成立於一九五〇年代末哥倫比亞的動盪、內亂和暴力中，在一九八〇年代中轉變成（或許只是某方面）極度類似職業軍隊的組織。

他們派士兵出國受訓，時常是去蘇聯、越南等其他革命共產主義地區。不過他們的影響更是遠播，從紐約街頭劇增的快克，到其他團體處理的方式。從一九八〇年代的北愛爾蘭、一九九〇年代的阿富汗和巴基斯坦，到今日的塔利班和蓋達組織，各式各樣的準軍事和恐怖團體突然擁抱了毒品和其他犯罪活動，用作高報酬的龐大資金來源。

對於一九八〇和一九九〇年代的委內瑞拉產業貿易部長摩伊希斯・奈姆而言，FARC的活動幾乎天天帶來挑戰。他生動地把那時代哥倫比亞毒品販運的要角——例如巴布羅・艾斯科巴——比作維克托・布特，因為他們都曾是自己那個新生產業裡的「大人物」。很快，那些產業高度發展，再也不需要大人物這樣的角色。的確，要有艾斯科巴這樣的哥倫比亞傳奇集團衰微，才會有人覺得FARC真的脫離了「俄國關係」。因為過程中的參與者（託運人和生產者）發現他們可以用更靈活、不那麼高調的方式運作，有效地迴避這些強勢的中間人。

突然間，拉丁美洲的海上和空中交通熱鬧非凡。一九九八年在墨西哥揭露的報告指出，俄國黑手黨「供應雷達、自動武器、榴彈發射器和小型潛水器給墨西哥毒品走私客，換取古柯鹼、安非他命和海洛因」，而美國緝毒署探員發現，假扮成俄國黑手黨，便宜出售三百把的卡拉什尼科夫自動步槍，是個把墨西哥毒梟引進圈套的好辦法。

到了二〇〇一年，哥倫比亞行政安全部（Administrative Department of Security）的一份情報發現，「俄國和哥倫比亞的犯罪集團一直在協商毒品的運送事宜，而毒品的報酬是短程和長程武器，之後在中美洲販售，或直接賣給哥國的顛覆團體」。

如果沒有幫手、缺乏官員同謀，和「顛覆團體」（基本上就是FARC）的這些大宗交易也不可能達成。不過二〇〇〇年的一項美國調查中，不只揭露形成南美人脈網的範圍和富饒程度，更為任何有疑慮的人證實了，只要空勤人員準備飛那條航線，那一行能撈的油水有多驚人。

記得安德列・索達托夫說過一番費解的話：要保護從阿富汗起飛的走私飛機。美國情報單位發現「腐敗俄軍人物、組織犯罪頭頭、外交官和革命者的一個盟友」定期載著武器貨物飛向哥倫比亞，然後載著他們得到的報酬回到前蘇聯——一趟多達四萬公斤的古柯鹼。

MSNBC新聞頻道的調查，引用美國情報單位的消息來源，指出一九九九年裡，Il-76開始從俄國和烏克蘭的飛行基地起飛，載滿了地對空飛彈、槍枝和彈藥，飛向約旦首都安曼（Amman）。他們會在約旦加油，「靠著腐敗的外國外交官、當地收賄官員幫助，避開海關」，然後起飛，沿著看似瘋狂的航線，經由西班牙的加那利群島（Canary Islands）和蓋亞那，飛到秘魯亞馬遜叢林深處的伊基多斯（Iquitos）。他們在偏遠的跑道降落、卸貨，有時候甚至空投貨物給FARC的游擊分遣隊。據傳，這些閃電行動是由一個委員會協調，成員包括秘魯軍中的一個無賴軍官——惡名昭彰的巴西毒品販運逃犯路易斯・費南多・達科斯塔

（Luiz Fernando Da Costa），又名小費南多海岸（Fernandinho Beira-Mar），或是「海邊的佛萊迪」（Seaside Freddie），住在巴拉圭的「走私客之城」佩德羅．胡安．卡瓦耶羅（Pedro Juan Caballero）；此外還有一名黎巴嫩生意人。雖然哥倫比亞極力否認，但二〇〇〇年八月，秘魯政府證實了走私圈確實存在，而空投給游擊隊的每個降落傘，都載有約一萬把購自中東黑市的俄製自動步槍。

叢林跑道上，貨機卸下武器，古柯鹼取而代之——有些是給約旦中間人的酬勞，其餘載回俄國和烏克蘭，轉在歐洲和波斯灣銷售，每公斤賣價高達五萬美元。總額十分驚人，「而大部分的武器直接送往FARC」。MSNBC記者蘇．拉奇（Sue Lackey）和麥克．莫蘭（Michael Moran）寫道：「少量透過巴拉圭、厄瓜多、委內瑞拉和巴西的阿拉伯移民社群，分配到其他游擊團體，包括真主黨（Hezbollah）。真主黨是伊朗支持的運動，最知名的是他們在黎巴嫩南部的游擊活動。」

在這安排中，交易的每一方幾乎都和其他方保持遙遠的距離，因此更難偵查。而安排的微妙複雜程度，反映著蘇聯貨運網路偏好的鬆散聚集。一名美國情報員告訴記者，武器來自「組織犯罪與軍方、俄國和烏克蘭這二者之間，極大的灰色區域」。即使是發現這件事的情報官員，都覺得這行動的規模不可思議（更不用說膽大包天），並且拿「正當」製造業來比較。一人敬佩地說，那是「一大業務……有很多人參與。是個貨真價實的產業」。

而像任何產業一樣，這產業周邊也產生了供應者、次要服務提供者和底層討生活的人的網路。在中美洲的海岸線上，米奇和他駕駛員同僚依循著航道，駕駛耿直運輸機和比較小型的安托諾夫渦輪螺旋槳飛機，那些航道途徑孕育了賣淫、貪汙警察和毒販的小型經濟。但或許最神奇的是大批的漁民和農場工人，他們天天在黎明前動身前往荒野，希望找到非法空投因偏離目標或丟棄而留下的大捆古柯鹼。

＊＊＊

「各位早安！哈哈！現在是美好的三月早晨。我是鮑勃・馬利，以下是我們贊助商的訊息。」有人用手蓋住麥克風，傳來一陣嘎嘎雜音，還有當地ＤＪ在麥克風外跟人爭論應該要按下哪個按鈕才會進廣告。他們找到了按鈕，廣告透過電波傳來——一個女性的聲音，聽起來很莊重，帶著微微的加勒比海口音，敦促肚子餓的貝里斯人來吃她的雞肉晚餐。海邊明媚的陽光下，一間船隻修理店櫃檯上的電木收音機一時收不到訊號，耳邊只剩海浪聲。接著訊號恢復，ＤＪ正介紹著一首詼諧歌曲，〈我只是貝里斯的另一個外國佬〉（I'm Just Another Gringo in Belize）。

這只是安伯格里斯另一個沐浴在陽光下慵懶日子的開始，那裡是其中一座迷你沙嘴與沼澤的岩礁（caye，發音同「key」，類似佛羅里達的群島），位在這個加勒比海的瑪雅國家沿岸。貝里斯是個小國，依偎在瓜地馬拉和墨西哥之間的中美洲加勒比海濱。英屬宏都拉斯，既是濱海的天堂，也是偏僻的瑪雅山丘叢林，展現出靜謐海邊度假勝地那種悠閒老派的魅力。長條沿海礁岩這一側的水面閃爍亮藍，往外海去，漁民忙著他們的工作，偶爾有大型汽艇颼颼飆過，沿著中美洲海濱往佛羅里達而去。我真的從沒料到會在那地方，在黎明散步時被縫隙絆倒，溶掉了不知誰留在長礁沙嘴海灘上十二公斤袋裡未分裝的殘存古柯鹼。

如果我在二〇〇三年三月到那裡之前的幾個月間，能看看當地報紙，我或許會有點概念。一個月前，一個多雲的星期三早晨，貝里斯的緝毒探員接獲密告，攻向墨西哥與貝里斯邊界上的一片田野，發現一架飛機遭人放火燒了，還在冒煙。不過這恐怕不是讓他們明白這裡一切都不全如預料般的第一個線索。多年來，莫斯基托斯海岸（Mosquito Coast）沿岸的漁民和農民一直在兼差打撈古柯鹼，大清早撐船出去看看他們從貝里斯和附近國家（例如墨西哥、瓜地馬拉和宏都拉斯）的田野和水裡搶救到什麼。這裡的當地人每天收入不過幾分錢，可少數夠勤奮或消息靈通的人，一直過著中美洲版《美酒佳餚》（Whisky Galore）的生活（《美酒佳餚》是康普頓・麥肯齊〔Compton Mackenzie〕之作，改編為同名電影，描述一個蘇格蘭小島上的小群居社會，一艘二戰貨船遭遇海難，船上五萬二千箱蘇格蘭威士忌被沖上了島嶼的海灘）。只不過這地方的漂流物，是純度百分之百的熱縮袋裝海洛因。

不過幾星期後，我在沿著所謂「古柯大黎加」幾公里一個鯊魚環繞、沙子覆蓋的岩礁旁，搭著當地的漁船。船長一邊向我解釋，一邊高速掠過他的漁場，來到比較深的海域，那裡總是值得搜索。「毒品販運者將捆著膠帶的塑膠袋裝古柯鹼趁夜丟進水裡」，船長解釋，有時候，負責把毒品送給飛機的毒販，會在晚上來海邊，和機組員碰面。如果他們受到驚擾，遭執法人員追捕，或只是疑神疑鬼，最簡單的辦法就是把貨物仔細包好，從船邊推進水裡，讓貨物悄悄漂浮著，等危險過去再繞回來取回——就像把你的大麻丟出車窗，只不過昂貴多了。封在塑膠袋裡的空氣讓毒品浮在水面上，載浮載沉，或剛好漂在水面下，塑膠袋反射光線，閃閃發光。他們時常會回去取回貨物，但還是有很多漏網之魚，一些毒品包在其餘的毒品附近沖散。船長說，這些「大多是漁船找到的貨。不過我想，有時候也有飛機裡來的」。

將近中午，我和我的船長有伴了。現在可以看到幾艘小舢板在搜索礁岩旁的水域，以及在外面更深的海裡搜索，舢板上擠滿漁民，想撈到自己那包十二公斤塑膠袋裝的金獎券。在此同時，海灘各處散布著沒撐過來的包裹——在著陸時破了洞，被海浪捲出去、扯破又沖上岸，寶貴的內容物不是溶化成發泡的殘渣，就是一點也不剩。

回到陸地，岩礁上散落著那些東西，少年在防波堤、海灘酒吧和沙灘上賣古柯鹼（或許是在家匆忙分裝再由船或四輪驅動車載來的），便宜到一克只要十美元，就像平常兜售便宜紀念毛巾或編髮那樣。令人忍不住注意到，在一排排破屋子、生鏽的皮卡車和木船之間，偶爾停著悍馬，嶄新的吉普車車窗上是有色玻璃，十分突兀；或在一條泥土路底一區窮不喪志的棚屋之間，有一座古怪的洛可可式住宅擴建，還配有游泳池。當地以這種方式送貨給以軍火換毒品的商人，產生了古怪的經濟，而這只是一例。此外還有每次貨物落下，就會產生的一連串微型的貨幣經濟繁榮。

用貨機把大量哥倫比亞產毒品偷運出貝里斯的鄉野，已經不是新鮮事了。這些岩礁和森林樹叢，和往佛羅里達路上的許多沿岸聚落一樣，發生過不少戰爭。二〇〇〇年七月，英國傘兵肯・盧科維克（Ken Lukowiak）的暢銷大作裡描述了他一九八三年在貝里斯英國軍營策畫的一個大麻走私行動，用軍用運輸機偷運大量的大麻到歐洲。行動大獲成功，直到盧科維克被軍方逮到，送入監牢。

然而貝里斯警方似乎倒楣到家了，即使有當地目擊者密告，還是一直以些微之差沒抓到人。幾個月後，二〇〇三年八月，距離墨西哥金塔納羅奧（Quintana Roo）一哩半的藍溪（Blue Creek），執法當局又一次太晚到場，發現另一架棄置的安托諾夫。這次，槍口還在冒煙。那架An-12著陸時，輪子陷入了田野間厚厚的泥巴裡，這群機組員很清楚他們該怎麼做，就像耿直運輸機的機組員在把發電機給美軍之後，把他們破爛的飛機丟在阿富汗生鏽。飛機本身只值一百五十萬美元，無足輕重；但貨物卻不一樣。目擊者看到人們開車到飛機旁，載上機組員和大概十包的古柯鹼，然後朝墨西哥邊界的方向加速駛離，從此不知去向。

然後，突然間，一切都沉寂下來。

不過，儘管這些海岸沒什麼可見的動靜（一個夏天裡兩次送貨都搞砸之後，走私客很可能在保持低調），但全世界似乎受到大量的古柯鹼侵襲。

就在我沿著貝里斯沙灘尋找撕破的包裹時，一間德國實驗室發現，歐元紙鈔上十分之九都能檢驗出微量的古柯鹼。隨著石油與天然氣大漲，俄國可支配所得開始再度上升，俄國自己也開始染上這個問題，然後——說來不可思議——甚至超越美國，成為哥倫比亞上等貨的主要市場。依據美國波哥大（Bogota）的俄國大使所言，二〇〇〇年代初，這一行單單這個市場的一年利潤就超過六億美元，多少是因為一公斤古柯鹼在莫斯科的價錢，是紐約的三倍。

不過這是片段線索。FARC，和一九九二年大動亂之前訓練他們的前蘇聯權貴之間的關係，現在是什麼情形？這些關係如何演變成後蘇聯黑手黨目前的地位？那些古柯鹼和槍枝、飛機、人員和一箱箱彈藥與現金，是怎麼到達該去的地方？沒人看得見全局。這世界似乎忘記自己要找什麼了。真相是，那麼想知道這些零散航班究竟是不是那麼零散的人，並不多。

拉丁美洲的人脈似乎悄悄從國際雷達上消失了，只剩飛機追蹤員的少數小圈圈還在留意。回想起來，或許有些販運者發現變得多安靜之後，應該要有警覺才對，因為不久就會發現，有人非常密切地注意這些熱帶跑道，已經在策畫大動作對付維克托．布特，以及讓軍火換古柯鹼交易得以成真的業者網路。

目前呢，那裡的景色美極了。加勒比海的陽光照耀，收音機緩慢播放，我踩著沙地，朝我的旅館移動，伊拉克和阿富汗迅速惡化的情勢遠在天邊。海灘上有個大大的告示朝著海上，上面寫的是：「有鑑於先前事件與誤傳，在此重申，毒品在全貝里斯皆屬違法。」我走過告示時，想著武器和夜間飛行，以及那些精心包裹的大捆古柯鹼從接頭的船邊嘩啦拋進中美洲海濱水裡，偶爾使當地漁民致富。

第十六章 歡迎來到小明克斯

——非洲，二〇〇三年

米奇的脖子和手腕上現在留著永久的「海灣膚色」。他在二〇〇三年末降落非洲，即使和中亞或巴爾幹半島的蠻荒東方，或是南亞有組織的混亂相比，也截然不同。一九九〇年代末，巴爾幹半島難得安靜下來之前，阿富汗與伊拉克的大案子還沒談成的當下，非洲再度成為賺大錢的可靠地方。

一連串的衝突使得烏干達、剛果民主共和國、索馬利亞和蘇丹大片地區成為毫無法紀但油水頗豐的禁區，而西非諸國例如獅子山、安哥拉和賴比瑞亞仍然動盪。這些衝突也摧毀了非洲大陸大部分的基礎運輸建設，所以阿富汗和伊拉克營運受到關注的時候，米奇也回來了，他邁步穿過月季的豪雨，踩過恩特貝機場不牢靠的柏油路。對無所事事、有帳單得付、有架Il-76可開的駕駛員來說，事情進展得很快。不久之後，前蘇聯的巨無霸就超載貨物，天際再度充斥著它們的轟隆聲。

一隊隊鋌而走險的Il-76機組員從白俄羅斯飛進來，公然打破國際的盧沙卡和議（Lusaka

Accord）——這項和議把安哥拉受到的任何技術支援，都視為軍事支援。《白俄羅斯新聞網》（Belarus News）在二〇〇一年報導：

> 由安哥拉國防部發出的這則邀請，顯然顯示了白俄羅斯的飛行員在那裡會扮演怎樣的角色。在安哥拉總統大選到來之前，國軍迫切需要在首都額外增援。唯從空中，才能把分遣隊迅速送達那裡。駕駛員冒著很大的風險，不過由於家鄉沒工作，他們通常會接下任務。說來奇妙，那十八名駕駛員和技師必須先辭去他們目前的工作，簽下獨立的合約……那些合約是為了通過白俄羅斯外交部的一個特別演練。如果發生某種緊急意外，政府必須負責帶回機組員；如果他們在國外下落不明，則必須負責找到他們。然而，有了私人合約，一切都不同了——徵人那方不用為了可能發生的悲劇事件，負起任何責任。似乎沒人在乎人員傷亡。

空勤人員沒人照應，技師和他們的網路依賴彼此的程度是前所未見。許多時候，他們自己維修，非法取得備用和剩餘零件，透過人脈，藉著看似基礎卻極為複雜的人情系統來支付報酬。即使公司無法支持他們，還是可以一報還一報。

其實，米奇從他西伯利亞和白俄羅斯的家鄉到阿富汗、阿拉伯聯合大公國、非洲以及更遠之地的旅程中，我發現的一切似乎闡明了一切都不是偶然——俄國或沙迦看似最無關事件受到的影響，幾年後也會傳到烏干達。還有什麼能夠解釋，當我們飛機夜間停在荒僻田野間的廢棄跑道時，居然有油罐車不請自來地開到我們飛機旁，給予憑空出現的噴射機數萬美元燃料呢？

事情發生在二〇〇九年的一個晚上。我們站在一個非洲小國中央幾乎漆黑的一座機場——我答應絕不透露該國國名，否則將接受懲罰（包括合法和非法的懲罰）。機身傳出輕微的砰砰聲，機艙中回盪著叮噹響。現在是伸懶腰時間，外面凍得要死。黎明悄悄現身時，藍色霧靄籠罩的遠方出現一對車頭燈——離我們很遠，但聽得到微弱的轟隆引擎聲靠近，然後消散。車子開過一條泥土路，幾哩內沒有別人。米奇把他的咖啡遞給我。咖啡難喝得要命。謝爾蓋站在我後面，手深深鑽進他變形的兩個夾克口袋掏呀掏。

引擎聲再度出現，這次更大聲了。一輛卡車歪歪倒倒地冒出來，發出轟隆嘎吱聲響，顛簸地駛過荒野而來。卡車後面跟著一輛蓋了布的油罐車，車燈濾成黃光，但光束還是亮到我們眼睛一花，把賈柯梅蒂（Giacometti）雕塑般的扭曲長影子投射到飛機和跑道上。車輛停下來，五名白皮膚的男人跳下車，他們身穿一般制服，佩帶輕型步槍，一言不發地開始抽燃油。不到二十碼外，噴油嘴餵進龐大的飛機，燃油灑在地面和機身上。夜間瀰漫著令人飄飄然的氣味，我吸了濃濃幾口，可燃的氣體冷冰冰地湧進鼻腔。

謝爾蓋叼著菸，他已經找著打火機，手不在口袋裡掏弄，正試圖單手撥開打火機蓋、點火，一邊小心不把罐裡的啤酒灑在他的香菸上。我驚恐地遠遠逃進黑暗中，直到我發現沒爆炸。昏暗中傳來大笑，看來我太沒種了。不過停留期間，我還是在外圍徘徊好了。

之後，謝爾蓋皺著眉頭說：「又不會死。」他已經跟我解釋了不知多少次，他以前在燃料旁抽過菸。只要你經驗老到、判斷正確，手邊有啤酒罐可以裝菸屁股和菸灰就行。「大概是你太愛擔心了。」

加油會面是固定之約，只是一個得到免稅汽油的辦法。提供那些汽油之人的職位有權將一部分存貨註銷為溢出、遺失、遭竊或毀損，換來一些好處或保險賠償。這裡的生意就是這麼做的。這些人不論到哪裡，都是一個緊密、有組織的人脈群體。話說回來，他們的蘇聯軍事背景不只使得他們在空中、地上都有看似不可思議的能力，沒想到對他們看似神祕的動向，更有不小的影響力。

「這些傢伙很多來自俄國、烏克蘭、哈薩克和白俄羅斯之類的國家，老戰隊又在運作了。」休．格里菲斯說。「維捷布斯克之類地方的後勤、防空和監控中隊嘛，那是個龐大的空軍市鎮，也是蘇阿戰爭中的大基地。這些人脈保存了下來。比較精明的傢伙（來自GRU、軍事情報局，還有駕駛員）都在阿拉伯聯合大公國建立自己的事業，乾脆招攬、徵募靠近他們的過往同僚。現在有許多他們的聚落——一個是阿拉伯聯合大公國，此外還有南非、赤道幾內亞。他們的時光凍結了，就像這些蘇聯的境外基地一樣。」

那年代中期，許多天賦異稟的俄國、烏克蘭和白俄羅斯空勤人員（時常是一九九〇年代早期到達的第一波飛行員中倖存者）算是定了下來。許多人有家庭，時常重新安置家鄉來的親人。他們過著一般生活，慶幸日子安穩，而且薪資和物價有差距；也有人投入六個月的輪職，或只是飛過來待著，直到接到工作，飛到別處去。有些繼續他們在軍中生活的人，正是被當地人注意到的這些人，對他們小心翼翼——他們在這片大陸上巡迴、抽菸、走私、大笑、鬥毆、盤旋、交易、狂歡、談情說愛。

他們在索馬利亞到安哥拉，南非到獅子山和那之間所有的地方，繼續像熱帶風暴一樣襲捲空軍基地的市鎮，每每在他們降落之處，掀起現金、飲酒作樂、違禁品和混亂的迷你經濟旋風。

人人都有故事可講。有一個被拋棄的男友（女友愛上了天上那些拚命工作拚命玩的叛逆之徒），就有一個像我在烏干達坎帕拉（Kampala）遇到的那個酒吧雇主。他記得那晚，醉醺醺的Il-76機組員起了爭執，開始壓著彼此頭顱撞向他餐廳的配件、盤子、瓶子和家具，把餐廳搗得稀爛，警方到的時候，機組員意識到可笑的一面，爽快地掏錢——酒吧雇主從沒見過那麼多現金，「賠償損失，再多點補貼，感謝你讓我們過了很棒的一晚。」

這些偏遠貨運市鎮的頭條充滿飛行員相關事件，就像二〇〇九年一場任務之後，當地小報記者表示有人在雲雨巫山時心臟病發，還有奈及利亞的假威而剛火上加油。全球包機公司查普曼・弗里伯恩（Chapman Freeborn）的非洲經理伊恩・克拉克（Iain Clark）記得幾年前那時「有個前蘇聯的共和國居然禁止自己貨機機員直接從坦尚尼亞的木宛札（Mwanza）飛回去」。製片雨貝・梭裴（Hubert Sauper）曾經目睹俄國空勤人員惡名昭彰的「派對」中繼站，充斥著滿足貨機機組員的妓女，而共和國（克拉克只願意說在中亞地區）阻止返鄉的直接飛行路線，以防止HIV和AIDS病例隨著Il-76飛進來。

在這些放蕩形骸的生活方式之外，有個面向比較少受到報導——對一個「移居」的當地家庭做出感人的慷慨之舉，或建立一輩子的生意合夥關係。二〇〇九年，恩特貝警方接獲報案，雙方難看地高聲爭執「她仍是妓女，還是已經成為了駕駛員的未婚妻」的隔天早晨，一名當地女子被人從一名空勤人員的出租公寓裡趕出來。即使有這樣的事件，卻也有真誠的愛情故事，還有遠離這一行的未來——當然得先再幹一票大的。俄非混血的孩子時有所聞，而在非洲，可以看到妻子（不論正式或非正式婚姻）揮手送別機組員登上另一航班，飛向世上的另一個地方。有時候，他們回來時也揮著手。

那些傢伙很受歡迎。從安哥拉到肯亞，每次這些弟兄回到城裡，就會滿口袋現金，盛裝打扮，去找老朋友、新朋友，用美好時光和冰涼的美酒來排遣人生。

他們在租來的公司宿舍擠得水洩不通，睡在飛機上和淡季的旅館房間。「小俄國」是個時髦的恩特貝郊區小鎮，就在附近人稱「病毒」（Virus）的湖畔山坡上——取這名字一方面是因為那裡有一間研究中心，另一方面是因為性醜聞很快就讓那裡的機組員共用小屋變得家喻戶曉。

外籍人士的網路廣闊，經久不衰。謝爾蓋．伊凡諾夫說：「我在非洲有不少（飛行員）朋友。」伊凡諾夫是技師，衝突下四分五裂、無法無天的一九九〇年代末、二〇〇〇年代初，他在在安哥拉的一座基地「伏爾加」工作（Volga，取自伏爾加河）。另一隊機組員墜落身亡之後，一家俄國報紙在那裡找到了他。「那裡真的有大批大批的蘇聯飛機。我曾經在安哥拉的一座機場數到三十架An-12，還有更多的Il-76、An-72和其他飛機。」

伊凡諾夫說：「（我雇主）有一個遠大的計畫，想在非洲建立一個機隊，據點設在納米比亞，到處都有技術基地，而且受到俄國當局官方授權。他們買進設備，梯子、起重機什麼的，採購了零件，從葉卡捷琳堡和基洛夫（Kirov）請來專家。都是為了服務安哥拉的飛機。」

從伊拉克到烏干達，這些地點荒誕的斯拉夫語社區和其他數十個類似社區，成為許多技師、駕駛員和機組員的家園，他們一起住、一同工作，公司都取了懷舊的俄式名字，像是伏爾加—大西洋，或是卓伊卡聯通（Troika-link）。來到任何空軍基地的大門，或那周圍形成的倉庫、商店和房屋網路，除了接近中的耿直運輸機引擎聲，也很可能聽到組合屋薄薄的牆裡，震耳欲聾地透出俄國或烏克蘭聯盟的足球賽播報聲。

這些人把他們的單位、技術、設備，甚至文化，移植到撒哈拉以南的非洲、阿拉伯、南亞和遠東地區，就像康拉德的《黑暗之心》（*Heart of Darkness*）小說中的英國人在叢林空地裡盛裝晚餐，坐到桃花心木桌旁。

雖然謝爾蓋．伊凡諾夫急著澄清他那些雇主（其中一位是耶夫根尼．札克洛夫）拒絕接受可疑的貨物，甚至軍人，但不是所有雇主都那麼挑剔。

伊凡諾夫向找到他的俄國記者說：「有時候，你一個月會看到六架前蘇聯飛機掉下來。墜機的通常是烏克蘭機組員。他們其實是被打下來的。我們都叫他們 *bezpredelschik*——『沒法紀的傢伙』。天曉得他們為什麼要載那些東西。」

「安哥拉完全獨立國家聯盟的民兵以前想飛的時候，也會對我們施壓。」伊凡諾夫繼續說。「他們對我們瞭若指掌，但我們絕對不載軍方，也從來不載武器。他們甚至用手槍威脅我們，想逼我們讓某個將軍坐上飛機，結果我們會假裝我們『弄壞』我們的飛機！差別便是，我們只在安哥拉上空失去過一架飛機。」

那些無法無天、從前伊凡諾夫看著安哥拉各地起火墜落的該死烏克蘭人，是米奇的阿富汗戰爭老兵同袍——他們身經戰役，冷靜沉著。他們沿襲了《飛離航道》中那些小夥子那種白翼魔鬼的衣缽，人生的信條是「不論時間地點貨物，專業至上」。他們也是精銳的空中健兒，就像哈薩克總統以前對他私人空勤人員的評語，「可以在洞穴中頭下腳上地著陸」。他們出現，不受拘束地迅速作業，收錢載你要運送的任何東西，而且經歷過阿富汗的地獄之後，他們覺得自己永生不死。

不過在撒哈拉這裡，非洲的森林和山巒陷入數十場不同的戰爭，載運軍火、不同交戰團體人員得到的豐厚酬勞，使他們成了目標。報酬很可能很高，但代價也大。這些伊卡若斯在安哥拉的盧安達（Luanda）到剛果的金夏沙之間起火燃燒，數十架飛機敗於米奇的宿敵——噩運、糟糕的時機和天候、疲勞和「命運」，遭到擊落，炸毀或被殺。

但更多來自西伯利亞、烏克蘭和白俄羅斯之類地方的機組員湧入熱帶混亂地區，成為新環境的犧牲者。

一名資深貨機駕駛說：「我知道有架An-26的機組員在一場任務中全軍覆沒，因為大部分的機組員都得了瘧疾。這群機組員一起住在飛機上，一同吃飯，做什麼事都擠在一起，在他們的小空間裡，瘧疾就這麼襲捲了他們。好幾個人因為不了解瘧疾，沒及時接受治療而死。死了超過百分之五十的機組員。」

他說，即使那樣，也無法阻止那架飛機「隔天」就去飛下一個任務。然後他補充了一句話，我聽得心驚膽顫（這話很像維克托．布特受到的惡毒警告——如果他太多話，某個人會在他身上「那地方開個紅色窟窿」）：「某些勢力會讓其他人去飛那架飛機，於是飛機又飛了。」

＊＊＊

不論駕駛員和他們的機組員飛去哪裡，都會產生斯拉夫流亡者、阿富汗戰爭老兵、技師、訓練員、修理員、進出口商、包機的傢伙、中間人等一整個小型產業。蘇聯空軍和陸軍縮減了，因此情報機構和祕密警察也沒逃過縮編。

突然間，這些「灰人」出現了——前國安會探員，手機裡存滿電話號碼和賺大錢的消息，還有滿腦子對於當地叛軍和鑽石礦的疑問；沒資歷的富商和人脈豐富的流亡者、情報單位的含糊帶過，讓異國殖民地前哨成為他們經常出沒的地點。這根本就像出自格雷安・葛林（Graham Greene）短篇小說裡的情節。對一些在公司底下的駕駛員來說，他們代表著分食大餅、進入這一行的機會。

他們在這片大陸各地的泥土地酒吧和臨時辦公室裡說：「想想看，有你的錢和人脈，加上我的飛行能力，我們可以發大財。」

現金端出來，飛機註冊，他們就這麼辦了。不過錢是從哪來的？動用了哪些關係？沒人猜得到。知道的人不會透露，而面對天上掉下來的禮物，飛行員不會不知好歹。

非洲也是維克托・布特經常涉足之地。他在剛果民主共和國買下一小間航空公司，霍加狓航空，重新命名為奧德薩。米寧是奧德薩當地人，當時正和賴比瑞亞的查爾斯・泰勒一起接見訪客，運送槍枝和其他商品，讓他的機組員住進蒙羅維亞惡名昭彰的非洲旅館（Hotel Africa）。當時，非洲旅館是合法和 *na levo*（「檯面下」之意）商人最愛的一站。謠傳其中有個商人會把賴比瑞亞當成巴基斯坦走私大麻脂到荷蘭的中途站。

當時確實是盛世。現在，他們已經不在了，天空由其他人經營——有好有壞，不過會讓自己被逮的事已經沒人做了。

馬克・伽略提笑著說：「從塔吉克到安哥拉，什麼樣的人都有。其中不少人曾是情報人員。」伽略提曾經為英國外交部（British Foreign Office）工作，因此有段時間成為獨立國協（Commonwealth of Independent States，CIS，即從前的蘇維埃共和國）不受歡迎人物，一九九〇年代，情報系統大幅萎縮。「普丁執政之下，有不少死灰復燃，不過這時很多人已經切斷了他們的人脈，說實在，在外面賺的錢多得多，所以在很多地方，有當地的前軍事情報人員居民，所謂一國的政要，他們和當地人結婚，定下來。現在俄國人想做任何生意，都要找他們安排。」

結果形成有著領事團隊、商人和外籍人士的網路（許多是冷戰政治退潮而遺留下來的，有些則前往舊勢力範圍的邊界找工作），以至於不論你在這世界的何處，不論你、你的機組員和龐然的伊留中飛機需要什麼，你離米奇朋友的朋友都不會太遙遠。

而區隔俄國與烏克蘭商業駕駛員和傭兵活動的「灰色地帶」，最灰的莫過於這些豔陽下疾病橫行的境外基地。

就連米奇過去的空軍指揮官都知道這些動作。當米奇離開軍隊投入這行時，他從前的同袍也很熱切地推銷自己的服務。二〇〇〇年代初，武裝、補給、運輸給東非的生意確實欣欣向榮，人員和軍事裝備再度大受歡迎——這次是在檯面上進行。這些俄國國營的企業和世上其他地方（從美國、西歐到中國）的軍火出口商一樣，發現自己也在和一些顯然很黑暗的政權打交道。

出售攻擊直升機和米格戰機給蘇丹這種名聲不佳的政權，很可能落入金戈威德民兵「馬背惡魔」部隊的手裡，讓俄國落入國際和平觀察員的炮火下；但若半官方地交給世上最動盪紛擾地區的「地面」軍事單位，則會得到滿意的效果。由於非洲、亞洲和近東地區太多空軍備有自己的飛機，俄國突然發現他們可以提供維護、修理、監督使用的人員，並且訓練該國自己的空勤人員（像蘇丹國家的空軍駕駛員，遴選的主要依據是他們對政權的忠誠度而不是技術，因此以無能聞名，實在悲慘可笑）。

耶夫根尼．札克洛夫說：「重點不是俄國駕駛員取代美國駕駛員，原因和俄國飛機比較有關。安托諾夫和伊留申比較適合非洲。這些俄國飛機——伊留申和安托諾夫取代了美國飛機，這才是原因，所以駕駛員的需求才那麼高。安托諾夫駕駛員非常、非常短缺。告訴你吧，這些俄國駕駛員真的炙手可熱，因為找到地方訓練人開波音很簡單，但沒地方訓練人開An-12。」

如果只有特定的硬體能達成任務，人就會跟著硬體跑。耿直運輸機擁有二十顆巨大的輪子，非常適合凹凸不平的跑道，An-12任何地方都能降落。在地廣人稀的第三世界國家，這些飛機可以飛到正式的適航性不再，直到逐漸開始支離破碎（甚至有時在那之後還能繼續）。結果在第三世界國家蔓延的飛行基地、建築群和社群，實則屬於俄國、烏克蘭和白俄羅斯，一如往昔，這行業透過受訓的空軍、教官、軍事情報部門和技師，到處開枝散葉。只不過這次有別人付錢，國庫、軍隊或家鄉的人都沒花半毛蘇聯戈比。

任何國家支持的軍火走私行動都掩人耳目，不過驚鴻一瞥他們的運作，會發現指導另一國的駕駛員（合乎國際法）、維護他們的飛機（也合法），和以傭兵部隊為他們的空軍而戰（非常違法）之間的界線有多麼模糊。

二〇〇八年五月，一名俄國戰機駕駛員據報在蘇丹「陣亡」。蘇丹這個國家雖然有和俄國通商，但俄軍並沒有涉入，更不用說是**軍事行動**了。蘇丹和俄國當局最初都否認發生過那樣的事，接著，他們下令立即封鎖媒體（這步驟現在耳熟能詳，不過我最早是在貝爾格勒機場熔化的瀝青跑道上見識到）——蘇丹政府軍突襲搜索了報導事件的當地電臺，將其關閉；俄國的國家媒體則刪改了這則新聞。

不過照片已透過網路流出，俄國雖然已經否認「當時蘇丹沒有任何俄國人」，最後聲明駕駛員是喀土木外一座米格戰機基地的一名教官。

不過有個問題。這位「教官」恰巧開著他的米格-29參戰，對抗二百輛戰車的突擊部隊，超過一千二百名重裝的伊斯蘭公義平等運動（Islamic Justice and Equality Movement）反抗組織的兵力從達夫（Darfur）朝首都前進。裝甲縱隊朝總統府前進時，米格現身殺敵，結果遭遇了十二·七公釐和十四·五公釐的機槍掃射。駕駛員彈出時，降落傘開啟失敗，他身為傭兵駕駛員的祕密任務差點和他一同喪身塵土。

而且不只是「除役的儲備」駕駛員和機組員最後落到在撒哈拉以南的烈日下簽定協議，前蘇聯的祕密探員也是。這些前國安會和聯邦安全局人員，在這裡開張大吉，提供他們有權提供的任何服務。確實，即使在今天，南非大部分的祕密警察也都是米奇昔日的同胞。

安德列·索達托夫記得一九九〇年代中期，南非的前國安會人員和尼爾森·曼德拉（Nelson Mandela）剛任命的非洲民族議會（ANC）政府碰面，討論為南非提供現成的祕勤機構，而且不是為從前種族隔離政權效力而訓練有素的祕勤機構。「曼德拉的人要求這名前國安會官員策畫把數千名（前俄國國安會）人員從莫斯科調到南非的事宜。事情就是這樣。話說負責籌畫的前國安會傢伙過得很愜意，已經回到莫斯科了。他兒子還在那邊處理。」

一九九八年一個三月天，維克托・布特位於約翰尼斯堡的三百萬美元豪宅，在光天化日下遭到明顯全副武裝、戴面罩的準軍事組織突襲者非法入侵，意圖謀殺。不可思議的是，這場犯罪膽大包天，但這些人從來不曾遭到指認或逮捕。布特的豪宅位在排外的桑赫斯特區，設防太過嚴密，被當地人誤認為是重要嫌犯的拘留所——五公尺高的圍牆上設有高壓電鐵絲網，四周有重裝保全人員和攻擊犬二十四小時巡邏。照理講，這棟房子本身（加上兩座游泳池、噴泉、熱帶庭園和獨立的客房）應該堅不可摧，而且讓布特過著舒適的生活才對。然而一個三月的午後，布特的年老俄國女傭在廚房切水果的時候，戴面罩的準軍事組織式突襲者破門而入，打昏女傭，毆打她兒子，在屋裡大肆搜刮，帶走六百萬美元的現金，卻把其他所有貴重物品（包括畫作和古董）留在原地。

據理查・施沙克里說，這是第一次「警告」。施沙克里說，那事件傳達了很明確的訊息：「你很脆弱。滾出去。」幾天後，一名摩托車槍手把布特的汽車打成了蜂窩，一名親信又在街上遭人毆打，布特終於明白暗示。就像國安會／聯邦安全局「面罩突襲者」突擊搜索東翼公司的事件（後來一個祕密會社聲稱參與其中），南非祕密警察參與突襲布特的謠言甚囂塵上。

這多少是因為，當時前蘇聯祕勤人員，尤其來自ＧＲＵ這個老牌海外反情報網路的人暗中影響已經無所不在，而非洲是特別受歡迎的地方。

馬克・伽略提證實：「最終還是出國的傢伙，通常是聰明的，或身懷技術的人。直到戈巴契夫時代晚期，他們通常也是在共產黨和其他一切事情上循規蹈矩的人。不是因為他們真的**相信**，而是他們想要那份輕鬆的工作。我聊過的那些國安會探員說『我為什麼加入國安會？當然是為了輕鬆！加入黨，我才有辦法住到國外！』所以這下子這些絕頂聰明又缺乏道德感的人還在那邊，靠著同樣的技術和知識基礎掙錢。」

他們主要是替合法的那方工作，那些商人從前的網路對人脈和供應商很有用。米奇說，這些人會知道他替哪間公司在飛，私下認識他，他們知道他使命必達，甚至會指名要他。米奇說，簡直就像屬於一個足球隊。

這確實是緊密團結的社群，就像任何先驅團體。如果失去了一名機組員，雖然這是常有的事，那麼人人都認識至少一人與災難緊密相連，所以我不禁懷疑，他們怎麼能那麼宿命論？為什麼即使那麼切身的事——同一款飛機、同一座機場、同一個客戶，甚至是朋友——像米奇這樣的人也能接受生意中的酬勞連帶著那麼多不清不楚的事？

所以我下定決心要查明真相。這表示我得更深入探索這個日漸稀有的異國空中族類的心思，還有他們殘存的境外基地社群。

第十七章 俄羅斯的雨

——剛果，二〇〇五至二〇〇九年

二〇一〇年，在東非一個異常黑暗寒冷的仲夏，我追著米奇的機組員、朋友和人脈跑，搭上零散航班，趕上謝爾蓋的酒量。我撐過一次發燒，還胖了，最慘的是，我的幽閉恐懼症愈來愈嚴重，我從來不懂米奇那些人怎麼沒把彼此大卸八塊。我的毛孔呼出的尼羅河啤酒酒氣太濃，連蚊子看到我都敬而遠之。米奇告訴我，這種人生就是會讓你這樣——我從來沒問清楚，他說「人生讓你這樣」是什麼意思；而且他在人生前面加上定冠詞，因為俄國人沒這樣的文法，他們覺得講英文的人都是這樣說。也許他是指**這種人生**——混幫派時的那種生活方式。

我們在非洲是一群形形色色的時髦名流——人數永遠在變動，斯拉夫人有的高大、有的瘦長、有的單薄、有的胖，有人曬得發黑、有人皮膚白，有老有少，盛裝打扮，後面跟著一個格格不入的邋遢小英國佬。在這裡，身為會掏出美金的 *mzungu*（白種人），又是空勤人員，完全是目標顧客。當地的經濟就像港口市鎮裡水手出沒的場所，從餐廳、酒吧、刺青店，到旅館轉型的妓院和賭場，都準備接待這些機組員和他們的美金了。哈珊（Hassan）是辛巴賭場（Simba Casino）的雇主，高大俗豔。辛巴賭場位在坎帕拉中部一座大型商場一樓的正中央，開始僱用哈薩克女孩跳舞。「我們上次有舞者的時候，有很多蘇聯的老空勤人員在。」他說。另一名駕駛員說，一名烏克蘭空勤人員才剛和一個那樣的舞者，有一段旋風似的戀情。「下個月這時候，他們就會有自己的貨運航空公司了。」他笑道。「猜猜他會找誰做業務。」

然後我和米奇就分道揚鑣。多少是因為他們要飛去我得再辦簽證的地方，不能只在移民署那裡交出公定的五十元鈔票了事，但主要是因為我受夠了。我花了兩天來醒酒，在烏干達各地追線索，然後，一個下午，我去一個叫坎帕拉賭場（Kampala Casino）的地方，約了某個沒在當班的摩爾多瓦人見面，結果他沒露臉，我倒是有機會和賭場經理彼得聊了聊。彼得確認了我不是想坑他的緝私員騙子後，就叫來一個修長美腿的女服務生，替我倒了杯冰涼的招牌調酒，本店招待，然後塞給我某人的電話號碼，說如果我還不認識她（彼得顯然不相信）的話，該跟她談談。

彼得說，這個聯絡人會讓我更深入了解前蘇聯飛行員離鄉背景在非洲的奇妙社群。我只看過米奇無根的飄蕩，所以這**派得上用場**。彼得說，那女人幾乎是那個社群在東非的社會組織者，以擅長處理在這裡陷入麻煩的飛行員聞名。我說她聽起來像是有駕駛員執照的斯拉夫版蘿拉（Lara Croft，遊戲及電影《古墓奇兵》女主角），然後哈哈大笑。但彼得沒笑出聲，他只面帶微笑地點點頭，「打電話給她。她誰都認識。」說完就離開，招呼別人去了。

我就是這樣遇見叢林裡的飛行女王，卡緹亞。

卡緹亞・斯捷潘諾娃（Katya Stepanova）本人是飛行員，和她聊幾分鐘之後，就會明白她不只是熟Il-76。她熟悉的飛機，可能比設計師知道自己建造過的還要更多。近年，卡緹亞經營她設於坎帕拉的旅遊公司十分成功，用輕型飛機在烏干達的山丘、城市和叢林裡接待遊客、顯貴和商人去遊獵、自然步道之旅、健行、觀光、會議和追求刺激。

不過那只是她故事的其中一部分。前蘇聯一整世代老實、辛勤工作的機組員淪落到非洲，不像米奇，他們決定留下來，設法落地生根，為他們家人開創新生活。對他們來說，卡緹亞是介於社交中心和先知之間的人物，她身為圈內人，因此對於許多身為阿富汗戰爭老兵的粗野少年族面臨的壓力、危險和誘惑，有著獨到見解。

卡緹亞一頭長長的紅髮，愛笑，有著驃悍女郎的過去和男孩幫的機智，不難想見她如何成為一整個社會團體，以及為前蘇聯飛行員孤立無援、在黑暗遼闊無雷達的撒哈拉以南非洲來回疾駛所打造的支持網路核心。卡緹亞三十出頭，是俄國Il-76駕駛員之女。像她父親這種辛勤老實、技術老練的前空軍在家鄉愈來愈沒機會的時候，他們便從莫斯科附近的基地搬到剛果。她在父親的耿直運輸機周圍和內部長大，和父親一起出任務，飛越非洲和更遠的地方。

「現在他們沒那麼年輕了，」她說，「不過當初我們到這裡的時候，最年輕的駕駛員不過

三十四、五歲。」她記得一九九〇那一世代新抵達的叢林飛行員，他們因為共同經驗和彼此的尊敬而緊密連結。

她說，這是在「聯合國開始控制這一切」之前的事。當時在許多受過砲擊、沒有馬路的地區，駕駛員和他的 Il-76 是最接近地方客運的東西，而且軍隊、部長、平民和木箱會在飛機上搶位置。「剛開始，這裡的所有機組員都很好，人人互相幫助。」她承認她現在很懷念那些比較單純的日子。但即使在當時，他們也發現自己成了代罪羔羊，遭到詐欺，甚至更糟。「不過一向有風險。那時候機組員老是在剛果被逮捕——他們逮捕機組員，而不是航空公司的雇主。我記得我認識的一群機組員被捕了，必須立刻消失。俄國大使問我知不知道他們的下落，我不知道。」

我才提出我和米奇與其他人的關係，卡緹亞生活在非洲第一波前蘇聯機組員浪潮中的記憶就一湧而出。曾經，她和機組員必須處理安非他命的問題，以及當每次有兒童士兵降落在一些比較野蠻的剛果叛軍軍閥控制的叢林跑道，就要替他們加油。她說：「你不會希望發生任何事情，因為他們才十歲。可是話說回來，給十歲小孩拿槍，任何事都可能發生。這些娃娃兵完全被搞糊塗了，他們根本什麼都不懂，他們其實是害怕的小孩子，努力逞凶鬥狠。」這提醒了我們，所有走海路、空路和陸路進非洲的槍枝，最後都會落入有血有肉、真真實實的手中，造成真正的痛苦、傷及性命。

卡緹亞有個女性朋友是東歐機組員的女兒，有一次纏著一隊機組員帶她出任務，飛過叛軍控制的剛果民主共和國領土。她如願以償，結果一半的旅程都驚恐地趴在機上，而剛果高原的叛軍毫無預警地用機槍掃射招呼他們，子彈射穿玻璃，穿透駕駛艙，以幾吋之差掠過她，打破飛機頂，穿了出去。卡緹亞聳聳肩說，她平安回來了。嚴格來說，「他們大概不該帶她去。我的經驗不一樣，機組員從來沒帶我出軍事任務，只有商業航程。他們照顧我，確保我安全，我其實不害怕。（身為青少年）比較像是，我今天沒事做，所以我就去飛。很有趣。大夥們絕不會讓我發生任何事。說真的，他們都很照顧我，我那時和他們一起出任務。他們是我的家人。」

外籍人士對於語言、文化和共同利益的連結十分強烈，因此前蘇聯飛行員「家族」包括非洲幾乎所有破舊的蘇聯貨機業成員。「當時他們都從烏克蘭過來。我想大部分的人我都遇過。」她也認識俄國航空大亨耶夫根尼．札克洛夫，卡緹亞說，他不只是那地方少數真正家喻戶曉的後蘇聯權貴，也是少數「不是滿口屁話」的人——這可是最高級的讚美。

我把握機會，我很想聽到其他外籍「家族」，對這些貨運業比較可疑的一面（像米奇和他機組員這樣的人）有什麼看法。我向她問起維克托．布特，只因為他那天上了新聞。她估量著我的問題，然後朝夜空吐出像有噴射動力的一綹菸。「他那時做的事，人人都知道。都是政治問題。」

傷亡也波及了她的延伸家族。「幾個月前，一架Il-76墜落到這邊的湖裡，機組員全數罹難。我認識他們。」湖中墜機當時，社群已經在為前一個月離去的成員哀悼了。二〇〇九年二月，一架An-12從剛果基桑加尼飛往烏克蘭，加油點設在恩特貝和路克索，結果在路克索起飛時墜毀，在距離跑道半公里處起火下墜，機上五名人員全數喪生——二個烏克蘭公民，二個白俄羅斯人和一個俄國人。

「從二〇〇二年在南非開始，那位駕駛就是我們朋友。」卡緹亞說，「他叫尤里．馬特文科（Yuri Matveenko），好人一個，而且是超厲害的駕駛員。不知道他在想什麼，那架飛機根本是垃圾，狀況糟透了。駕駛卻是數一數二的知名駕駛。他在恩特貝暫停的時候，會跟我爸待在一起。他知道飛機的狀況，那他幹麼要駕駛？很可能覺得雖然他的飛機是垃圾，但他可以剛好撐過最後一段回家的路。」她聳聳肩。「唉，他只撐到回家的半途。」

埃及民航局局長阿哈邁德．夏費克（Ahmed Shafiq）事發後幾乎立即在當地電視臺接受訪問。按照夏費克的說法，那架An-12之所以墜機，可能是因為飛機裝載量有誤，或駕駛員失誤。然而依據後續的失事報告，那架飛機其實是不適航，就連路克索機場的地勤技師也曾因為燃油外洩，警告機組員不要起飛。但這並不是不知為何的判斷錯誤，不是幻覺麻痺，卡緹亞說，老樣子，兇手還是錢——這答案和這一行幾乎所有相關人士的說法如出一轍。金錢鼓勵了那樣的風險，鼓勵了超載，引誘機組員瞞著後臺雇主，載運藏起的付現貨物。

「報酬不差，」她說，「但如果你在賺錢，就會想賺更多錢。你會想，『好吧，如果我能賺更多錢，有何不可？』你也不曉得你的人脈能維持多久。問題就在這。你不知道你賺錢還能賺多久，有天可能**一點**也不賺了，所以你會想辦法盡可能賺錢。」

接下來的日子裡，俄國飛行員的論壇仍然令人感動。飛行外籍軍團同僚和從前的同袍致哀、自願幫忙的訊息，目擊者描述事發情形，飛行員驚嘆虛擲性命、尋求解答，還有世界各地悲痛的至親，再再提醒了我們，他們不只是駕駛員和裝載長，而是有血有肉的人。一則訊息寫道：「我的半顆心跟爸爸一起在那架飛機上燒毀了。」

另一則提起多年前她為了克服失去父親的衝擊，必須去看心理治療的事；其他陣亡飛行外籍軍團的遺孀、兄弟和孩子也加入致哀；約翰尼斯堡的俄國東正教教堂在哀悼的第四十天舉辦了追思會。處處可見的訊息結尾都是「機組員，準備著陸」。

這提醒了我們，某方面來說，卡緹亞並不特別。從阿富汗到安哥拉以及俄國家鄉，有數以百計的機組員女兒撐起這樣的社群，焦急地等著她們從未見過的城市傳來消息。

然而難能可貴的是，卡緹亞年少時的女性飛行員經驗，加上她在機組員、航空產業和東非當地的人脈，使她成為老手和從家鄉初到非洲的新手之間的關鍵角色。不久之前，她手機才接到她不認識的號碼來電──有兩名俄國駕駛員在東剛果出任務，其中一人打給她。他們顯然得到她的資料，聽說她能幫他們渡過任何危機，而他正身陷其中。他告訴她，他和他同袍得了重病，注意到他們的皮膚變黃，聽說她認識一些人，而他的英文破得可以，她能幫忙嗎？

「結果是肝炎。」卡緹亞講道：「我們把他們弄出叢林，帶去坎帕拉，讓英國醫生看他們。別問我他們是怎麼弄到我的電話。」

她說，她來這裡的時候，可以非常迅速地認識人們。男人動不動就消失幾星期，妻女和女友想出來跟著她，她們「有大把的時間，不認識彼此，而男人一直都不在，所以最後她們形成頗大的社群，彼此互相幫助」。現在，她也是初來乍到者尋求各種知識的對象。「我有很多新人，知道嗎，駕駛員問我跑道的事，幸好我一般都能回答他們，『那條跑道通常要注意左手邊的坑洞』，或是『他們把跑道底炸得稀爛，所以要快點煞住』。」

我考考她，單純好玩。我跟她說，我覺得南蘇丹的倫拜克（Rumbek）機場應該比較好，因為那裡是非洲南部最大國的最大城市。「噢！太慘了。」她回，「那裡幾乎什麼都沒有，都只有泥土和灌木。」她說得一點也沒錯。

她回憶起一九九〇年代她芳年二十的日子，當時的天空仍飛滿俄國製的金屬大鳥，你可以像搭客運一樣，搭伊留申或安托諾夫飛機。接著她記起她趴著俯看軍閥占據的剛果叢林在下方咻咻掠過，宛如一片綠與褐的無盡電影萬花筒，她說她很慶幸自己那麼幸運。只不過，那樣的刺激就像其他一切，有點枯涸了。事情變得比較有秩序，規定日趨嚴格。現在聯合國來了，所有的貨運企業都歸他們管，一切都要透過一座軍事基地裡的聯合國。

明確有種前蘇聯空軍舊網路的感覺。處處都有這種感覺。每個星期都有消息傳到恩特貝，報告某處的另一個航空局又禁了哪一型的安托諾夫飛機，或另一家公司、另一整國的註冊。目前在剛果註冊的航空公司中，想不出哪一家飛到歐洲任何地方，不會惹到天曉得什麼勢力。他們致力於阻止你和你黏聚在一塊的搖搖欲墜吵雜金屬，接近可愛而昂貴的建築、道路和人民。

而且有史以來，這裡也第一次有了競爭。南非人節節逼進。「除了他們，沒人能做到你那些前蘇阿戰爭老兵能做到的事。」她笑道。「那些駕駛員跟他們一樣瘋狂。」

卡緹亞把突然開始的競爭，和久遠的一九九〇年代她父親來這裡時，機組員和他們老戰友之間的邊疆氛圍相比。卡緹亞說，來烏干達之前，她的家庭居無定所，她的貨機駕駛父親接到什麼工作，他們就搬去哪裡。她待過賽普勒斯和其他地方。一九九〇年代中期到晚期，俄國在許多流亡者眼裡仍然沒有前途；而非洲這裡，商業正開始蓬勃發展，有很多貨物要運輸，有很多錢可賺。雖然有些駕駛員像卡緹亞父親那樣奉公守法，光明正大，但東非就像所有蠻荒的邊疆，會吸引像米奇和弟兄們那些準備好更進一步的人。

當時就像一九九〇年代，當地人口中「俄羅斯的雨」不斷落在叛軍控制下資源富饒的剛果，另一架登記為載運救援設備的安托諾夫，就這麼在叛軍環伺的基桑加尼從空中墜落（應該是被射下來）。

赫密士（Hermes）這家小型俄資航空是剛果軍方的承包商，二〇〇三年五月，赫密士旗下一架 Il-76 起飛四十五分鐘後，飛過金夏沙上空一萬呎的高空時，巨大貨艙門神祕地開啟了。當時機上載滿了士兵和他們的家眷。飛機減壓而失去平衡，飽受摧殘，大約一百二十人被捲向死亡。這起事件至今沒有任何解釋。駕駛員終於讓飛機平安降落之後，黑衣人那樣的人士立刻找上倖存機組員，機組員卻遭到俄國當局扣留在金夏沙大飯店，奉命不可討論該事件。

總之，這當中顯然有些非常見不得人的事。那年十月，一架An-28在距離卡米納跑道不過八百公尺的地方墜落，剛果軍立刻包圍失事現場，拒絕任何聯合國軍事觀察員進入，或目睹清理過程，造成了緊張對峙。

二〇〇五年一月，一架法國非政府組織的貨機在康哥羅（Kongolo）外墜毀，機上十名人員全數受傷，其中七人未在名單上——該航班未經核准載運人員。後來發現，那架飛機之前曾經兩度因為觸法而遭禁飛，但兩次懲處都被立刻撤銷，繼續進行人道任務。

二〇〇五年十月，一架An-12迫降在泥土跑道上，震得渦輪砸進機艙，機上一百名乘客在驚慌中奪門而出，盲目亂竄，有些人就這麼跑向轉動中的渦輪螺旋槳。結果兩名乘客（從基桑加尼前往本尼亞的兩名剛果軍士兵）被打得稀爛。（看到前兩人變成了人肉果昔，接下來三人的肢體飛向四面八方，其餘的人顯然稍微慢下了腳步。之後的撤退過程就比較井然有序了。這可能是客機安全演練的好主意。）

幾星期後，一架An-12無緣無故在空中爆炸；接著在二〇〇六年一月，又一架在地上「就這麼四分五裂」，從航空登記中註銷，拖去當廢料。然而，幾個月後，又有人看到那架飛機起死回生，飛在天上，若無其事地重新上漆，換了新的吉爾吉斯註冊編號。

一隊俄國機組員降落貨機，結果著陸時兩側機翼居然脫落。一側機翼在二〇〇六年七月飛到戈馬市外的山丘，幾天後，另一側機翼在濃霧中撞上布卡武（Bukavu）一座山的山壁。

還有別人的安托諾夫煞車失靈，撞到停在跑道上的一架七二七；二〇〇七年五月，烏克蘭機組員的一架Il-76在剛果的黑角（Pointe Noire）「就這麼爆炸了」。當年九月，同一地點的同一條跑道上，一架An-12也爆炸了；二〇〇七年八月二十六日，一架An-32B載著九公噸剛開採的錫礦（氧化錫），引擎發生問題，結果撞上叢林的高大樹木而墜毀；二〇〇七年九月七日，一架破爛不堪的An-12載著棕櫚油迫降於戈馬火山噴發區，起火燃燒，兩名喬治亞人、兩名烏克蘭人和一名剛果人機組員身亡。還有另一架在飛越盧安達邊界的叢林時遭到擊落。

高潮發生在十月四日。那是個人人都在談論的事件。一架一九七九年製的古董，由烏克蘭人駕駛的An-26從金夏沙的內德吉（N'djili）機場起飛不久隨即墜機，燒成一團火球，在早晨十點半高速撞上一個人滿為患的市集廣場，旋轉中的渦輪輪旋槳把經過的一切打得稀巴爛。乘客和機組員死亡人數是十九到二十二人，此外地上還有二十八至三十七名旁觀者還真的被犁過去了。不久之後，就有報導流傳一名剛果乘客從最初的衝擊中活了下來，卻被憤怒的當地人從殘骸中拖出去打死——當然沒等失事報告查明墜機是否有人為疏失。其實等待失事報告也沒什麼意義，有人說，「黑盒子」飛行紀錄器若不是和其他東西一樣被人從殘骸打劫走了，就是飛行前已經拆下。

我撰寫這一章的時候，傳來一則新聞：一架An-24（北約組織的代號「可樂」）即將在剛果布拉薩市降落時，不明所以地俯衝墜落在恩甘加．尼格羅（Nganga Lingolo）墓園，機上五名烏克蘭機組員和一名剛果乘客全數罹難。我不是陰謀論者，不過聽起來怎麼都像一趟噩運之旅。

遠離剛果、遠離大力膠帶固定的飛機確實比較好，但也沒好多少。因為雖然東非和中非有不少有利條件，在健康和安全上卻沒有領先世界，所以大家不問為什麼發生這些事、不設法保護通常遭遇這些（通常發生在高海拔）事情的可憐普通人——例如去對付想把粉塵彈藏在一架民航機上託運的人——而是開始針對信差。

這裡概略翻譯米奇的說法：「總是老樣子，只是護照不同。」米奇說，一九八〇年代從阿富汗戰爭回來也一樣。那場贏不了的戰爭是烈日灼身、處處詭雷的游擊戰地獄，蘇聯大兵就像美國的越南老兵，從戰場回來，卻發現他們成了代罪羔羊。米奇回憶道：「像是『反正我們不知道你們在那裡做什麼』，還有『聽說你做了些壞事，加上你又沒打贏，一切都是一大錯誤，所以我們什麼也不會給你』。」二十年後的今天，米奇仍帶著該隱的印記——離鄉背景，遭到遣散，每個新環境都用日復一日、點點滴滴的不斷妥協來測試他，而他設法掙扎渡過，勉強求生。但即使在這裡，「傭兵飛行員」（當地人簡稱「傭飛」）也成為時髦用語，愛用這詞的狂熱政客想讓人看到他們在清理門戶，非洲民族主義者則相信只要除掉惹麻煩的白種人，這片大陸就會沒事了。傭飛是人見人愛的代罪羔羊。

而在紐約、斯德哥爾摩、倫敦和比利時的奧斯坦德，政府和軍火觀察員為了「骯髒的航空」、「骯髒的飛機」和「販運者」大發雷霆。

不過有些強而有力的聲音開始發聲了，其中包括前世界銀行的主席。摩伊希斯・奈姆嘆道，「注意我們的敘事中，罪犯和偏差者總是供應商，從來就不是消費者。就算消費者創造了獲利機會，並在市場背後創造我們現在稱為罪犯和偏差者的人。」

奈姆懷疑，對於許多在商業和政治圈裡的人來說，比起處理根本原因，設法讓送貨人成為代罪羔羊是更迷人的選擇。「歐盟、美國、俄國、中國……我們可以繼續大量製造武器系統和地雷，吸食更純、更棒的毒品，花錢買入廉價、仿冒品品牌和夜店販售DVD的管道。這麼一來，人們受傷的時候，就不是我們的錯，而是另一端的人的錯。」

「據估計，中國有百分之八的國內生產毛額，和外銷與生產仿冒品有關，從汽車煞車到Prada包包應有盡有。」他說。「當你像中國那樣，有百分之八的經濟扯上那些事，表示真的有數百萬人每天醒來，讓餐桌上有食物、能夠勉強渡日，是因為他們涉入了我們這些西方人稱為『**違法**』，但他們稱為**謀生**的正常方式。

「用比較酷的類比——對我們西方消費者來說，我們的政府告訴我們，這些都是『違法行為』。他們是『罪犯』、『地下進行』、『有偏差』。談話中有不少偏差。有些阿富汗農民唯一能養家的辦法是種植鴉片外銷，而且報酬不多。你去跟他們說啊。產業鏈的頭、尾都賺不了什麼錢，賺大錢的是在產業鏈的**中間**。但我們說他是罪犯，對吧？他是『種毒品的』。或是有女人離開了她在瓜地馬拉的家人，處境艱難，是非法勞工，最後成了投資銀行家的保姆。該責怪他們嗎？不對。消費者創造了市場。毫無例外。」

前駕駛員安德列．洛夫切夫主張：「有問題的是我們的產業，不是機組員。他們從那裡去了非洲，說實在的，和外國人比起來，他們在那裡的報酬少之又少。我和美國人談過，他們說，俄國人——雖然通常是烏克蘭、哈薩克人之類的——便宜把飛機租出去，機組員拿到的更少。以一架An-12來說，他們一小時只收一千到一千二美元，而美國的海克力斯運輸機要價六千五。機組員一個月可以拿到五、六千美元。酬勞很差，他們還得飛去麻煩狀況下的麻煩地方，對上卡拉什尼科夫自動步槍、被帶走，他們不知道他們會不會被中彈。」

確實，對當地的竊賊和軍閥來說，空勤人員現在常常比他們載的貨物更值錢。二〇一〇年八月，三名俄裔拉脫維亞駕駛員替蘇丹的國際維和部隊載食物進去，正從達夫的尼雅拉（Nyala）機場跑道返回他們在市中心租的別墅。突然間，幾輛四輪驅動的車子切到他們面前，擋住他們去路，持槍歹徒逼他們趴到地上，綁架了他們。這是一個月內蘇丹發生的第二起類似事件。二〇一〇年七月，金戈威德民兵的「馬背惡魔」綁架、毆打一名俄國駕駛員，因為他運送補給貨物給達夫的聯合國／非洲聯盟（African Union）維和部隊。他們在他起飛時，持槍強迫他降落，把他拖出飛機，用手槍槍柄毆打他祕密運送的三名叛軍指揮官。米奇這樣的空勤人員原本無足輕重，現在因為贖金和談判價值，反而在叛亂團體之中變得炙手可熱。

這兩例罕見的是，還沒公開提出任何贖金要求，空勤人員就迅速回來了。雖然新聞報導中，人員怎麼獲釋、為什麼會獲釋都很含糊，但很可能是和民兵談好了條件。在二〇〇七年白俄羅斯一整組機組員死亡之後，索馬利亞便受到航空抵制，許多貨物無法運送，少賺了不少錢。但現在達夫涉及的金額過於龐大，不能冒險讓綁架案淪為謀殺。

然而，還有另一個可能。維克托．布特暗示，一九九〇年代中期，他走私軍火的Il-76機組員遭到塔利班囚禁卻能逃出，背後其實有「龐大的勢力」在運作。確實，一般相信肯定是談妥了等價交換的協議，為了讓塔利班釋放人質，同意供應他們軍火。（雖然布特總是否認供應塔利班武器，但美國情報機構偵測到那段期間有航班反覆離開阿拉伯聯合大公國，前往阿富汗。他們相信，布特至少有把閒置的軍火供應給他們。）而俄國供應軍火和傭兵給蘇丹政府中的金戈威德支持者，因此不難把兩個事件視為加速下一梯運送、或對價格施壓的手段。他們這些伊斯蘭民兵，其實沒有率先把金錢和綁架包裝成前蘇聯貨運業者無法拒絕的提議。

你或許在納悶，為什麼空勤人員會為這樣的工作冒險？準備飛越非洲的人，能得到額外的豐厚佣金，米奇聳聳肩承認，政府合約、人道援助、原物料運送和臨時生意的報酬，使得綁架和暴力的風險也值得承受。在此同時，人與機，以及超載貨物的多餘載重，就這麼在槍口下持續墜落，消失在灌木叢中。

許多方面來說，卡緹亞．斯捷潘諾娃和米奇恰恰相反。她是積極進取的正派生意人，循規蹈矩，事業成功；她乖乖繳稅，擁有一家航空公司和固定的郵寄地址；她的公司很棒，坦誠老實，最重要的是，她充滿有感染力的生存欲望。相較之下，米奇時常悲觀，難以捉摸，含糊其詞，安於沉默與他預期最壞的結果。

話說回來，她描繪那一代在祖國不付薪水或撫恤而放他們自由之後，轉往各大陸發展。但即使是她的描述也非常嚴重。她跟我談到她家的世交，以及他們最初來這裡空運貨物以來發生的事。他們年輕健壯，是聰明的小子和精銳的飛行員、機械師、裝載長和領航員，然後，就像美國搖滾樂手伊吉·帕普（Iggy Pop）歌曲〈傻男孩〉（Dum-Dum Boys）中唱的，他們開始在悲慘的傷亡名單中倒下。噩運、糟糕的決定、不該搭的飛機。

「有個傢伙，幾年前死在路克索的安托諾夫墜機事件。他是葬身在維多利亞湖底的人之一。是啊，他是耶夫尼根的一個機組員。有些在剛果民主共和國遭到綁架，從來沒人付贖金。另一個死了，還有一個就這麼失蹤了，不知道發生了什麼事……」

她說，機組員都是老相識了。他們來自同個市鎮，都曾是同僚和朋友，多年來在世界各地開著同樣的飛機。然後他們來到非洲，受僱工作，開不同飛機、有著不同的機組員。大量的人死亡或失蹤。

我震驚了片刻。我想起第一次和米奇談話時，他屈指數著這些險阻，就像一個人在這世界同機而動，最後因為其中一種狀況，讓步於必然的結果，走向水深火熱以及來世。他們是早他一步離去的弟兄。彷彿顛倒反轉的恐怖族譜，不是一個共通的祖先繁衍出一代代子子孫孫，而是倒轉了邏輯，一整代的人產生一個後代，是飛越那些異國天際二十年之後的唯一倖存者。

卡緹亞說，做了這麼多，那麼多好人為了完成工作而犧牲，最後「大家只想談軍火走私，好像他們只載軍火一樣」，她想到就氣。

她提醒我，這些航空公司或是機組員靠著那十五公噸付現貨物，載運更多食物給更飢餓的難民，其他不論大小的任何機組員、航空業者或航空公司都無法望其項背，但從來沒人想調查這些航空業或是機組員的十五公噸付現貨物。少了他們在各地的頻繁航班（無論在不在紀錄上），非洲有不少地方最終將無法運作。

這不只是打比方。一九六〇年，比利時同意剛果獨立時，剛果民主共和國（當時稱為薩伊）可行駛的道路長度為九萬哩。到一九八〇年，獨立了二十年，公路維護預算暴增四倍，可行駛的道路卻只剩六千哩。二〇〇六年，聯合國發言人凱末爾・賽基（Kemal Saiki）向媒體針對一起客機墜毀事件做簡報時，說到剛果共和國甚至沒有兩千哩的道路，對大部分的人而言，要在國內旅行唯一的選擇是不可靠的小型航空公司。今日，剛果只剩首都金夏沙外幾百公里的道路，人和貨物回到一八〇〇年代晚期的處境，乘著危險超載的駁船，嘎嘎地沿著茂盛植物間的河流緩慢順流而下，彷彿出自康拉德的小說《吉姆爺》（*Lord Jim*）。

烏干達是那一區最穩定、最發達的國家，曾一度有過火車。今日，經過民營化的慘烈嘗試，鐵路服務無限期停擺，軌道現在長滿雜草、泥土覆蓋，甚至容納了擴張的市集廣場和修車小屋。

即使**可以**走陸路旅行，也就成了竊賊和強盜的人質。在這裡，貨運公司承運的貨物，送到另一端的收貨者手上之前，百分之三十三會遭竊。這當然表示倖存的商品會賣得更貴——既是為了彌補損失，也是為了支付更高的保險費。而這時常表示，產品價格高過市價。另一端，在貧窮盛行的地區，當然沒人付得出高於市價整整三分之一的價格，所以要不是不買，就是用偷的，或在黑市購入。整個循環又從頭開始。

美國記者丹尼斯．波以爾（Denis Boyles）在一九八〇年代來到這裡，訪問了最後一代美國空軍的一員——美國叢林飛行員喬治．帕帕斯（George Pappas）。他開著他破舊的DC-6進入一場又一場衝突，追逐著不存在的好交易。帕帕斯的一名客戶是薩伊商人，他告訴帕帕斯：「這裡的駕駛員像鯊魚一樣。他們總有藉口，等到我們迫切需要他們，他們就抬高收費。很麻煩，很花錢。」波以爾說有個這樣的駕駛員告訴他，「他載的貨物中百分之九十某方面來說是違禁品」。他說，真正的數字比這更高。

在非洲，不論你載什麼，只要從天上飛，都可以避開一大堆麻煩、書面工作和危險，以及強盜、賄賂、警察和軍事路障。坎帕拉當地免費雜誌《眼界》（The Eye）裡一家評價優良的烏干達飛機業者的小型廣告寫道：「你在阿魯亞（Arua）有個會議，車程至少七小時，晚上才能精疲力竭地回到家。**前提是回得到家**。因為二〇〇八年，我們的路上有二千三百三十四人死亡，一萬二千〇七十六人受傷。不如包架飛機，讓你的會計師開心點。畢竟，你的生命有多值錢呢？」

遭到暗殺的聯邦安全局吹哨人亞歷山大．利特維年科（Alexander Litvinenko）表示，即使在俄國當地，祕密警察也偏好僱用有軍事經驗的民間企業駕駛員，進行**真正**敏感的任務，例如在國內一座空軍基地搬移炸藥到另一座空軍基地。道路和鐵路網路太容易遭竊、被刺探或貪汙，讓某個三流的壞蛋從路邊停車處偷他們的託運貨物，結果意外發現整個計謀，是他們不願意負擔的風險。

話說回來，許多人無法理解國家事務（戰爭、叛亂、政府政策）和這些混亂無賴貨運業者之間的關連。畢竟他們是騙徒、是隨車附人的企業，如此而已。然而，突然間，某天下午在曼谷一間豪華旅館裡，一切似乎都變了。

那是春日某個星期四的下午一點二十分，曼谷潮溼，霧霾嚴重。隔天紐約時報廣場的爆炸攻擊會占滿頭條，不知名單車騎士在星巴克外引爆一個裝置，一個巴格達購物區被另一場炸彈攻擊屠殺，將會占據整個國外新聞的版面。然而在這鋼骨與玻璃建成、璀璨的索菲特飯店（Sofitel hotel），二〇〇八年三月六日，這日子會因為即將發生的一場突襲行動而令人印象深刻。這場突襲行動在各方面都可能改變了這個世界。

飯店裡有超過兩打的泰國皇家警察，全副武裝，身穿防彈衣，頭戴耳機，在場待命。樓下，美國緝毒局（Drugs Enforcement Administration）探員、翻譯和泰國保安人員正在主導誘捕行動。目前，他們聚精會神地聽著飯店壁龕的隱藏式麥克風劈啪作響，傳來六個男人數位傳送的聲音。

曼谷索菲特飯店夾層露臺酒吧的奢華藍色沙發椅上，那六人圍著會議桌上尋常的茶杯、資料夾、文件和偶爾震動的手機。他們之間有位年老落魄的南非商人，安德魯．斯穆廉（Andrew Smulian）。這位六十七歲的商人安排了這場多方會議。他認識維克托．布特，有意找他談一場交易。他似乎很緊張，急於討好。出席的還有：一名美國緝毒署的臥底麥克．史諾（Mike Snow），假扮成替革命武裝力量人民軍工作的叢林飛行員；兩名臥底的線民，瓜地馬拉人卡洛斯．薩加斯圖梅（Carlos Sagastume）和尼加拉瓜人里卡多．哈丁內羅（Ricardo Jardenero），兩人都假扮成革命武裝力量人民軍的採購者；還有一名說俄文的保鑣米夏．貝洛薩羅斯基（Misha Belozerosky）。保鑣時不時站起身，張望房間，然後回到雇主背後徘徊。

第六個男人——眾人的目光焦點——正是他的雇主。

他坐在斯穆廉和兩位講西班牙語的先生之間，是個帶有俄國口音，身形粗壯、蓄了鬍子的男人，一身無懈可擊的定製西裝，英語和拉美西班牙語十分流利。他和斯穆廉與貝洛薩羅斯基一樣謹慎，不過態度友善。他也沒意識到，那位自稱是革命武裝力量人民軍代表的第三個男人，他衣物口袋裡有著隱藏式麥克風。他正是目標——這個男人是維克托．布特。

開始介紹時，錄音帶錄到輕聲低語。之後，陪審團會注明錄音的品質不佳，即使在曼哈頓悄然無聲的法院裡，他們也必須全神貫注地傾聽。然後兩個聲音突顯出來，從口音聽得出是史諾和布特，他們在聊剛果的一齣意外。麥克喋喋不休地講著落落長的剛果機場爆炸事件趣聞，擠出大笑，聽起來完全就是非常緊張的臥底人員，扮演身經百戰的叢林飛行員，演得有點太用力了。布特讓他說下去。這時，布特仍顯得謹慎寡言，樂於在觀察房間時讓其他人說話。

他們選擇暫時待在他們的酒吧雅座，打算之後移到比較隱密的商務房，布特相信他們在那裡可以談成交易，而麥克知道圈套即將啟動。

他們寒暄過，拍拍彼此的背。笑過羅馬尼亞首都布加勒斯特（Bucharest）真是個「豬窩」，而羅馬尼亞的簽證人員就愛找麻煩。布特嘆道，莫斯科的天氣太誇張了，「知道嗎，每天都下雪，然後出太陽，又下雪，凍死了。零下二十度，每天增加二、三度。」他身邊的臥底探員等待時機附和。對他們的指揮官、對飯店各處等待他們暗號的武裝警察來說，甚至對事後聽錄音帶的人來說，這番對話聽得很折磨。

他們的話題漸漸轉到飛機上，不過起先只談他們坐去會面的飛機。麥克找到機會，開始禮貌的試探，或許是希望他之後真的開始刺探的時候，布特不會那麼敏感。他們談了伊留申，和他們的商用飛機。（「呃，他們的〔伊留申〕九六是怎樣？」布特和斯穆廉解釋，「有點像空中巴士三一〇。」）麥克說他在沙迦見過一架，而布特或許覺得麥克和他自己的駕駛員一樣，是沙迦的常客，終於開始侃侃而談。真的，他突然放鬆到談起自己在那裡的基地，然後又談到Il-96，以及在穆安瑪爾．格達費手下得到任何新生意的前景黯淡：「利比亞人不會接受的。他沒錢可以買。」

他們繼續周旋，談論飛機，緝毒署臥底探員和線民希望一分一秒過去，布特會更自在一點。

布特終究是生意人，只是大大誤解了氣氛轉變的原因，顯然是他能感覺到他的買家也漸漸放鬆了。最後，是布特自己把話題轉到他認為是革命武裝力量人民軍人員的那兩人需求。探員高興極了，但只能暗自開心。「你的國家有點不同……為什麼？準軍事組織的狀況怎樣？」

卡洛斯發揮的時刻來了。他嘆道：「他們忘了他們該做的事。」他比麥克有經驗，小心而不顯得太急迫。卡洛斯其實自己曾是毒販，後來轉行做美國緝毒署的獨立線人，但他訓練精良，這些傢伙和他老本行遇過的人終究沒那麼不同。他在中間人、託運人和商人之間很自在，他若無其事的冷漠顯得發自內心。

布特一向愛尋歡作樂，無法拒絕和革命武裝力量人民軍人員聊一下古柯鹼的戰慄感，他問他們，他送去給革命武裝力量人民軍的商品會不會收到毒品錢。卡洛斯點頭微笑。「從『白色黃金』來的。」

「對、對、對、對。」布特似乎欣然接受他眼中那個哥倫比亞軍火買家的流行語。然後突然間，他講到了後勤——如何透過飛機、航班和中繼站的網路，送貨給這些人。「並不，嗯，困難。不過，聽著，規劃網路是很高明的事。但通常我們建議你透過，嗯，俄國、委內瑞拉和白俄羅斯來進行。」

卡洛斯同意他的話，建議把錢（販賣一個月麻醉藥品能得到高達四千萬歐元）經西班牙送到瑞典給布特。

他高明地完成提到金額（誘餌）的步驟。布特還不完全信任麥克，不過他相信了麥克的掩護身分。「這些叢林飛行員瘋了。」他低聲對拉丁美洲人說。他藉口要麥克買張SIM卡，把麥克遣出房間。

麥克離開之後，布特覺得他聰明地弄走了房裡不可信的那個傢伙，於是掉進網裡。

卡洛斯解釋了哥倫比亞山巒的地形。他說，政府和美國支持的軍力要把他們的優勢火力弄上那裡，只能靠直升機。契努克直升機。「而我們沒有任何東西可以防禦。」他要求一些額外的軍火——瞄準器，給神槍手用的。

布特問：「狙擊手？」

卡洛斯說，對，狙擊手。

「我們可以教你們怎麼用。」

布特自告奮勇。陷阱設好了。電話響起，卡洛斯接了電話。一間私人的商務中心替他們準備好了。卡洛斯對布特說，如果他們現在過去，可以把交易談妥。他的手握著手機，轉身對布特和斯穆廉說：「到二十七樓，等在那裡。」

那通電話不是來自準備房間的飯店職員，而是卡洛斯在緝毒署的接頭。

男人轉移陣地到新的房間時，錄音帶錄到衣物磨擦隱藏麥克風的聲音，還有電梯的聲音。然後他們來到了二十七樓。麥克在等他們，但卡洛斯跟他說，他們不需要他。

「好吧。」麥克說。「我回我房間，晚點見。」他的任務達成了，在他們的視線外和他配槍的同事會合，可以真的放鬆了。

房間裡，藏著的警察傾聽著臥底探員和目標進浴室、洗手，用音響播起音樂。對話現在是用西班牙文進行，布特和中美洲人對談如流。

卡洛斯節節逼進。他解釋道：「我們需要可攜式的東西。」保護革命武裝力量人民軍，對抗「外國佬」直升機。

「好。」維克托說，「所以才要我們說過的針式（飛彈發射器）。」

里卡多明確說了更多。他要飛彈、手榴彈、發射器、殺傷手榴彈。

好、好、好。維克托說了三次。

卡洛斯說：「還有彈藥。」

維克托說好。

里卡多更進一步。「我需要防空的防禦，可以操作對付阿帕契，還有，嗯，黑鷹的飛彈。」

布特問：「要多少？」他列了張清單。

里卡多問：「你可以替我們送到海岸嗎？」他知道這俄國人上鉤了。

布特說：「*Con avion, si*。」**用飛機，可以**。

里卡多心想，細節讓他敲定了協議。「厄瓜多可以，巴拿馬可以，委內瑞拉也可以。」

布特這次也上鉤了。「那好，我也有貨物用的降落傘系統。可以精確到，嗯，比方說一公噸。」

不過探員還沒達到他們的目的。買賣軍火本身不是犯罪。他們知道他們得讓布特共謀殺害美國公民。這可不簡單。他們一次又一次強調布特提供的火箭炮會用來對付美國直升機。他們既是向布特強調，也是對錄音帶和未來的陪審團強調，直升機的駕駛也「總是美國人」。

布特覺得他在收線了。他看到交易愈來愈龐大，沒注意到他們一直誘導他談的是什麼。他們也感覺到了——卡洛斯加快發問和要求的速度，讓布特不斷計算更多的「額外要求」，同時加進更多打下美國直升機的細節，希望他會附和他的新「客戶」。

這計畫的風險很高，現在聽起來很難不心驚膽顫。不論怎麼以常理看，他們都做得太明顯了。即使布特只恢復理智一下下，他們也會搞砸。但他們知道只要讓他在說話的同時一直思考數字，而且那些數字不斷變得更吸引人就好。他們談起訂購天文數字的火箭，他一算出價錢，他們就向他抖出更多訂單。火箭？他說，他可以幫他們弄到火箭，十二萬到十八萬之間。

「好。」里卡多回他，「還有AK步槍。」

「AK步槍。我們會訂兩萬、三萬……我們帶出白俄羅斯，從南斯拉夫運過去好了。」

探員表現出佩服的樣子。怎麼運？布特說，用An-12來運。你知道那種飛機嗎？布特正在讓一場銷售更熱絡，他在炫耀他的能耐。在布特腦中，他正在談妥一場交易，將會帶來一些規律的生意。他愜意地說，他甚至可能在尼加拉瓜成立一家航空公司，給那地區更好的服務，甚至替他們開一架Il-76。他無法抗拒，停頓了一下。「你知道Il-76吧？我在Il-76出過五千次行動……打坦克、飛機。」他向他們報出他驚人的殺敵數據，他的成績總是令託運人刮目相看。他透露：「只要七秒就能（幫一架Il-76上貨，然後）載走三十公噸。**七秒鐘**。」

革命武裝力量人民軍的買家（雖然是假扮的）顯然佩服得五體投地。「太完美了。」他們吹了聲口哨。

這下布特完蛋了。他下了舞池，在他自己的炫技表演中輸得一敗塗地。布特頌揚道：「如果在那地區有個三百公尺的地方，就不需要跑道！」

里卡多發現了完美時機。「我想解決這些狗娘養的外國佬。」他口沫橫飛地說著，一拳打在自己掌心。

維克托・布特這個高明的推銷員、交易大師、多語天才成了插翅難逃的目標，他用結結巴巴的西班牙語順著買家，吐出決定性的話。

「聽著，」他溫和地說，「我們有個原則：外國佬是敵人……這不是生意，是我的戰鬥……聽我說，我，嗯，跟美國打了十到十五年。我是單打獨鬥的反抗軍！」

兩個臥底探員哈哈笑了。這不是他的玩笑話在商務對話中引發的禮貌笑聲，而是兩個臥底探員完成了他們的任務，只等著讓他們脫離的敲門聲傳來，而發自內心的輕鬆暢快笑聲。

常見的會後閒聊開始了。閒談可能的細節、航道和提貨點。

「尼加拉瓜……」布特提議道。

里卡多斷定：「……尼加拉瓜是羅馬尼亞的摩爾達維亞（Moldavia）。」

「比方說，香港。」布特又起了頭。「大家都從香港……」

「……去馬德里！」

大家收拾好文件，站起來，拿起雜物間的文件夾。然後傳來巨大的撞擊聲。錄音帶裡充滿無法分辨的叫喊和噪音。斯穆廉大喊，布特說了些話，但錄音帶沒錄清楚。然後聽到兩個新的聲音高聲下令：

「手舉起來！」

眾人大惑不解。與會的其中一人（不過錄音帶上聽不出是誰）喊道：「這是怎麼回事？」

「所有人，手舉起來。」

「你們被捕了。」

「所有人手舉起來！手舉起來！」

然後是銬上手銬的聲音。錄音中斷。維克托．布特的生涯也畫上了句點。

美國緝毒署和泰國警方在錄音帶上掌握了整場會議的資訊，在槍口下用塑膠束帶銬上布特和斯穆廉，將他們拘留在一間套房，再將兩人移送監獄。在一間獨立偵訊室裡，斯穆廉自願轉成布特的控方證人，條件是他們跟他談成協議。

在這場公訴中，美國緝毒署控告布特在一場精心計畫的圈套中，讓自己牽連到「賣出數百萬元武器的陰謀，販賣（謠傳是俄國SA型肩射式地對控飛彈發射器和隨附的彈藥）給哥倫比亞毒品恐怖分子，革命武裝力量人民軍，用於在哥倫比亞殺害美國人」。

俄國政客大發雷霆，稱布特因政治動機而受拘留。美國人歡天喜地。不過還有雙方都沒料到的轉折。

這場公訴控告布特九項罪名，包括洗錢、陰謀活動、電信詐欺，以及數起販運罪，起訴書繼續寫道：「布特自一九九〇年代起，即為國際武器販運者，聚集一隊可以載運武器與軍事裝備到世界各地（包括非洲、南美和中東）的貨機，經營龐大的武器販運生意。」布特販賣或仲介的軍火，助長衝突，支持阿富汗、安哥拉、剛果民主共和國、賴比瑞亞、盧安達、獅子山和蘇丹的政權。」

二〇〇〇年代裡，終究還是有人在密切注意拉丁美洲的天空。所有聯合國辦事處和國際執法機構之中，可能只有美國緝毒署能策畫這場針對布特的圈套。

隨著監控每顆鑽石原石產地的金柏利認證機制（Kimberley Process）開始推行，血鑽石受到了極大的壓力。除此之外，許多布特從前的非洲客戶自己也感受到一點壓力了。相較之下，麻醉藥品的賺錢管道似乎沒有被關閉的跡象。需要槍枝、擁有大量「白色黃金」的一群人，在許多方面對於維克托這樣的軍火販運者來說，或許是最有希望賺大錢的機會。美國緝毒署藉著承諾他賣軍火給哥倫比亞毒品恐怖分子人脈的工作，讓他和美國的利益與美國外交政策產生直接的衝突。真相很殘忍——雖然歷屆美國政府不再有興趣追查可能把槍走私給遙遠非洲領袖的人，然而一旦和古柯鹼與美國自己門前一串動盪的拉丁美洲共和國扯上關係，就會贏得支持。

回頭來看，布特顯然是愈來愈醒目的目標，而布特被捕，看起來更像一個男人變得反常輕率，出了錯。布特需要找新客戶，取代他在非洲的大部分生意，所以比較不會像往常那樣查核他的人脈嗎？還是他被那麼大手筆的承諾蒙蔽了？無論如何，我二〇〇三年在貝里斯與其他地方親眼見識過的那行生意，現在被曝露在光天化日之下。而維克托．布特在他的牢房和法庭上，會有很多時間重溫他放下心防的那一刻。

布特的故事還隱藏著許許多多的驚奇。不過目前，他會在曼谷高度戒備的監獄裡稍待一會，等待美俄之間爭奪誰能引渡他。

然後，不過三個月後，那年七月，非洲—拉丁美洲的聯絡人留下確鑿證據給追查毒品軍火交易的調察員，登上全球頭條——一架載有蘇聯機組員的安托諾夫因為美國的一場調查而在獅子山遭到扣押，發現機上有高達六百公斤的古柯鹼，這些古柯鹼屬於委內瑞拉的毒品販運團體，以非洲為配送中心。一公斤古柯鹼要價五萬五千美元，對於擁有一架生鏽貨機、知道保密很重要的人來說，那是天文數字。

說來諷刺，看來全球非政府組織、政府和國際維和組織和平組織很慢才意識到的事，毒梟卻非常清楚：如果你想要一份**工作**做得專業，沒有利益衝突，壓榨你的供應商絕對不是好主意。機組員飛那些旅程，似乎收入不錯。瓦倫西亞—阿韋拉埃斯（Valencia-Arbelaez）組織是委內瑞拉惡名昭彰的犯罪集團，花了兩百萬美元買下一架修修補補的飛機，每月在委內瑞拉和幾內亞之間飛行之後，遭到臥底的美國緝毒署探員摧毀。組織首領被捕，聲稱他「每趟付給我的駕駛員二十到三十萬美元」。他們負擔得起——依據《莫斯科時報》（Moscow Times），前蘇聯貨機的售價和包機價格「因為金融危機而一落千丈」。《莫斯科時報》報導了逮捕案，發現「（毒品販運）幫派僱用一名俄國機組員，把剛買下的飛機從摩爾多瓦飛到羅馬尼亞，再飛去幾內亞。燃料和駕駛員費用支付的方式是匯款、裝滿現金的行李箱，一次甚至把一個提袋留在一間旅館酒吧，提袋裡裝了三十五萬六千歐元」。難怪可以說服像米奇那樣的人，飛幾趟不過問的排程外航程。

俄國外交部又一次勃然大怒，聲明駕駛員不是遭美國逮捕，而是「綁架」。俄國總理弗拉德米爾．普丁本人發表聲明，告訴美國「越界了」。

不過字裡行間發生了更微妙的操作。一個任務完成，扣押了一架飛機。對調查員、檢察官和政客來說，大概感覺像白費力氣。愈來愈多探員和觀察員致力於讓布特這樣的人停止運作，他們更慘，他們心急或挫折時，彼德．丹瑟特曾經強調過的手段問題和失誤又開始出現。諷刺的是，這次是飛行員因為神祕的陰謀而焦躁。

布特的合夥人，甚至俄國政府，聲稱這是美國主導、出於政治動機的抹黑策略，近乎誘捕的圈套。而這導致了一個奇妙的狀態，雙方都開始抗議犯規，指控對方手段骯髒。布特在他的一個藏身處，躲避中情局因為他聲稱是捏造的案件而對他產生的興趣。藏身處傳來的一則訊息裡，布特在這一行斷斷續續的夥伴兼「兄弟」理查．施沙克里（負責監督沙迦的開放繁榮）告訴我：「（二〇〇〇年聯合國對安哥拉的報告）純屬捏造，開啟了你今日所知的維克托．布特的故事。維克托．布特只是可能犯錯（也可能沒有）的一個人。那可以在法院開庭審判，而美國不會，而且永遠不會，提供公正審判的基礎。他們已經花了超過四億美元捉他，不能無功而返，絕對不行。警方說，維克托應該去坐牢，死了最好，那樣就能讓這項行動名正言順，讓厲害的美國專家顏面有光，讓美國和美國的故事更可信。我能提的證據恰恰相反，美國政府很清楚。」

施沙克里雖然是各界人士指控的對象，卻還不曾被定任何罪，他在他的網站上指出，他遇到的推測似乎是「無罪未調查推定」。而施沙克里確實宣稱，想看到布特被關進牢裡或掛掉的那些祕密政治勢力，正在和他玩某些非常黑暗的遊戲。他指出事實——二〇〇九年，他的公寓遭人闖入。

「電腦和檔案是主要目標，所以突襲我在莫斯科的公寓，再奇怪不過了。」他說。「誰拿走了，為什麼？可能是美國情報機構，也可能是俄國情報機構，或是復活節的兔子。」然後他給了一個暗示，表示這遊戲不只是大家目前知道的這樣。「不論拿走的是誰，都知道我有備份。他們只想知道我拿到什麼，如果揭露出來，誰該擔心。好笑的事，他們永遠不會知道，因為我正是靠我手上的東西，在等式的兩邊活下來。」

施沙克里還告訴我，從來沒人問過他的說法，而「二〇〇二年，迪克．錢尼（Dick

Cheney）曾經用布特問題來制衡弗拉德米爾．普丁，就在當時捏造出布特供應一百五十輛坦克給塔利班的說法。然而美軍進入阿富汗時，並沒有發現坦克。（錢尼用維克托來暗示）俄國在支持恐怖主義。」

陰謀愈演愈烈。二〇一〇年，紐約和華盛頓一間公關與遊說公司發布了一篇新聞稿，把布特牽連到阿拉伯聯合大公國的販運業務。新聞稿提名為〈拉斯海瑪：阿拉伯聯合大公國之中的流氓國家？〉（Ras Al Khaimah: A Rogue State within the UAE?），顯然是為了讓一名被廢黜的親王大張旗鼓地返回王位。然而後來我聯絡該公司，想了解那份聲明的時候，他們左右推託。最後，一名員工否認他們和聲明有任何關係（即使末尾有該公司的簽章）。要求澄清至今仍未有回應。

有趣的是，在可以接觸到美國國會與立法者的集體遊說機構之中，該公司扮演了關鍵角色。假使他們也涉及讓一個酋長國「牽扯上」許多壞蛋，而動搖該酋長國，那麼如果有個擁有頭號公敵身分的傢伙，例如維克托．布特，可以藉由人人否認主導的神祕媒體宣傳，迅速「牽扯上」拉斯瑪海，就正合他們的意。

至於布特的檢察官、觀察員、監視者和對手，他們皆宣稱布特似乎在否認。他們說一九九〇年代間和二〇〇〇年代初期，布特安排載運軍火的航班進出撒哈拉以南非洲和阿富汗。他們指出布特遭到拘禁、引渡到美國的罪名（不過在寫作本書時，這些罪名仍然未經證實，且遭到布特否認）包括據稱布特提議為革命武裝力量人民軍取得飛彈發射器和無人機，「殺害美國人」。布特的辯護人指出，革命武裝力量人民軍是全球大部分古柯鹼的間接來源，而且本身也是老經驗的幽靈航班包機人，在美國緝毒署犬儒的陷害行動中，會是非常方便的反派。

至於米奇，我哄他談起這事的時候，他對雙方都抱持懷疑態度。他是生意人，不然還能怎樣？這個詞對我們西方人的意義，和米奇那一代的理解之間，究竟有多大的鴻溝？這疑問直到二〇一〇年六月一個悶熱又安靜異常的星期六下午，才水落石出。事情發生在中非一小座不信神的駐軍城市改建的公有垃圾場，一條泥濘車跡穿過其間。我和米奇碰頭灌杯啤酒，他在前往另一場會面的路上，我們的共識是他撥點時間給我，而我會「借」他五十美元。不久我就開始希望我沒繼續。我們陷入頗為激動的爭執。我們在一張克難的桌子邊駝著背，等著謝爾蓋哄當地官員，一旁是條塵土遍布的跑道，巨大惡臭的鶴昂首闊步地走在跑道上。那些官員穿著他們「正式」的制服——曼徹斯特聯盟的足球衣，打著赤腳。

我們在談生意。一九九〇年代初因為西方強盜資本主義掠奪俄國，使得無數前蘇聯人散落各地，而米奇告訴我的話和他們說法如出一轍：善良並不會讓你的生意愈做愈大，瞧瞧西方的大亨就知道了。創立福特汽車的亨利．福特（Henry Ford）、石油大亨約翰．D．洛克斐勒（John D. Rockefeller）、德國企業家弗利茲．帝森（Fritz Thyssen）、英國報業鉅子羅勃特．麥克斯威爾（Robert Maxwell）……任君挑選。而且我還只列出我們提過的已故人士，因為我知道我出版商的法務會覺得還在世的人太棘手。好吧，我借用了記者兼歷史學家克列布尼科夫（Klebnikov）的辯解：這些傢伙當然是強盜資本主義者，不過瞧瞧他們成就了什麼！他們不只是混蛋、外地投機客、剝削者和耍手腕之徒，他們創立了產業、改變了國家。

米奇指出，布特多少也做過這兩種事，而我回答，「改變國家」有很多意義，但我不確定載著違禁軍火的航班是否符合這句話的精神。

說到這，我想我算是用吼的了。而我記得沒錯的話，米奇算是吼回來，說他很清楚西方商人是什麼德性，因為他們把俄國吃乾抹淨時，他和他朋友、家人就近目睹過他們幹的好事。現場突然熱得難以忍受，大家在看我們，但我還記得他說「**生意郎就是黑手黨**。」而現在許多人的問題——不只是西方，現在他們家鄉也一樣——是看不慣辛勤工作的俄國人成功。

在幾頁紙之間，在一場壓力過大、火冒三丈的小爭執之中，其實是全面的分裂。不論維克托．布特做了什麼事，不論布特販運、走私或仲介了多少的血鑽石、違禁軍火和灰市貨物，航空貨運業從來就沒有一個搖滾巨星。

這時，韋恩．魯尼（Wayne Rooney，十號球衣）和大衛．貝克漢（David Beckham，七號球衣）手持步槍從小屋裡走出來，祝我們接下來一路平安。

第十八章　現金扔出飛機外
——烏干達，二〇〇九年

連接烏干達恩特貝機場和首都坎帕拉之間的公路，被暱稱為煙街，因為大片半公開的大麻農地兼批發活動，和經過的駕駛只隔著一排排的棕櫚樹和蔓生植物。這些大麻園選在這裡，並非巧合，因為煙街同時服務了當地市場和出口市場。

恩特貝市人口稠密，燈火通明，住著非洲聯盟軍隊、聯合國成員和東非幾乎所有和航空有關的人，本身就是這種格外強烈的大麻（和其他很多東西）出口商和消費者碰面、雜處的地方，會面地點是一些聲名狼籍的爛酒吧。

四隻火雞酒吧在空勤人員、販子和妓女之間赫赫有名，那裡是二十四小時營業的酒吧兼取貨店，是為飛行基地而選擇的方便地點，以免有任何沒當班的機組員在載貨之前想先載點貨。聽說墜落在維多利亞湖那架Il-76的倒楣機組員，據報，最後有人見到他們活著的地方就是這裡，不過是他們在清晨越過跑道走向飛機的一小時前，而那架飛機終究撐不到湖的對岸。許多像米奇這樣的機組員，對於飛一個航班之前來杯啤酒見怪不怪。最近一次墜機之後，一名俄國官員甚至惱怒地跟恩斯特．梅札克說：「就算他們喝醉了，又怎樣？那飛機什麼都能自己來。最糟不過是駕駛員絆到機艙的隔框。」

那是另一個雨季尾聲的一個溼熱夜晚。路對面是軍隊、聯合國、貨運的共用飛行基地，守備嚴密。在悶熱汙濁的空氣中，米奇用了一袋煙街的上等貨，嗨到陷入幻覺，幾乎站不起來。我和五個口袋滿滿的傭飛來這裡——我們的言語好像都神奇地和我的話融成一氣，化成一連串沒下文的胡言亂語、看似精明的微笑，高聲勸酒。

我瞥向黑暗狹窄的房間另一頭，注意到烏干達妓女，幾個刺青的南非人有一口可怕的牙齒。（我後來才讀到，在安哥拉行動的SA特戰部隊發現，當地的游擊隊探員可以在五十步之外嗅到他們牙膏裡薄荷醇的味道，因此隨即在受僱期間停用牙膏——時間時常長達三個月，然後把一口爛牙當作榮耀的象徵。）一群前南斯拉夫的移民挖路工慢吞吞走進來。門邊一個傢伙向我們兜售散裝的威而剛。太多口袋透出刺鼻劣質大麻的氣味，燻得我眼睛刺痛。

米奇呼出一口霧氣，朝電視轉播的非洲足球賽大喊，灌下俱樂部啤酒，又用伏特加追酒，灌入口的速度快到酒根本沒碰到杯緣，然後期待接下來在一堆有毛巾招待的小屋裡，度過一個可以報公帳的夜晚。他聽到我在電話上難過地跟人說這是「不得了的生活方式」，就不斷重複這段話，臉上還掛著得意的微笑。我們一直在談話、吼叫、溝通，混雜著我破爛可笑的俄文和他亂七八糟的英文——這經常使得像他這種在非洲的機組員陷入混亂。飛航管制的第二語言通常是法文，英文雖然是空中交通的國際語言，但他們的英文程度只能勉強在驚慌中喊米奇：「你們說英文嗎？」

我們坐著聊天，交換烏干達、阿富汗、俄國、德國、剛果民主共和國、蘇丹和索馬利亞的故事，還有米奇在蘇聯空軍的日子，以及聊為何喀布爾突然到處都是中國妓女。在完全沉服於酒精之前，我努力把我今天接到的電話告訴米奇。打給我的人顯然不大喜歡我在恩特貝機場和米奇出發的軍方／聯合國基地到處打探，挫折的是，米奇完全不懂我在說什麼。

以警告來說，其實滿和善的，完全不像布萊恩．強森．湯馬士等研究人員受到的粗野待遇。談吐文雅、微帶非洲口音的聲音，文明得令人放心，讓我一開始由衷以為對方是旅館職員。據我的記憶——我沒寫下來——他是這麼說的。

「波特先生您好。您還好嗎？波特先生，您沒事吧？是這樣的，我們只希望您知道，我們擔心您的安康。我們希望您在這裡的期間很愉快，沒有任何麻煩。」

怎樣的麻煩？

「喔，別擔心，我相信您一定會避開所有危險狀況。希望您在我們國家停留期間一切順心。好了，波特先生，祝您有個美好的一天，您離開時，會在恩特貝機場見到我們，我相信那之前我們都不會見面。」

友善的傢伙，有禮貌，是我不認識的人。這勾起了我的好奇心。有人對我有了興趣。只要我站得起來，頭腦清楚一點，我就要查出對方是誰。不過一輪廉價的燃燒彈調酒來得好巧不巧，而謝爾蓋幾乎沒指甲的髒手把一瓶非洲尼羅河啤酒砰一聲重重放到我面前。我把啤酒舉到乾裂渴望的脣邊。在我仰起頭，把那杯酒一飲而盡的當下，我也明白在我再度放鬆融入米奇的世界時，已經完全「關機」了，就像米奇和謝爾蓋，我不再老是想著因果關係。

不過，和等式一邊的藍籌公司與大國政府，以及另一邊的貨運業者、飛機主和米奇之類的機組員打交道時，這些代理人總能看到全局。而這當中，會發現米奇雖然在外面的飛彈和軍閥之間，卻和我們的日常生活根本沒有幾度的分隔。

伊恩·克拉克一頭黃棕色頭髮，是個孩子氣的魁梧南非人，比較像網球聯賽的教練，不像一間名聲卓越的公司執行全球貨運合約中不可或缺的小齒輪。克拉克時髦的辦公室位於恩特貝機場主建築裡乏人問津的角落，隱密地藏在無人走廊和報廢辦公室組成的迷宮之後。實在太過於隱密，所以我拜訪他的那天，機場安全人員若不是不知道那裡的存在，就是不肯告訴我。不過，在他們搜我的身、用X光照過我背包的整整二十分鐘後，克拉克坐在他辦公桌後方，為我解說外面一架登記在聖多美的Il-76和三架禁飛白色An-12來到這裡的事。

查普曼·弗里伯恩是頗受敬重且奉公守法的全球代理，克拉克身為非洲經理，負責在個人客戶、軍方或其他任何人委託時，致電給有飛機的傢伙，從Il-76、安托諾夫到海克力斯運輸機。但他也細心警覺，注意外面發生的一切，以及接下來會怎麼演變。

克拉克解釋了二〇一〇年春天的一架班機，突顯了米奇那種公司承攬祕密任務時，不論時間地點、使命必達的能耐。安排航班的是他的一個人脈，蘇維埃包機公司的雇主耶夫根尼·札克洛夫。

「那邊那架飛機，那架安托諾夫-12，最近替一些海盜空投了贖金。」他微笑著指向一張蘇聯時代飛機的照片，飛機側面有亞美尼亞航空（Air Armenia）的標誌。「它從恩特貝起飛，大約三個月前，他們把錢載進來，有兩千萬美元。一切都密而不宣，大家都把每件事獨立起來，我不知道委託那架飛機的承保人是誰。」

機組員在飛行中，通過電話接收索馬利亞海盜的指令，他們的任務是純粹〇〇七式的任務。任務安排是由海盜透過一連串打雜的、貨運中間人和承保人指定，讓人想起典型的綁匪手法——引導送贖金的人去一系列不同地點響起鈴聲的公共電話，以便隱瞞他們的所在，直到最後一刻。

像往常一樣，說俄文的機組員聽了任務簡報。只不過這次不同。他們將不會知道目的地是哪裡，只得到一組GPS座標（他們一眼就看出那是索馬利亞海岸外的某片水域），和一支便宜的手機。

「他們必須飛去海盜船給的某個座標。」克拉克說著，轉身望向跑道，雙眼閃閃發亮。「計畫是他們飛到那組座標之後，必須在一千呎之類的低空飛過去。那時，海盜會用文字訊息把他們要去的下一個座標傳給他們。」

駕駛員和他的機組員聳聳肩。沒問題。即使他們在天上的時候，曾經想過闖闖看，載著全滿汽油和箱子裡裝的二千萬美元小面額鈔票，飛越全世界最大的雷達盲點，那念頭也很快就過去了。飛機穩定地飛向GPS座標。朝東起飛，越過肯亞和伊索比亞的蠻荒邊界，然後飛向索馬利亞，低空飛過海盜巡航的大海。

他們轟隆飛向目標座標時，領航員手上的手機嗡嗡響了起來。簡訊只有一組數字，沒別的。駕駛員把飛機調頭，劃出大大的弧線，朝這個新目的地飛去。飛機低空飛行，機組員的目標掃視水面，尋找小船、照明彈、火箭炮的炮火，或是任何動靜。這時，他們只能信任這不是圈套。

程序繼續重複。然後，他們在下一組座標的位置，目視到下方的海中有兩艘快艇，相隔數百公尺。領航員的手機響了，一個帶著口音的聲音用英文說了句：「別停。把該死的錢丟下來就好。」

這是裝載長等待的信號。保險箱和固定好的降落傘已經就位，裝卸斜臺開啟，讓他擁有令人目眩的絕佳視野。這時，裝載長切斷繩索，二千萬美元墜入空中——他看著保險箱飄下。駕駛員讓飛機調頭回家時，裝載長看到的最後一幕，是幾艘海盜的快艇把油門一拉，發出響亮的轟隆隆聲，加速駛去，準備在保險箱那裡會合。亮藍的海水揚起一道湧浪。

「就那樣。」克拉克微笑著說。「他們撈起現金，揚長而去。」

因為這整個行動都依據「僅知原則」為基礎而進行，因此所有人（連克拉克也一樣）了解的狀況都不超出他們那段渠道中的情形。不過那架飛機業者是約翰尼斯堡的俄國飛行員兼商人，耶夫根尼．札克洛夫，他說他們是替世界知名的保險承保人，倫敦的勞合社（Lloyd's）交付贖金。「勞合社沒有用被俘船隻的保險來支付，而是偏好把保險金所得之中特定比例以新換舊成本直接付給海盜，把船拿回來。」札克洛夫解釋道。「聽起來很〇〇七，但並不是。這對非洲的俄國駕駛員來說稀鬆平常，不過是日常工作。知道嗎，我們這樣空投過很多次贖金給索馬利亞海盜，前蘇聯空軍駕駛員以前會從飛機上空投坦克車，信不信由你，要這樣的駕駛員打開艙門、把一箱一百公斤的錢推出去很簡單。」

這是有趣的類比，而且突顯了西方的貨運大企業和前蘇聯駕駛員、合法藍籌多國公司和索馬利亞海盜共存的情形，即使不是皆大歡喜，也是讓大家的生意興隆、繼續運作的一個辦法。我很天真，一向相信當政府表明「我們從不付贖金給綁匪」的時候，他們的意思是確實不會付贖金給綁匪；然而，他們的意思其實是：當然會付贖金，不過事情要交給私部門來做。勞合社的一名發言人告訴我，他們必須知道更多船隻和保單的細節，否則無法確認他們是否支付了那次特別空投。

然而空投贖金給索馬利亞海盜很快就成了保險業的例行程序，這也迷人地呈現了全球商業的真相。這個異極相斥的古怪立場讓米奇翱翔其間。一方或許是世上最負盛名的老牌金融機構，另一方是索馬利亞海岸外快艇上手持AK-47步槍的殺手，雙方需要經常交易的時候，只有一群中間人雙方都能接受，而且到哪都能適應，隨時待命，有意願也有能耐完成任務。想也知道不是UPS。

改用的承包商有著像黑水（Blackwater）和頂科（DynCorp）這些在伊拉克執行軍務的私人保全公司，因此米奇那樣難以究責又難以追蹤的小公司，在國際執法、人質解救、維護和平，以及人道救濟的努力中，扮演愈來愈重要的角色。二〇〇五年和二〇〇六年間，美軍經常無法達成募兵的目標數量，開始無法維持軍力。《戰爭公司》（*War Plc*）書中提出的數據，是馬克·阿姆斯壯（Mark Armstrong）調查後伊拉克私人軍事公司產業的結果，顯示最高的招募獎金加倍到四萬美元、年齡限制從三十五歲提高到四十二歲、體檢標準和犯罪紀錄的規定都放寬了，然而他們仍然發現自己需要外包更多「非核心」工作。把軍事設備、現金、建材和各種東西運送去阿富汗和伊拉克的工作，已經接受民營公司投標了。現在就像野火一樣，延燒到幾乎所有需要做的工作，只要不會有美國國務院所謂「利益糾葛」的風險就好。

睜大眼睛看清楚，我們都身處在米奇的世界。在這世界裡，黑水、哈利伯頓、頂科、裝甲組織（Armor Group）和其他私人軍事公司，在非洲和中東把握良機，執行一般由國家武裝部隊負責的任務。二〇一一年一月，謠傳撒拉森（Saracen）這間私人保全公司在索馬利亞訓練私人軍隊。撒拉森公司和Xe服務（Xe Services）一名創辦人艾瑞克·普林斯（Erik Prince）有關，而Xe服務這間私人軍事承包商的前身正是黑水。（撒拉森國際以南非為據點，有個分支總部就在烏干達。有趣的是，普林斯的發言人否認他扮演「財務上的角色」，而是主要參與「人道行動」，以及對抗索馬利亞海岸外的海盜。）

問題是，對於注意天空的人來說，這不是什麼新聞了。私人空軍存在已久，而且不只一支，而是幾十支。

確實，不論哪裡的政府都愈來愈難可靠地討論米奇那樣的團隊做的「好事」或「壞事」，而我們都愛穿戴、暢飲、觀看、用來聯繫的全球品牌，從開發中國家得到便宜的人力，卻又需要他們自己速成的運輸、後勤基礎設施配合。骯髒事當然得有人做，我們其他人才能得到好處，而那些「來路不明」的航空運輸業者能為任何人效力，任何關於他們的聲明都開始顯得非常空洞。

我驚覺所有觀察員、記錄者和全球警察都遺漏了這一點。有有些祕密航班、空投在動盪地區的補給，可能有完全合法的名目，不過不只是這樣。有些公司正是因為願意從未知的客戶那裡涉入非典型交易、做些未必合乎規矩的事，或是接受不過問的任務簡報、受到觀察員痛批，才會在好人需要達成一點《不可能的任務》式的傳奇歷險時，成為唯一找得到的對象。

就像伊恩．克拉克說的：「他們很好相處，知道吧？如果他們辦得到，他們就會做。他們並不會滿口胡言，像很多西方機組員那樣，說『呃，不對，書上這麼說，所以我們不能那麼做。』有時候是單純難搞。俄國機組員卻很熱心，知道嗎？他們會說，『別擔心！』」

從達夫到杜拜，跟地上的任何人談，他們都會同意克拉克的話（可能是私底下同意），認為也有適合像米奇那種小型、非正規的機組員的地方，對他們的忠誠和敬佩確實很驚喜。

最後我離開克拉克的辦公室，穿過無數廢棄的走廊、死路、水窪、垂掛的電線和關起的門，那些門終究會開啟而把我吐回陽光下，但在那之前，克拉克從桌子對面丟了一份烏干達新聞刊物《獨立週刊》（Independent）給我。「讀讀這個。」他說。我拿起雜誌。封面故事是一起意外成因和據稱是政府掩蓋的行為——二〇〇九年三月，一架Il-76爆炸，墜入維多利亞湖，據報正在替另一家美國承包商前往摩加迪休進行祕密任務。「天啊，氣死人了。」克拉克說，「我是說，這些傢伙真的打算拿俄國佬、機組員和業者開刀。」

這個灑脫男人的好脾氣很能感染人，我們分開時，他第一次顯露出義憤填膺的情緒。「耶夫根尼．札克洛夫的公司就是經營那趟航班的公司，我一向覺得他非常正大光明。」克拉克說。「但我讀到那篇文章，裡頭把錯全都怪到他的飛機上。聽好了，據我所知，他從來不會便宜行事。有些俄國業者會順著他們拿到的文件——即使文件遭到篡改，也無妨——但耶夫根尼或他的飛機一向很守規矩。」

克拉克熱切地為我逐漸熟悉的機組員辯護。等到我在恩特貝跑道刀片刺網的另一側再度被搜身、在非洲午後的熱度下眨著眼時，開始覺得他的辯護似乎選錯了對象。因為我在等待放行時，讀了他丟過桌子給我的報導。我想那篇報導沒打算拿機組員或航空公司開刀，報導中真正的反派大大不同，就像黑手黨本身，那反派遠比任何人更微妙、更難以捉摸。

耿直運輸機和機上人員喪生，過程太突然、太乾脆，幾乎更顯得殘酷。那群機組員不像沙巴托夫，甚至不像斯塔里科夫和巴爾森諾夫，從頭到尾都不知道發生了什麼事。他們也沒機會打出他們唯一那張王牌，使出他們駕駛一九七〇年代古董伊留申的超自然絕技。

飛機順利從恩特貝惡名昭彰的滑溜跑道起飛，朝索馬利亞而去。時間是清晨五點十四分，黎明的空氣依然凜冽。雷達又壞了，最近才徹底檢修過，但才過四個月，升級的新系統就神祕地停止運作。大湖湖面風平浪靜，靜謐中只聽見早起的當地漁民和鳥兒的聲音，而龐大的飛機從上空打破寧靜，高度仍然低到在水面帶起漣漪。機上的人累了，但他們很專業，而且跑摩加迪休總是令人專注，心無旁鶩。聚精會神，但不太過緊繃。沒什麼他們處理不了的事。*Nichevo*（沒有）。

就在這時，宇宙張開巨顎，一口吞下人員和他們的飛機。

如果有雷達，塔臺的操作員會發現飛機飛到湖上不過五哩半，就突然從螢幕上消失。其實當時有目擊者——漁民，其中兩人差點在飛機爆炸、空中解體時被碎片砸死。一人看到飛機左側冒出火焰，然後才爆炸；另一人注意到爆炸的前一瞬間，飛機的燈光熄滅了。不過大家都說，一切都發生的太快。事後，一名美國的打撈技師說，眨眼間，耿直運輸機「像顆蛋一樣一分為二」，然後燃燒著墜落湖中。

飛機現在還在湖裡，在許多公尺的水下，埋在十二公尺深的淤泥和泥巴中，根本就是在湖床裡。以X光掃描湖底，顯示機身確實從中間斷成兩半，或許有一片水平尾翼斜翹起來，宛如問號。

而疑問揮之不去。雖然伊恩．克拉克丟給我的報刊報導對外籍空勤人員或那家包機航空（耶夫根尼．札克洛夫先前的公司，Aerolift）不甚寬容，在我眼裡卻像對一個生態系的控訴。這篇報導確實指出公司據說未進行維修，似乎讓一架飛機服役期滿後十二年仍在飛，更有爭議的是，報導中寫了一些空勤人員的事。首先，領航員耶夫根尼・柯羅列夫（Evgeny Korolev）偽造了領航員的執照。烏克蘭航空管理局回應《獨立週刊》的詢問：「您持有的一級領航員執照編號000316是於一九九六年十月八日，發予另一名領航員。請注意柯羅列夫的照片覆蓋過戳記，表示以柯羅列夫為名的證件應視為非法證件。」其次，副駕駛員亞歷山大・沃琴科（Alexander Vochenko）在他一九八〇、一九九〇年代服役於蘇聯空軍之後，不曾駕駛過Il-76；至於機長維克托・科瓦雷夫（Viktor Kovalev）是否擁有民航機師執照，一直無法確認。文中雖然報導有人目擊機組員凌晨三點在四隻火雞喝酒，然後四點報到開始服勤的說法，但卻以呼籲收尾：「人命不只值多賺的那幾個錢。」

而社群的回應則是迅速團結起來，捍衛機組員、航空企業和飛機本身。和我談過的其他人（包括斯提潘諾娃）也和伊恩・克拉克一樣，對他口中「拿人開刀」的報告感到憤怒。

「維多利亞湖裡那架Il-76的狀況非常好——非常好！」她怒吼道。

斯提潘諾娃是領航員柯羅列夫的朋友，也認識沃琴科和科瓦雷夫，那趟航班前一週，她和剛抵達的機組員在一起。她幫他們開立了烏克蘭銀行帳戶，他們一起吃午餐。她說她同意讓他們用她家的地址開帳戶，然後她在墜機一年半之後的二〇一〇年九月，心碎地接到一份郵件，內容是一名故友的銀行對帳單。

「我哭得停不下來。」斯提潘諾娃說。「我難過死了。我跟他飛來飛去。他甚至教我開車……」

就連真相也不像報導呈現得那麼是非分明。「耶夫根尼・柯羅列夫有執照。」斯提潘諾娃說。「他在非洲某一國的再認證可能是偽造的，雖然我覺得未必，不過即使他偽造了，之前飛進南非怎麼可能過關？我和他飛過剛果很多次，通常就坐在他旁邊，我朋友飛剛果民主共和國差點被子彈打中那次，他就跟我朋友在駕駛艙。」

我大膽提出假設——反正這也不是第一次了——或許烏克蘭和烏干達航空局的紀錄不正確。或者，對於打零工的空勤人員來說，召集一隊機組員、起飛、一到達另一個國家就拿到報酬，同時設法辦好事情、處理好文件，十分匆忙且必須，表示他們要在官方的細節都處理好之前就升空，就像平常守法的駕駛，在汽車稅「在郵寄途中」時開了幾天的車。然而觀察員、監管者和記者習慣得到明確答案，事情大條的時候，在他們眼裡看起來就很糟糕。

就連米奇也對發生的一些事避而不談。請他透露一些名字，他只說，他和我一樣沒頭緒。他提到湖底的那架Il-76，「誰知道墜機是什麼造成的？蓄意破壞？恐怖攻擊？貨物？還是飛機？也許根本沒人想知道那架飛機發生什麼事。他們拿錢運送的貨物，是知道一些。此外呢？也許機組員也不清楚是什麼。這些事啊，誰也不知道。」

但他們雖然懷疑機組員文件的效力，甚至懷疑飛機的狀況，《獨立週刊》調查團隊真正的怒火卻是針對墜機後的掩蓋，以及一個體系的政治居然容許他們這樣的人，為了廉價完成他們骯髒的工作，在去索馬利亞進行祕密的半軍方任務時駕駛飛機、死去，然後讓他們揹黑鍋。

他們也指向一個邪惡的罪犯——他們政府、軍方、剛果丘陵間的軍閥、恐怖分子與海盜之間，有個祕密交易的非法（且至少非常低調的）網路。這個網路利用米奇和他手下那樣的機組員——時常是不知情、可以撇清關係的跑腿人、運毒者和代罪羔羊——以及聯合國在恩特貝的剛果民主特派團（MONUC）基地來遮掩。

就像空投索馬利亞贖金的情形，在這些叛軍梭巡的丘陵間，機組員任務，訴說了近年一些最受矚目頭條新聞背後的祕密故事。

＊＊＊

我離開伊恩．克拉克不到一小時，就去拜訪《獨立週刊》新聞編輯派崔克．馬特斯柯．穆古里（Patrick Matsiko wa Mucoori）。依據穆古里的說法，當地人和機場人員瘋狂救援，卻遭到突然出現的警方、軍隊嚴厲攔阻，就像一九九六年軍方和祕勤探員在貝爾格勒跑道周圍設下安全管制。穆古里說，他們在湖上阻止救援隊伍、甚至當地漁民設法靠近燃燒中迅速下沉的殘骸。

派崔克愈說愈明顯——飛機、機主、機組員、業者雖然是容易調查的目標，但他們的存在卻是更深層問題的徵兆，而不是原因。

派崔克在《獨立週刊》的辦公室還真是富麗堂皇。烏木桌、明亮的現代布置，個人電腦和亮晶晶的不鏽鋼。我這麼告訴他，他說：「不是我的辦公室。」然後笑了聲，一口解決他最後的烈茶和木薯。「這是會議室。我們在這裡比較有隱私。」他解釋道，需要隱私——厚重的門，沒有朝向街道的窗戶，接待處滴水不漏——是因為週刊社辦公室老是受到政府間諜關注、闖入。「你可能會注意到入口外面有一、兩個。」他加了句。「他們就站在那裡，看起來像在等朋友，然後用手機回報他們看到有誰進出。他們覺得那樣就能看到是誰把消息洩露給我們。」

「他們也會進報社來。通常在辦公室裡看到有人，會假定只是新人或是訪客，結果是他們跑來打探。」他嘆了口氣。「那之後我們常常被突襲，警方帶走我們的電腦。這種事反覆發生。」

派崔克身材壯碩，穿著時髦，鬍子修得整整齊齊，活脫脫世故都市佬的模樣，態度自信沉穩。那架Il-76掉下來之後，派崔克需要好好發揮他的自信與堅韌。政府目前對他們的調查那麼有興趣，一部分是因為他和他團隊由於伊留申在湖上方爆炸的事件，而開始調查烏干達當局自己進行的大量走私、牟利、敗腐、販運和傭兵任務。

派崔克說，烏干達政府和軍方利用民間業者，在鄰國剛果、蘇丹、查德和北邊的索馬利亞進行祕密行動。許多這些政府委託的航班涉及軍方高層的私人詐騙和打劫。聯合國在恩特貝機場的存在感很強烈，是美國主導在摩加迪休祕密私人軍事任務的中途站，因此政府當然希望掩飾這些前蘇聯飛機的用途。

派崔克說：「我開始覺得，這些墜機的俄國飛機起飛之前，我們民航當局跑道上的傢伙為什麼不檢查他們能不能飛，其他任何飛機他們都會檢查啊？」在這裡強調，墜機的原因仍然不明，而飛機狀況和其他因素一樣可能是罪魁禍首。

「我在民航局的消息來源告訴我『這些飛機停在機場的空軍基地。他們上了這些飛機，從軍事基地滑行準備起飛，最後一刻進入機場的跑道，這時才進入我們的管轄範圍。然後就起飛了！』他們真的起飛的同時，你才聽到（負責空軍基地的）基地指揮官打電話給民航局局長，說『我們有某某班機，**現在**要飛了，請立刻允許起飛！』民航局說不行，我們怎麼能放行，我們要檢查飛機。結果空軍基地指揮官就打電話給國防部長，部長打個電話，就沒事了。國防部長告訴他們，『別多問！允許軍事基地的這些飛機起飛就行了。**我們**會負責，別再要求檢查，允許他們起飛就行了，懂嗎？』當然了，除機組員和士兵，沒人能靠近空軍基地。」

墜機那晚湖邊的隱匿情形已經令派崔克提高警覺。他打探了一下，和團隊發現了一個龐大的行動，而且比任何人預料得更龐大——絕對機密的頻繁貿易管道，涉及伊留申與安托諾夫機組員受到軍方和政府委託，在東剛果民主共和國和坎帕拉之間毫無法紀、軍閥控制的高原飛行，他們載著珍貴的天然資源，可以拿去賣錢，中飽私囊。偷偷摸摸伐採的木材、金、銀，甚至動物和動物毛皮，都屬於販運的內容。

派崔克解釋道：「烏干達隔壁的東剛果是叛亂地區，那裡沒有軍方，也沒有政府。毫無法紀。幾乎像索馬利亞，控制在軍閥的手裡。不管到哪裡，你都只是和不同的軍閥和強盜打交道，就這樣跟他們做生意，便宜買下貨物，付錢然後回來。話說烏干達軍隊在東剛果民主共和國待了五年，聲稱在追捕的烏干達ＡＶＦ叛軍大本營在剛果，所以他們占領了東剛果（但其實是在烏干達人民防衛軍〔Ugandan People's Defence Force〕控制下），開始用這些飛機，把礦產、木材等等資源運出去，而烏干達人民防衛軍和一些叛亂團體結盟。最後，烏干達人民防衛軍迫於國際壓力而離開，但仍然和這些叛亂團體關係密切，現在駕著這些俄國飛機飛進去，跟剛果的當地民兵領袖買木材（其實**任何東西**都能買），再飛回來。」

對圈內人來說，物流簡單得不可思議。你想要當地軍閥替你弄到那些貨？打電話給衝突中建立的舊人脈，他們都還在，而且和你使用同一家電信業者的服務。你需要增援，要僱傭兵？沒問題——你就是軍隊，帶上幾個同事或指揮幾個你自己的手下就好。

再來說飛機。很簡單，你就是軍隊，你有幾十架飛機可以選，對吧？只不過你希望花費低一點，因為這裡花的錢都要你自掏腰包，當然不希望得徵求太多人同意，更不想要紮營在草地另一端的聯合國分遣隊問他們今天救援空投要搭的飛機在哪裡。這樣不好看。所以你僱用一個獨立的航空業者和一隊空傭（可能是俄國、烏克蘭、保加利亞或白俄羅斯的團隊），加上一架巨型飛機，裝得下一個排的人、幾輛吉普車和一整批的違禁木材。簡單起見，假設那架飛機是Il-76好了。要確認跟你打交道的人，有伊恩・克拉克提過的那種積極進取精神，如果他們開價一小時三千美元，就提議只要他們願意平分多的錢，你可以開加倍金額的帳單。他們同意的話，你就可以從軍方口袋裡掏六千美元，拿你分到的一千五百美元個人回扣，跟你的人分，也許機靈地拿兩百五十元給你的上級軍官，請他在你不在時睜一隻眼閉一隻眼。這樣皆大歡喜。

話說回來，最便宜的飛機恐怕未必是最新、或是保養最好的，它們很可能無法通過民航軍機場跑道上的檢查。這沒什麼——用你三倍保全、裝有刀片刺網的高度戒備空軍基地就好。如果起飛的時候，民航局的傢伙太氣勢凌人，用百元鈔票買通的上校會讓他們學乖。見鬼啦。不過之後收入會分他一杯羹，有何不可？有這麼大的賺頭——每投資一元，就有數百元的利潤——有很多錢可以分。

「就這麼簡單。首先，和你的叛軍領袖接上線。武裝起來（外包給當地的傭兵，或用你自己的士兵），然後開一架飛機來。你的軍閥會全副武裝，假如你要木材好了，他就會這麼找條路，然後說，『好啦，從這邊來，所有這些木材都拿去吧』。而你的手下就這麼滾動木材，把木材裝上飛機，因為那些飛機夠大。」

其實，比起用定期的民營航空公司載運，用私人任務載運黑貨更快也更簡單——不用文件，不用護照，不用簽證，沒有移民署，沒有海關，派崔克說，更棒的是，你載什麼回來，完全不受限制，而且一切文明極了。「你可以在一天之內完成一切，也可以過夜——所有軍閥都有舒適的地方，我們的人去的時候，他們就把那些傢伙安置在那邊。對他們的人脈來說，他們永遠都在一通電話之外的距離。」

誰想得到呢？在這消費者至上的明亮新世界裡，就連中非的丘陵和叢林中對抗政府軍的頑強剛果游擊隊，也把二十四小時無休的客服視為他們營運計畫的核心。

就這樣了。不過還有海關——甚至來假設，目前這裡暫時有些經濟無虞，清廉得誇張的海關，這些傢伙完全不受賄賂，純粹得幾乎只是理論上存在。嗯，可能是個麻煩。話說回來，倒也不是。傻子，別忘了，你在軍中。

派崔克說：「海關不能進入軍方和聯合國的貨運飛行基地。這裡不屬於民法的管轄，這裡是軍隊和國防部的財產，有士兵看守。如果海關官員來這裡，士兵會以擅自進入的罪名加以逮捕。擅自進入！還有——」這一切諷刺至極，令派崔克發笑，「——防礙國家安全。」

時鐘滴答響，派崔克有期限要趕，這週的新聞頁面即將出刊，他的編輯愈來愈焦慮，所以我們道別。我決定走路回家，冒著被密告的風險，看我有沒有被跟蹤。我踏上烏雲密布的坎卓基亞街（Kanjokya Street），這條街道的紅土和瀝青坑坑窪窪，我在白蟻丘和坑窪之間舉步艱難，納悶著溼泥土路上哪個閒晃的人是軍方間諜，這時一輛敞篷迷彩的人民防衛軍吉普車，正為了努力避開一呎深的坑洞和週五尖鋒時間的交通，濺了我一身。吉普車上坐的四個男人身穿定製西裝，墨鏡上鑲著寶石，披著絲巾的肩上揹著老舊的木柄步槍。

沒有人行道，所以我小心地走在馬路和野草間，牛仔褲上濺了泥巴。我在轉角轉身回頭看，看報紙的傢伙已經折起報紙，望向我身後；路口有個男人一邊朝手機說話，一邊直勾勾地注視著我。話說回來，在這個國家裡，就連手頭最緊的當地商人也寧可招一輛非法的計程摩托車（*boda boda*）。我這 *mzungu*（白種人）溼淋淋又滿身泥濘，居然徒步移動，也難怪大家都在看。這時又下起了雨，我在傾盆大雨和車潮間跌跌撞撞，懷疑著電話上祝我平安的那個不知名烏干達人。不過現在太多人朝我走來，根本無法確定任何事。

＊＊＊

這一切對於非法活動的觀察者而言，根本無從對抗，雖然像彼德·丹瑟特和布萊恩·強森·湯馬士這樣的人很早就知道，而且在貝爾格勒、烏干達和阿富汗一再看到這種情形。問題是這樣的。黑手黨活動本身就有違國家利益。我們習慣用「家族」和「幫派」去思考——西裝筆挺的西西里人提出我們無法拒絕的提議。所以當國家本身參與其中，例如一九九〇年代早期的俄國、一九九〇年代晚期的塞爾維亞，以及我們當代的阿富汗，總統哈米德·卡賽（Hamid Karzai）的核心集團（包括他的軍閥弟弟瓦里〔Walid〕）遭指控幫助「阿富汗騙局」，任意發包、打劫國庫的時候，再也沒人分得清經濟政策和組織犯罪之間的差異。在烏干達似乎正是這樣。

二〇〇二年一份聯合國的報告題名為〈剛果民主共和國非法利用自然資源與其他形式的資源〉，總結了這個私人企業的影子國家觸手所及的範圍，以及破壞性的影響。

在烏干達外運作的精英網路不同於盧安達，不但去中心化，而且階級鬆散。烏干達網路由成員的核心團體組成，其中包括某些烏干達人民防衛軍的高階軍官、民營企業家

> 和特定的叛軍領袖／行政官員。這網路透過幌子公司，持續從事活動……這網路的收入是來自出口主要原料、控制消耗品進口、偷竊和逃稅。這網路的活動在剛果民主共和國可以成功，有賴三個互相關聯的要點，也就是軍隊脅迫、維持公部門的門面（以主管叛軍活動的形式），以及用偽幣和其他相關的巧技來操控金錢供應和銀行部門。

一切都消失在網路的貪婪大口，進入他們委託的龐大貨機貨艙中。來自保護園的木材、血鑽石、鈮鉭鐵礦（這種化學物質對手機製造商很寶貴，所以非洲出口商十分重視）以及黃金。當地的屠夫被持槍脅迫為動物剝皮，把毛皮交給烏干達網路中身穿制服的士兵，甚至牧人活生生的牛隻也會被偷、被搶。供應商、當地軍閥和部落領袖串通一氣，享受人民防衛軍的保護，以及免稅的汽油、香菸和軍火。

有時候邏輯滴水不漏，就連最受影響的人也看不透。今晚，我會到一間旅館酒吧，看點電視——大概是英國廣播公司國際頻道（BBC World）吧，不過我不確定——看一位女士經營大象保護區的紀錄片。她受到士兵保護，因為當地經常有武裝盜獵者出沒，而她性命受到威脅，不過她抱怨每次她離開有人看守的保護區總部，去城裡或國外的時候，「感覺我被盜獵者跟蹤了，因為他們似乎只在我離開的那一刻出手」。她說，她回來的時候，經常發現重裝的象牙盜獵者突襲了保護區，她僱用的士兵被擺了一道。盜獵者用軍用等級的卡拉什尼科夫自動步槍射殺了一隻象，顯然在士兵能找到、阻止他們之前，就帶著象牙消失。士兵在檔案裡很低調，只搔搔頭，不解地對那位女士說，神祕的盜獵者不知怎麼老是溜出他們的手掌心。有人說：「他們想必機靈得很。」

然後我會瞪大眼睛，心想，不可能只有我發現吧？大家應該都看得出那個懸而未決的糟糕大問題、那個大家避而不談的真相吧？但那位女士卻看不出來。

我總覺得這完美呈現了機構、非政府組織和執法單位無法阻止販運者的情形。面對為求利益不擇手段的做法，只以道德對錯來思考、只想找到罪犯，都無法看清真相。就像政府，就像保護區的管理員。多虧了想賺點小錢的普通人，難以置信的事就發生在你面前，你卻跑出去辛苦尋找壞蛋。而飛機繼續來來去去，為聯合國、民航局、軍方而飛，為了救援組織、企業而飛。完全無可挑剔的正派業者被迫和不惜代價、什麼都拿、肯為任何人效力的人競爭，那些人載了收錢的祕密貨物，所以刻意壓低價格。

幾個星期後，在肯亞一場難得的突襲檢查中，奈洛比（Nairobi）機場將扣押兩公噸象牙的非隨身載運行李。共有三百一十七根象牙和五根犀牛角。這些東西裝在巨大箱子中，由貨機載出恩特貝，聲稱裝載的是新鮮酪梨。主嫌是貨運業者的員工，就這麼不知去向。

＊＊＊

有趣的是，分歧雙方的駕駛員，我都遇過一些。有些在兩方之間來來去去，他們並不是壞蛋，恰恰相反。如果可以，他們也很急於做正確的事。大家一向告訴他們那麼做才能避開麻煩，而他們正是那麼做的，就像他們待在空軍那時，就像你我一樣。他們保持低調，努力工作，做的完全是當局要他們做的事。他們問得對——如果這些當局、國家本身在做不對的事，不是該有大人物設法處理嗎？

又過了一星期。我站在恩特貝機場潮溼的周圍環道，沿著跑道看去，所有班機、乘客、軍方和聯合國的包機（此外還有無數公噸沒列入清單的額外貨物）就在那裡起飛、降落。我左手邊是民航機場，右手邊是空軍基地，貨櫃堆疊，準備讓士兵裝進飛往東剛果的飛機，依偎在一旁的是一排排印著標誌的聯合國帳篷，歡迎來到進階全球化的世界。歡迎來到黑手黨不再是黑手黨的世界。這裡的黑手黨重生為國家本身；歡迎來到這地方，在這裡，只要是「網路」做的事，即非法也不算非法。聯合國／烏干達空軍基地由他們專用，但駕駛員行賄讓商業航班使用基地的現行費率，不過三百美元。

話說回來，如果「網路」不希望的事，例如像派崔克在《獨立報》那裡到處打探，或像我在這裡做的，不論合法與否，都會立刻派人去阻止。於是，一聲令下，一輛墨綠色吉普車就這樣轟隆開過環道，檢查我的身分，打通電話，護送我離開。

一排排整齊的聯合國帳篷、小屋和辦公室離那裡非常近，雖然引擎聲轟隆呼嘯，卸下的戰利品就在他們眼前，士兵和空勤人員三三兩兩走過大門，反對派的報社天天報導走私集團，但聯合國營地裡，似乎完全沒人注意到任何事。畢竟那網路就是政府，而這些人是他們的座上賓。所以就像黑手黨經濟中的所有人，他們和顏悅色，順應潮流，和他們的魔鬼勾結、談交易，焦點放在總是有前途的大局。這時，來了些帶槍、掛著全框墨鏡的打手。在我們說話的時間，剛果民主共和國又來了一飛機的貨。

事情沒有絕對，只要對的人說可以，沒什麼不行。這裡遠離第一世界的排外小社群，這裡，在開發中國家酷熱難耐的世界裡，現款贏過了正大光明的正確和抽象的錯誤。

第十九章　享受Il-76的旅程
——中亞與高加索，二〇〇九年

米奇也飛許多他口中的「送披薩」航程。這些是臨時或即時通知的降落和突然改道，有時候是燃料的關係，有時是為了載運、放下搭便機的人或臨時包裹，有時只是禮貌性的拜訪。我們會在地面上待到米奇跑去航站（可能是間小屋或一塊土地），伸手指指，讓那一個、兩個或三個身穿制服或襯衫的男人喊叫、指著，開著他們閃著燈、嗶嗶叫卡車到飛機那裡，東翻西找，然後揮揮手消失不見。

這些航程不會出現在任何人的飛行計畫中，所以不論我們降落在哪，「送披薩」的中途站對塔臺和空中交通控制中心來說，時常出乎意料，就連跑道清潔人員和昏昏欲睡的技師也一樣——飛機要降落在他們那裡的第一個跡象，是他們看到一架Il-76飛過圍籬衝向他們。如果米奇的客戶、雇主、託運人和生意夥伴知道這些航程，他們也會一樣驚訝不已。

這麼做的不只米奇。一名歐洲保全業者曾為了支援聯軍而和這些公司一起飛，他說明了米奇與其他駕駛員進行的許多任務究竟有多臨時。

「我坐在一架從德國機場飛往阿富汗的Il-76上。至少我以為我們要飛往阿富汗。」他回憶道。「但在中途，我們側傾拐彎，毫無預警地降落在某個荒涼光禿的跑道上。駕駛員本人跳出來，消失在那座圓頂式掩蔽屋裡。五分鐘後他回來了，那時我發現，他是在我們進入這國的領空時停下來，用自己的信用卡支付了准許過夜的費用！好像替車子買汽油似的。」

記者道格．麥金萊回憶二〇〇二年入侵阿富汗後第一個凍死人的冬天裡，一趟救援航班前往北阿富汗時發生的事件。「我坐著一架Il-76飛去那裡，有人送了一堆馬鈴薯當救援物資，我就躺在那上面。」他說。升空之後，他發現他不是機上唯一不是機組員的乘客。麥金萊安頓下來時，發現有人跟他打招呼，是個「詭異的美國牧師」。牧師解釋道，他也要搭一乘去那裡，在難民營巡迴傳教，只有救援航班能把他和他的攝影人員從杜拜弄去那。麥金萊注意到一些警訊，例如那人似乎太在意自己的外表，不斷衝著他肯吃苦耐勞的私人助理吼叫。但麥金萊怎麼也沒料到會目睹古怪的奇觀——牧師打算和他要幫助的當地人開戰。

加拿大人回憶道：「整件事根本是場鬧劇。他在這些又餓又凍的人面前站上講臺，扣著一箱箱食物，用麥克風告訴他們，只要說想認識耶穌，就能得到一些食物。阿富汗人也一樣困惑，而他不斷要人舉手認識耶穌，然後大喊這樣不夠好，而保安打手不斷毆打太靠近餐車的人。」

麥金萊回憶，更超現實的是，牧師的助手「都噴了髮膠，在難民營裡濃妝豔抹，腳踏高跟鞋」，以防家鄉的地方電視臺播出對難民營的福音演說。

在回家路上，朝沙迦去的時候，這些不大可靠的善心人士初次嚐到習慣送披薩的機組員多麼有彈性。

「飛越烏茲別克的時候，可以看出這個助手看起來有點古怪。」麥金萊愈講愈起勁。「她跌跌撞撞走向駕駛員，說她需要上廁所。這架飛機是老飛機，幾乎把所有東西都拆掉了，所以廁所就是個桶子，而且她還得在一堆記者、牧師和八名白俄羅斯空勤人員旁邊用那桶子，所以她又回去乞求駕駛員。而駕駛員只說『好』，就讓這架龐大的伊留申傾斜拐彎，在平原上找到他蘇聯時代知道的一座機場，然後在小小的空間裡降落。」

助手穿著高跟鞋踉踉蹌蹌跑下階梯，跛著腳走向裝載長指給她的遠方一棟水泥遮蔽物，而埋怨的空勤人員、牧師、他隨從和一位經驗老到的加拿大記者，都避不看向飛機右邊。「兩分鐘後，她出來了。」麥金萊哈哈笑著說。「她努力維持淑女形象，踉蹌走過泥土地，爬上斜臺，然後我們就離開了。那架飛機在地上頂多待了十分鐘。不過讓那東西升空的油量……那想必是史上最昂貴的一泡尿。」

我們卸載、中途停留、非正式超市掃貨的速度和敏捷程度，在在解釋了為什麼米奇手下那樣的機組員成為那麼多組織的完美生意夥伴。談成生意、上貨的速度時常飛快，讓周轉率最大化，減少繁文縟節，因此謝爾蓋首次檢驗或調整貨物的時機（如果他會檢驗、調整的話）是進入巡航高度的時候。

米奇和所有長距離的貨車司機一樣，知道了最方便加油的地方。其實米奇時常偏離航線，特別繞道去加油，那些地方乍看之下幾乎就像美化的加油站，像藏油豐富的前蘇聯亞塞拜然共和國首都巴庫那種地方。

跟他們一起航行，你會發現這個欣欣向榮、恣意而為的石油市鎮，在許多這些阿富汗戰爭老兵的貨運傢伙與他們生意夥伴心目中，占有特別的一席之地。對米奇來說，那裡有種「怪物出沒」的氣息，是進入中亞之前的最後一點高加索氣息。數千平方公里宛如節拍器的石油幫浦，把黑色的東西從地裡抽出來，因此郊區時常充斥著便宜的燃油。我們最終進場時，我看到襤褸的男人把桶子浸入路邊裸露泥土地上閃亮的黑色水塘，好用來點亮油燈，啟動牽引機。

航空用汽油的油價低廉（即使以俄國機組員的標準也一樣）因此成為一架二十五歲超級飛機加油的便宜地方，便宜得幾乎可笑，尤其是從德國、英國或斯堪地納維亞下到阿富汗、伊拉克、杜拜、沙迦、巴基斯坦或中國飛一趟歐洲救援任務的時候。收據多的是，準備充足。不過米奇對另一種黑色東西的黑市更加謹慎，而且在這裡幾乎不管跟誰提，他都會阻止他們。

巴庫位在裏海沿岸，而裏海是座內陸海，占地超過一百四十萬平方哩，所屬的水路貿易樞紐連接了伊朗、俄國、高加索、亞塞拜然和中亞最早的兩國——哈薩克和土庫曼。俄國的伏爾加河和烏拉河流入裏海，那裡鱘的密度世界第一，而這種魚的魚子醬一公斤價格高達一萬六千美元。

巴庫身為走私客遊樂場的歷史黑暗而漫長。這座城市的組織犯罪集團即使在前蘇聯出口繁榮的年代也很傳奇，最受懼怕的打手是個步步高升的年輕生意郎、銀行搶匪、綁匪、販運者、偽造者兼殺手，約瑟夫・維薩里奧尼斯・澤・朱加什維利（Ioseb Besarionis dze Jughashvili），也就是後來世人所知的約瑟夫・史達林（Josef Stalin）。今日，依據俄國外交官的說法，巴庫身為伊朗、俄國和土耳其勢力圈之間恣意妄為的緩衝地區，成長成令人興奮且畏懼的軍火販運者天堂，然而那裡也有著地球上最強大的前蘇聯黑手黨——魚子醬黑手黨。雖然應當受到保護，但美味的黑色魚卵在中國、阿拉伯世界和歐洲的新貴之間愈來愈供不應求。依據瀕危物種國際貿易公約（Convention on International Trade in Endangered Species，CITES），每年有價值超過二千五百萬美元的非法魚子醬從這些海岸空運到阿拉伯聯合大公國，在杜拜萬能的組織犯罪網路裡買賣，而巴庫自己的制度化犯罪集團可以跟他們做不錯的生意。瀕危物種國際貿易公約中寫道，魚子醬接著會運往亞洲、北美和歐洲的樞紐，當作合法產地的商品來販售。從骯髒到清白，就像沙迦的一條被單一樣洗得乾乾淨淨。

一般而言，機場安全人員當然會注意到。不過機場安全恐怕不是巴庫的強項。一趟離開喀布爾的旅程中，警衛那高科技的偵測器感應到我在北阿富汗巴米揚（Bamiyan）買到的某個舊軍械，我藏在身上當紀念品。他們攔住我。我們聊了聊。他們拿走一顆子彈，揮揮手放行，讓我跟其他人去飛機那裡。

就這樣，魚子醬不知怎麼，而且非常迅速地往阿拉伯聯合大公國、全球飛機和生意的樞紐以及米奇而去。我們再度升空，爬升到裏海上時，我蹲在玻璃機腹上鳥瞰那裡的景色，壯觀無比——油輪和閃耀的湛藍海水，一切的商業連結呈現在我們眼前。我們在市中心上方盤旋，飛越巴庫奢華的購物區，那裡一排排空盪盪的高級時裝店，為所有回來的錢提供了完美的洗錢辦法；掠過城裡最豪華的旅館——巴庫與阿布歇隆（Baku and Absheron）酒店，車臣和俄國交戰時，軍閥會坐著蘇聯製的貨機，取道土耳其的賽普勒斯，去那裡休息娛樂一下。依據俄國的北約組織代表迪米崔·羅戈辛所言，他們在那裡「拿到亞塞拜然的護照，用那護照去土耳其或俄國做犯罪交易，不喜歡長途旅行的則待在那裡，靠著詐騙和毒品交易賺點外快，而亞塞拜然成為土耳其來的武器供應過境點」。

然後上升，進入雲裡，朝海灣而去。

羅戈辛提起一九九五年，賽普勒斯和車臣之間，經亞塞拜然和喬治亞，打造了違法的「空中走廊」。武器、軍隊和現金透過這個蟲洞，迅速傳遞。如果覺得這條路線和目的地很耳熟，那人員也是——漂泊不定、做國際貿易的傢伙，出沒於杜拜名牌商場與供應冷氣的旅館。他們在那裡與沙迦的飛機機組員及機長接觸，還有前蘇聯、塞爾維亞、英國、美國、歐洲、中國、日本、澳洲的進出口業。命運多舛的貨運商人在這「魚子醬黑手黨」的故事多如牛毛。

瀕危物種國際貿易公約指出，這些杜拜的黑手黨集團協調魚子醬走私的辦法，是靠著「偽造文書、向海關提出不實申報，以得到當地當局的再輸出證明」。隱藏載貨容積帶來龐大快捷的管道，利用巴庫作為一清二白的救援卸貨處，和沙迦、杜拜、西歐之間的中途站，何況還有中亞偽造者在路邊市集販賣外交官證件和俄國駕照，因此風險低得出奇，報酬卻高得不可思議——跟裏海的盜獵者買，零售價是一公斤二十鎊，在紐約卻能賣到二千五百鎊。

也難怪夙怨、謀殺和出賣稀鬆平常。一九九〇年代以來，試圖扼止魚子醬貿易的守衛和警方遭到謀殺，最致命的攻擊發生在卡斯皮斯克（Kaspiysk）一棟邊境守衛的九層公寓，造成六十七人死亡，其中包括二十一名兒童；幾年前，一個百人犯罪集團突襲裏海的一間海巡站，救出遭到沒收的魚子醬船隻，官員說這屬於「一場和魚子醬黑手黨的長期戰爭」。

不出預料，有些人宣稱魚子醬黑手黨和飛機之間的關係，不僅止於客戶和送貨人。一名自稱是飛行外籍軍人的男人顯然憤憤不平，最近寫了封信給一家非洲報社，譴責一家俄國生意夥伴和家鄉前蘇聯的「魚子醬黑手黨」有著非常強烈的連結。男人聲稱，黑手黨借錢給他買下他營運的貨機，「然而，他們坐了幾年牢，所以（業者）從來沒付錢給他們。現在他們出來了，在找他，希望把他們的錢拿回來。」話說回來，信中有些古怪之處，讓人不只懷疑事情真偽，也懷疑故事的出處。首先，撰寫者在信中聲稱他的前同事搬到非洲，希望「保持低調」，不被他在黑手黨裡的債主找到，然而如果真是那樣，那麼選擇他的基地作為藏身處，不大合理——那裡是撒哈拉以南非洲最多GRU出沒、講俄文的飛地。信中提供的非洲電話號碼不是打不通（手機），就是響到被切斷（有線電話），電子郵件似乎未在使用。難怪收到信件的報社拒絕刊登。

那封信被洩露在一個俄國論壇，論壇上的一名駕駛員稱撰寫者「見識過人，想像力發達，但教養不好」。當然了，記恨的前員工和生意夥伴也會說這樣的話。即使這封信確實出自信末那個名字之手，也沒有證據證明這不是在抹黑從前的生意夥伴。我請這些指控的對象表示意見，他雖然答應回應，我也追著他，卻仍然沒得到他的音訊。說實在，我不怪他。

無論如何，即使對於合法貨運的人來說，低調也比較好。有著前蘇聯背景、努力工作的空勤人員和商人絕大多數都是這樣。

話說回來，有時候米奇的前景難免比他希望的來得更糟糕。待命時間，米奇和機組員都懷著蘇聯人那種對飢餓的恐懼。然而，沒有人能完全避免這樣的現實，不論他們的人脈、價碼或社交技巧如何，而且會持續多久就是多久。運氣不好的機組員，可能得靠著最後一筆報酬撐過幾個月，在開發中國家的某個偏遠角落或烏梁諾夫斯克的一間公寓裡勉強渡日，直到出現另一份工作。也難怪開始接下看起來可疑或根本就危險的工作。

這就是米奇和謝爾蓋的企業成功之處。他們對於生意裡的生意，有種穿梭貿易商的直覺。有東西破裂，交易落空，就是沒工作可做，我們無所事事的時候，他們的時間都花在「購物」上——不是去有冷氣的商場購物。我們在二〇〇〇年代末的坎帕拉和金加（Jinja），同中間人安排交易幾袋十公斤裝的這個、幾箱那個，用現金支付，用平板拖車裝進一輛生鏽的老賓士，開去飛機那裡，搬上去、推進去，蓋上罩子。隔天早上，他帶我去坎帕拉的一座開放式市集買「備用零件」，那裡高高堆著磨光的車輪和手臂粗的螺栓。

搖搖欲墜的航空零件市集籠罩在烤肉煙霧之下，在公路旁橫跨泥濘廢棄的鐵道線。這些市集裝飾著俗豔的手繪廣告和大幅廣告牌，上面是神似諾基亞的俗氣手機、健康症狀、流行明星和海尼根啤酒罐。把一切都堆在泥土地上，對於穿過其中的平價安托諾夫和伊留申駕駛員，勉強算得上維修中心。巨大光禿的輪胎堆成一堆堆；刻度盤和儀表板疊起來，塞在桌子角落；機翼和水平尾翼在非洲的微風中，壓在帆布屋頂上；更多螺栓、螺絲和墊圈，螺母和線夾，在各式各樣劣質品之間閃閃發光。（福斯露營車的前半段被鋸了下來，數十張「找到的」車牌來自南非、奈吉利亞和肯亞，還有民航客機拆下的座位。）

「所有東西都很便宜，」米奇說，「前提是別讓他們知道你多需要那些東西。」攤販說，他這邊曾經有個飛行紀錄器。我驚訝地笑了，不假思索地說：「誰會要啊？」

商人一本正經地說：「可能有人只是想把自己的買回去。」

後來，我讀到有關這裡許多墜機事件籠罩的疑雲，以及一些航班墜落的半非法情形，我才明白他根本不是在開玩笑。如果這些年間，非洲出意外的飛機中至少有幾架是我的飛機，而蓄意破壞和載運武器的謠言難以平息，我也會想跟撈到飛行紀錄器的漁民買回來，而且非常急切。

利用手邊僅有的資源那種修補將就的態度，也擴展到其他領域。如果我們時間不夠，就吃飛機上有的隨便什麼東西，而有些人帶著我們的啤酒、可樂或酒瓶，在飛機上喝完（但米奇和領航員迪米崔從來不會）。不過飛行時，只有謝爾蓋真的放鬆參與空中狂歡，有時候太鬆散，把貨物中能找到的東西都灌下肚，時不時來一口航空用油。

對於裝載長來說，這工作的壓力爆發得比大部分人更快。他們必須負責哄騙、說笑、迷住所有人，從當地的牧人、民兵、海關官員到機場搬運工，讓他們幫忙把所有東西弄進來。他們必須負責記住什麼東西在哪裡、有誰知道。如果這表示謝爾蓋要自行用藥到近乎精神病發的程度，那也沒辦法。我看過謝爾蓋手上拿著大麻睡在飛機影子下的跑道上，也看過他舉杯慶祝起飛。一趟航程中，他在一堆箱子上打瞌睡，跌下來撞破了頭，嚴重到額頭皮膚像艙口一樣綻開，他的血流到地上凝結，油膩發熱的地板開始臭得像屠宰場。他一直在喝純烈酒和非洲的 *waragi*（戰爭琴酒），這是薯蕷或香蕉釀造、自家蒸餾的烈酒，常常在東非害死一整村的人。我們咒罵著替謝爾蓋包紮、把水灌進他口中，但無濟於事，他只喃喃說話、翻了個身。之後，我在降落後不久跟他對話時，他看起來容光煥發，只不過和時報廣場的流浪漢一樣蒼白削瘦，身上染著血。他靦腆地撥弄著包繃帶的傷口，好像我稱讚了他的新髮型，對於我認為他需要看醫生這項建議，他似乎很為難。沒過多久，其他人幾乎都放棄他了。我跟米奇講，米奇唸道：「謝爾蓋就是那樣子。」

直到幾個月後，三名俄國飛機技師在印尼蘇拉威西島（island of Sulawesi）上被人發現走路踉蹌、嘔吐，抱怨呼吸困難，最後死去，我才明白那天謝爾蓋多麼接近死亡。之後他們進行毒物測試，確認因為喝下甲醇而死——這是飛機維修時用到的一種劇毒酒精。其實，謝爾蓋爬箱子爬到一半就頭昏跌下來，很可能因此救回一命。在印尼、蘇丹和索馬利亞篤信伊斯蘭教的偏僻地區，不合法、可能致命的土產私酒——航空用油也行——是許多外籍航空人員的禍害。

一名俄國的高階外交官是阿富汗老兵，以不具名為前提和我交談，回憶起駐防的蘇聯駕駛員在喀布爾出外找「酒精」的事。說也奇妙，蘇聯指揮官發現，喝航空用油的駕駛員和機組員雖然常常不可靠，卻不曾染上肝炎或寄生蟲，因為水通常不乾淨，而他們不喝水，光喝航空用油。這成了資深機組員之間的信條：喝甲醇反而活得久。話說回來，雖然有意外、肝病或過量問題，但真正奪去數千人命的是冬天喝酒暖身子的習慣。

於是謝爾蓋繼續喝。我再怎麼努力，也無法理解這種生活對五十好幾的男人持續保有的那種魅力或是對危險的渴望。這些現象一直存在，對我來說就像翱翔天際的矛盾，一種神風特攻隊的自保社會，是為了給似乎完全不怕死的人上一堂終極生存課。我憂心忡忡，因為我是小心翼翼的膽小鬼，厭惡任何形式的危險。這本當是很健康的心態。

有時候，賺大錢的承諾，加上堅信自己會活下去的念頭，促使米奇和機組員踏上世上頂級的死亡之旅。一天，米奇隨口問我，下次他飛摩加迪休的時候，我想不想偷搭，代價是一小筆酬勞。一位外籍駕駛員對我笑稱，「摩加迪休是看過心死的地方」，那裡是世上公認最腐敗、最無法紀的地方，有海盜巡邏，有青年黨（al-Shabaab）的伊斯蘭游擊隊出沒，還有個遭擊落的耿直運輸機墓園。就連蘇維埃航空（Soviet Air Transport）的耶夫根尼・札克洛夫也稱之為最危險的地方。札克洛夫說：「在索馬利亞之類非常危險的地方行動，大家都知道他們在做什麼。我們付很大、很大筆錢讓他們飛去那裡。」

空投用的保險箱和降落傘艙在衝擊海面時會爆開，因此印度洋時常漂滿現金。不過，如果你相信米奇，那麼這一切都有另一面，而那超越錢財，使得飛去摩加迪休雖然確實恐怖，卻又古怪地令人興奮。我們這次沒成行。聯合國正式安排好了，機組員這星期沒要替他們做什麼，然而耿直運輸機載著美軍承包商去索馬利亞進行黑色行動是公開的祕密，定期替青年黨載軍火的「無賴」航班也是。誰都猜得出還有誰來來去去。不過米奇告訴我，如果我有機會，別錯過。他露出行家那種古怪的淡淡微笑，向我保證：「非常特別。」

結果，他構想出的進場方式也非常特別，比他進入好戰的喀布爾時那種瘋狂下傾更令人吃不消。或是更不要命。索馬利亞的海盜從船上猛射機關槍，當地的青年黨民兵從地面發射防空火箭，所以前往當地的任務中，米奇一幫人學會做巡迴特技，低飛在水面上，降到「遠低於」一千呎，掠過浪花，直直衝向摩加迪休濱海機場帶著鹹味的柏油跑道。

這是領航員最愛的噩夢。迪米崔蹲坐在駕駛艙下垂掛的玻璃泡泡裡，看著一段越過豔藍海面的漫長平移，下方魚群、地對空飛彈和更多的魚群颼颼而過。迪米崔說，奇妙的是，現在太空城（Moonraker）式的日本特大號拖網船害怕被綁架，和大家一樣遠離那裡，海盜為當地的海洋生物創造了奇跡。一切都美極了，「好像伊甸園」。領航員分了心，開始思考那樣的事，因為，這麼說吧，不然他該想什麼？其實，機組員全體都知道米奇必須再度弄對進場方法，而且他們要運氣好。

如果米奇真要在起飛、降落摩加迪休時有事情讓他集中注意，其實在摩加迪休戰役中，有他朋友駕駛的兩架Il-76遭到擊落的事件，前後相隔沒幾天。

二〇〇七年三月九日，一架白俄羅斯的Il-76機組員正從恩特貝載著一件極機密、名義上是救援物資的非洲聯盟貨物，飛進索馬利亞。飛機正在最後著陸進場的步驟，距離摩加迪休國際機場的跑道只剩不到三公里，這時，幾百公尺外的下方海面有艘小船突然發射一枚火箭，在機身左側打出一個洞，破壞了起落架。火箭應當爆炸，把砲彈碎片射穿飛機，然而不知怎麼，機組員或乘客都毫髮無傷。未證實的報告指出，這是因為火箭擊中清單外一項祕密貨物的裝甲鋼板——一輛坦克就藏在機艙的貨物之間，這祕密貨物連飛機上的烏干達軍都不知情。當時飛機起火燃燒，不過駕駛員設法讓飛機平安著陸。火勢蔓延，機組員和乘客（烏干達士兵）從逃生艙口破門而出，他們逃得快，撿回一命。摩加迪休機場唯一的消防車因為燃料不足，花了超過一小時才開到那裡，一名機場員工得先跑去拿一桶汽油，幫消防車加油。

整整兩星期，飽受摧殘的十八歲耿直運輸機焦黑破爛地待在跑道上。不過就像機組員被瘧疾消滅的那架，這架飛機即使受到致命破壞，也會有些用武之地，讓這架飛機再度升空——至少一部分會升空。飛機零件太貴重，不會完全報廢，如果能搶救下來，光是機上的四具索洛維耶夫（Soloviev）引擎就能賣到幾十萬美元。所以二〇〇七年三月二十三日，第一架耿直運輸機墜落後不過兩星期，另一架Il-76被機主派遣，載著設備和工程師去拆下作廢飛機的零件。

第二架Il-76的機組員都是白俄羅斯人，有些來自米奇在維捷布斯克的舊基地，他們飛進來，放下維修小組，順利完成任務。不過有人在注意他們。起飛不久，在不過三千公尺的高度，駕駛員報告二號引擎「有問題」，於是調頭回機場時，第二和第三發地對空飛彈擊中了飛機。機翼爆炸，落入海中，而飛機成了一團火球，繼續沿著海岸線前進，最後墜落在一座農場。目擊者看到壓扁的農場牲畜、人類屍體和飛機殘骸散落在半徑四英畝的範圍裡。十一名機組員中，十人當場死亡，另一人被發現在墜機現場附近蹣跚而行，在當天稍晚不治。報告指出，飛彈是從機場附近的一間農舍和一艘小艇上發射，表示攻擊經過協調。索馬利亞軍迅速在那區域拉起警戒線，不是為了捕捉打下飛機的海盜，而是為了「清理」現場。幾小時內，他們清空了殘骸，發表聲明宣稱根本沒有發射飛彈，他們不知道那架Il-76發生了什麼事。

在白俄羅斯，哀悼者沿街迎接空勤人員的遺體返鄉。提起這事，米奇顯然不大自在，因為那些白俄羅斯空勤人員是他在維捷布斯克的校友，有些送回他昔日軍營的城鎮安葬；而我很震驚——幾年前，我和那架飛機與白俄羅斯機組員打過幾分鐘的照面。不過配備火箭的游擊隊和配備火箭炮的海盜，一向是索馬利亞航班的職業傷害。（命運很奇妙，二〇一〇年五月六日，一架俄國驅逐艦，沙波什尼科夫元帥號〔Marshal Shaposhnikov〕的特種部隊突擊隊，從海盜手下解救了一艘俄國超級油輪的機員，那些海盜原本威脅要炸掉那艘價值九千三百萬美元的輪船。）

對米奇的機組員來說，資訊是一切——誰在開火，誰在付錢，還有誰在那裡，誰歷險回來。這些人得了資訊上癮，因此無藥可救地愛八卦。我告訴他們，他們會是很棒的記者，他們會跟任何人閒聊，女游民、條子、士兵、罪犯，只要能給他們線索，只要有人願意洩漏個電話號碼，只要能幫助他們確認天氣、戰況，或是某個傢伙想買幾箱康福壽（Courvoisier）白蘭地。只要有收訊，他們就在手機上講幾句，或在我們等待起飛的時候改用無線電把話講完。我們不是過一天算一天，而是飛一站算一站，用一疊疊、一箱箱來衡量我們的生命——那是獨立商人搖搖欲墜、用帶子固定的長條圖。

機組員每次在地上待的時間超過上貨卸貨所需，就會極度坐立不安。救援業的所有人都一直告訴你，救援是和時間賽跑；而這一行的所有人也一樣坦白地告訴你，時間就是金錢。總之，對於載那些貨的人來說，二者毫無差別——同一行，只是標誌不同。

和米奇聊天，最不經意的問題卻被打回票，某方面來說很惱人。我花了好久的時間才問出他從哪裡來，只因為他對任何事的本能反應都是聳聳肩，喃喃說些隱約像「蘇聯」的話，或用亦真亦假的言語搪塞我。聊目的地、貨物、朋友或親戚關係，只會無功而返。有一次，我一時氣惱，跟他說我之所以問那麼多問題，就是因為他什麼都不告訴我，米奇只又聳了聳肩，遞根菸給我，然後叫了迪米崔，開始跟他聊天。

不過事後回顧，我其實想不出我為何那麼驚訝。二〇〇九年十二月十二日，曼谷警察顯然收到密告，在曼谷國際機場的柏油跑道上突襲、扣押了一架Il-76。那架飛機在飛一條預先規畫的二萬四千哩古怪航線，之字形飛過世上大多數地方，從北韓飛經烏克蘭、伊朗和泰國，往不知名的最終目的地而去。

這次，神祕的密告十分準確。他們拆了飛機，發現一箱箱登記為「石油工業機件」的箱子，其實裝了三十二公噸的火箭炮、炸彈、地對空飛彈和其他軍事裝備、槍枝和彈藥。這趟航班違反制裁，從北韓這個核能流氓國家載運違禁軍火。機組員被帶走，飛機遭到扣押，貨物沒收。對泰國警方而言，這場突襲大獲成功。

然而歡欣鼓舞到此為止，接下來是困惑和挫折。因為尋求解答的調查員遇到的，正是機組員把我逼瘋的那種含糊其詞。

那架Il-76機組員是一個來自奇姆肯特（Shymkent）的哈薩克人手下，他名叫亞歷山大．濟科夫（Alexander Zykov），擁有「東翼」這家貨運航空公司，曾經被誤認為那航班經營人，而濟科夫立刻和那些貨物撇清關係。濟科夫和妻子否認知道該航班和該航班的事，後來發現，濟科夫的妻子透過她在沙迦的公司，登記為那架Il-76的合法所有人。他們宣稱不知道任何軍火的事，甚至告訴記者，那些人雖然替濟科夫工作，但航班當時都在度假，是他們幾星期前一同安排的。美聯社記者在造訪他們的住處之前，先致電給濟科夫，當時濟科夫告訴記者，他不曉得怎麼查出是誰預訂那趟航班，或是幫什麼人登記的，他建議他們自己「去找他們」，然後重重掛了電話。

然而，找到遭扣押機組員的親友，他們的反應卻是義憤填膺。他們顯然相信曼谷突襲當時，機組員在替東翼工作。他們替東翼工作夠久了，當地人稱他們是濟科夫幫（Zykovtsy），甚至在軍隊化的公司建築裡有他們自己的臥室兼起居室，在工作之間的停工期使用。至於機組員，他們抗議說，他們以為貨物就是船貨清單上記載的，是石油設備的零件。除此之外，就是「不過問、不多說」。

然後事情開始變得**實在很古怪**。

調查員愈是設法查出航班幕後是誰，或委託者是誰，愈覺得他們踏進了鏡子迷宮。空勤人員、包機公司、海關官員和觀察員都參與其中，提出一間間公司，那些公司的名字出現在不同的表格和證明文件中，然而每一間都是個死胡同。聯絡人解釋道，他們從來沒聽過那架飛機、那個航班和機主；電話號碼結果是空號，電子郵件被退回，文件中提到的人也否認對那批違禁品有任何責任。飛機放行，透過一系列的空殼公司繼續租賃，最後落到一間在西班牙成立的公司。一個月後，掛名的機主經過大量調查，卻都查無此人。繼續往下挖，之前被認為是履行武器訂單的北韓公司，結果也不存在。

幾天後，機組員悄悄由曼谷監獄釋放，撤銷指控，遣返回家。畢竟完全沒有證據證明他們知道他們載的貨物性質。就連布萊恩．強森．湯馬士那樣的老經驗觀察員，回顧這個事件，也不禁搖頭。「感覺像陷害。」他說。「有些可疑的地方，從密告的事，到背後主事者現在看起來不存在。是失敗的圈套，事情沒這麼簡單嗎？我們不要急著下定論。」

突擊逮捕和徒勞無功的洲際追逐，幾乎一樣草率，但這一案中很多狀況其實是很典型（幾乎照本宣科）的灰色行動。「我們目前的階段不再是合不合法。」摩伊希斯·奈姆說。「而是某些活動和其他非常正當的行動緊密糾葛，甚至很難察覺，更難立法禁止那些活動發生。」

這一例和許多類似的航班一樣，都有足夠的空間容許懷疑或否認。對許多客戶來說，這樣很好。誰也不想去捅螞蟻窩，天曉得會引發什麼事。目前，託運人有航班、駕駛員有賺外快的生意、機場有錢賺，皆大歡喜。就像布萊恩·強森·湯馬士的駕駛員朋友，為非政府組織提供一些航線的免費服務，給人極為熱心公益的印象。米奇大方的條件對救援機構來說，就像天上掉下來的禮物。這也難怪，他的費用那麼便宜，大部分人並不想深究他的動機。

貨運業的本質，不只是飛向警戒區的人道航班，也是「及時」的商業物流與軍事後勤配送，加上極短時間排入太多航班的一個超速時程，這在隨機附人的小規模營運中十分常見，因此整備時間短得嚇人，而檢查少得離譜。

連最誇張的逃票乘客和最古怪的託運貨物都能過關。二〇〇四年的海嘯挾帶逾三十公尺高的大浪打向印尼、泰國、馬來西亞到斯里蘭卡，和印度洋國家的濱海社區，摧毀城市，超過二十三萬人罹難，東方集團資深的「精選部隊」開著他們大肚量的超級飛機，載著救濟物資和重建設備，率先進入現場。當時那裡近乎人間地獄。

斯里蘭卡的泰米爾之虎（Tamil Tigers）二〇〇七年三月發動第一波空襲時，《泰晤士報》

（The Times）報導了就連泰米爾之虎的輕型攻擊機也是在海嘯後，利用救援期間鬆弛的安全措施，以成套組件的形式偷運進斯里蘭卡。

還有時間載上許多「額外的貨」走私回家。約翰．麥當勞記得，一群群伊留申和安托諾夫蜂湧而至，染黑了災區上方的天空，而他替機組員進行飛行管理時，一名喝伏特加的逃票乘客把他嚇壞了。

麥當勞說：「那段時間在東南亞，有這些Il-76和這兩架安托諾夫-12，開到那裡，以吉隆坡為根據地，載救援和補給到該區各地。我在這些飛機周圍奔走，瘋狂奔波，查明飛機是誰的，確保飛機沒問題，安全無虞。我走進其中一架，那些飛機的機組員艙沒那麼大，然後我聽到一陣令人毛骨悚然的尖叫。我走進貨艙門，恐怖的叫聲更響亮了。我抬起頭，黑暗中有個四呎六、也許五呎高的大籠子，頂天立地，籠裡有隻熱帶的大鳥，半數的羽毛脫落，在那邊拍翅膀、嘎嘎叫。這些傢伙原本駐紮在西非，海嘯前一週，駕駛員在黑市買了牠，預計隔週回烏克蘭，把牠送給他的小女兒。然而發生緊急狀況，為了塞進救濟任務，拒絕了太多工作。他們飛越半個地球，同時一直載著這隻成人大小的鳥，他們餵牠吃伏特加和麵包，牠不斷掉羽毛，在飛機裡拚命發出駭人的嘎嘎叫。附近幾哩都聽得見那叫聲。」

他笑著計算他們一路上載著這個尖叫的乘客，要做多少盤點和著陸。

「看看地圖和飛機的航程就知道——他們從西非飛到馬來西亞之間飛了一大堆航段，花了很久的時間，從剛果的黑角（Pointe-Noire）到奈洛比，又去衣索比亞的阿迪斯阿貝巴

（Addis Ababa），再到阿拉伯聯合大公國（可能是沙迦）然後是印度的某個地方，再到另一個地方停了一站，之後飛去吉隆坡。一路上這隻巨鳥不斷拍翅膀、嘎嘎叫。誰都沒看見。不只這樣，別忘了，機組員就在飛機上睡覺、吃東西，做**所有的事**。根本是間精神病院。任何在理想時機上過這些飛機的人，都知道氣味活像莫斯科計程車後座，充滿體味、油膩什麼的，何況還有隻醉醺醺的大禿鳥。」

其實，動物是一些機組員時常偷渡的東西，如果能讓動物活到交貨，也是不錯的一小筆收入來源。不過這些額外貨物也有些意料之外的後果。一年內，TRAFFIC這個野生動植物交易監控網，指認了進出非洲的黑貨航班，是先前疫情「清除、控制中」國家爆發幾起禽流感的罪魁禍首。

TRAFFIC的李察・湯瑪斯（Richard Thomas）表示：「官方說法是候鳥造成的，真是胡扯。在奈及利亞因為禽流感而禁止雞隻進口，但緊鄰機場一座應當做好隔離的合格農場，卻是禽流感爆發之地。他們禁止進口，但後來當然就開始有病鳥用這堆沒標誌的飛機走私進來。」

他們替聯合國把救援物資載去海嘯災區或維和目的時，對於進出口「夾帶」貨物的態度隨性，因此成了傳奇，即使在聯合國人員之間也一樣。

一九九〇年代初期在安哥拉戰爭中載運補給的一名飛行員說：「我忍不住想念他們。」他回憶道：「在盧安達，我同事替聯合國開飛機。他想替駕駛員之家買隻非洲灰鸚鵡，所以立刻去找**Il-76**的機組員請他們幫個忙。他們也替聯合國飛，所以他想請他們那週間飛下一趟的時候，去東北安哥拉買隻非洲灰鸚鵡。結果他們邀他進去，問他要不要來一兩杯伏特加——當時是**早上十點**。我朋友婉拒了伏特加，讓他們看他的對講機，說他正在待命，然後請他們之後替他弄隻鸚鵡。對話變得熱絡，更多伏特加傳來傳去，突然間，酒杯放下，Il-76機組員站起來，走了出去。我朋友問現在是不是不方便，抱歉打斷了他們在聯合國營地的社交時間，機長卻轉身說，『沒問題——我們現在出發，去弄那隻鳥來！』他們真的飛了。晚上六點，屋裡就出現一隻非洲灰鸚鵡！」

這些故事多如牛毛——鳥禽、坦克、豬隻、直升機、流行巨星雕像、鋼琴、整個酒窖、人員、冒牌錶、軍火、毒品——沒什麼不曾在某個時刻成為完全合法人道援助航班夾帶的一點「付現貨物」，而為人道援助航行出錢的人，完全不知道有什麼跟著他們的救命物資進出。

不過在狂歡作樂之外，有些線索可以看出這些隨性的做法（以及阿富汗和撒哈拉以南非洲機場的「黑洞」狀態）之所以能占優勢，至少一部分是因為我們通常認為是「好人」的傢伙沒意願整頓。

因為有時候，就連米奇**Il-76**的人道援助航班也成為掩護，不只掩蓋了機組員自己想載的非法額外貨物，還有像我們自己之類的政府極機密、〇〇七式的「黑色行動」。

＊＊＊

壞蛋都期待著聯合國合約或人道任務的掩護提供一點正當性，同樣的，我們通常認為是好人的那些人士也一樣。

這表示，為米奇機組員做的事提供最佳煙霧彈，對非常有權勢的人來說其實有好處，而我們都試圖追蹤的一些「非法」貨物，其實是為我們政府載運，屬於極為複雜、精心規劃的行動網。

長久以來，一直有報告指出親切的機組員或運籌帷幄的經營者，將未登記的乘客載進或偷偷帶出危險地區。眾所周知，外交官和聯合國官員需要集體搭機時，會乘坐特地改裝舒適的 Il-76，祕密飛行。事後照片會公布在聯合國的網站上——不過為了安全因素，細節會保持模糊，直到降落為止。其實我大部分的航班都未登記，也就是在比較不合宜的狀態，完全直接和機組員接頭，付錢補償他們的不便，而不是透過官方管道、航空公司或出租人，這樣比較簡單。不過現在知道了，政府有任務得達成時，會親自找上前蘇聯黑貨飛機。相較之下，零星的付現航班、疑似塔利班戰鬥人員偶爾「絕妙演繹」的醜聞，只是冰山一角。據伊戈爾．沙林傑所說，在米洛塞維奇政權密切關注下，達姆尼亞諾維奇和喬爾傑維奇從貝爾格勒出發的失事航班，根本不是前南斯拉夫貨運包機業和各國政府共舞的唯一一曲。「一些飛離波士尼亞的航班，受僱於美國的軍火貿易公司。」沙林傑微笑著說。「而我們都知道在波士尼亞，你連尿個褲子，蘭利的中情局都會收到消息。」

甚至在二〇〇七年，傳到聯合國安理會的一份聯合國專家小組報告中，發現喀土木的蘇丹政府包下幾架安托諾夫-26，換上白色的聯合國塗裝，運送藏匿的祕密軍火給金戈威德民兵，讓他們威脅恐嚇達夫的村莊。

後來發現，這些喬裝的巨型貨機本身偶爾也曾被蘇丹總統奧瑪爾・巴希爾（Omar al-Bashir）政府當作轟炸機，祕密轟炸平民。

《泰晤士報》報導：「最驚人的真相，是蘇丹武裝部隊把這些漆白的軍機用在達夫。（二○○七年）三月七日的一張照片，捕捉到一架安托諾夫An-26飛機出現在達佛（Darfuri）首府法希爾（al-Fasher）機場的空軍基地。那架飛機由士兵看守，一旁堆著炸彈，機身漆成白色，左翼上方印上聯合國的縮寫「UN」。另一架蘇丹軍機也以同樣的方式偽裝。」報導指出，一月裡，那架白色的安托諾夫至少三度用來轟炸達夫村莊。

不過軍備轉移有個糟糕的副作用。就像斯塔里科夫的Il-76，像剛果和安哥拉上方大量自燃、機翼振動、在空中蒸發的航班一樣，這些看似無害的人道援助航班有個怪習慣，老是爆炸——幾乎像是機上載了易爆貨物，而不是船貨清單上寫的輪胎、衛生設備、食物和帳篷。

每次這些航班**真的**墜落，感覺總像蘇爾津的事再度重演。我繼續挖掘了卡緹亞・斯捷潘諾娃的領航員朋友發生了什麼事。我發現得愈多，這些文書失誤、偽造執照、酗酒等等說法，不管有意無意，看起來都像是極度方便的障眼法；愈看愈覺得，機組員不論做了什麼，或不做什麼，都救不了他們。同樣的，或許斯捷潘諾娃說那架耿直運輸機在頂尖狀態時，說的是實話。

因為無法避免的單純真相是，二〇〇九年三月九日清晨五點，那架Il-76從恩特貝起飛不久就在空中爆炸，解體的力道之大，使得引擎像飛彈似地噴出去，撞沉了維多利亞湖上一艘當地漁民的小艇。看起來像一場爆炸。但如果飛機本身完好，機組員從頭到尾不知道擊中他們的是何物，那麼上面爆炸的是什麼呢？

調查員似乎特別熱衷於掩飾這情況，寧可質疑領航員的文書資料和駕駛員履歷，而不去質疑貨物性質。確實，烏干達當局和飛機主起初的聲明，是飛機為了非洲特派團（African Mission），載著淨水設備和帳篷前往索馬利亞。然後殘骸開始浮出水面（這不只是比喻，也是現實），其他事情隨之曝露。有人聲稱，飛機載著負責維持和平任務的蒲隆地士兵、五角大廈新型企業傭兵（來自一間美國「民間軍事承包商」，頂科公司），該公司最有爭議的作為，是為五角大廈在伊拉克執行合約。

如果機上悄悄載了軍用貨物（或許隱密到就連航班的經營者耶夫根尼．札克洛夫，甚至駕駛員也不知道是什麼），可能導致墜機嗎？

這個結論在那地區的航空社群得到不少支持。有些人（以及斯捷潘諾娃和該航班業者——札克洛夫的前公司Aerolift）似乎同意這個結論，相信破壞班機的是索馬利亞民兵，因他們反對烏干達協助聯合國在那裡維護和平。他們指出，之前維和行動在恩特貝已經多次遭到破壞，那地區的維和行動經常受到有組織的攻擊，此外還有隨之而來的爆炸案——二〇一〇年七月，坎帕拉現場轉播世界盃的地點發生爆炸案，兇手是索馬利亞的伊斯蘭組織青年黨。

有件事可以確定：每當貨機爆炸，把焦點放在機組員身上、提出人為疏失的可能性，對死者之外的所有人都很方便。只要墜機的肇因是機組員，而不是飛機或貨物，那麼從保險索賠到公務機密，一切都會比較簡單。說來諷刺，烏干達軍施壓要民航局在班機起飛時放行，不只表示不能檢查他們的貨，同時也讓地勤人員沒機會查出任何其他異常狀況，例如青年黨的炸藥。

問題太多了，無法視而不見。因此我決定親自回到失事地點，陪在我身邊的是最先來到現場的第一批人。

全球第二大淡水湖北岸的上方，天空黑暗陰沉。在這個烏雲密布的六月午後，微風撫過暗藍灰色湖水周圍的野草，有種東安格里亞（East Anglia）海岸的風情，只不過水面平靜得詭異，還有鄰近田野吃草的牛隻比較消瘦。湖對岸的肯亞和坦尚尼亞遠到看不見。

墜機一年後，小艇仍在湖岸附近無盡的水域瑪鉤倍（Magombe）搜查，耿直運輸機一部分的機身和引擎就掉在那裡。

「瑪鉤倍的意思其實是『死亡』。」全國性報紙《警戒者報》（Daily Monitor）駐恩特貝的調查記者馬丁．席布伊拉（Martin Ssebuyira）指著湖上幾哩處的位置。耿直運輸機支離破碎的殘骸，躺在八十呎湖水和另外四十呎無法穿透的濃厚泥巴下。「那裡被稱為瑪鉤倍，已經有幾世紀了。我想那裡沒有過什麼好事。有時候漁船去了那裡就沒再回來，所以大部分的漁民都會避開。現在又發生死亡事件。」

席布伊拉是個輕聲細語的精瘦烏干達人，二十出頭，一點也不像經驗老到的偵探，或那種假冒成祕密警察成員，搭上匆忙出航的小艇，靠近觀察墜機現場的人，可他正在那麼做。烏干達人民防衛軍的小艇和他們的探照燈開到湖上時，這位恩特貝記者被驅離了失事現場。但他不像其他記者，他回來了，在夾克下藏了一臺相機偽裝便衣警官手槍皮套凸起的形狀，連哄帶騙地上了其中一艘小艇。他是率先來到破爛飛機落水處的第一批人。

「水裡有人手，我們不斷找到屍塊。」他說。「……和很多東西。從漂浮的殘骸明顯可以看出，這架飛機不只是墜毀……但流出的說法都是那樣！一個漁民說他看到空中的飛機上有火，就被當局帶走了。然後來了小艇在湖岸巡邏，不准湖岸上的當地人捕魚。」

席布伊拉交出報導。更多目擊者現身，更多證據浮上檯面。官方的說辭漸漸變了。除了機組員，還有七名「其他人」在墜機中身亡。之後聲稱他們是戰鬥人員，這些軍事人員搭著一架低調的航班，加入浦隆地的維和任務。然後頂科公司的關係曝露。

不過墜機的原因仍然疑雲重重。不是因為原因太少，而是反常的太多——絕對多到足以讓席布伊拉和其他人（例如外籍俄國空勤人員和他們家人）懷疑是障眼法。「結果宣布，機組員喝醉了。有人目擊他們凌晨三點在四隻火雞喝酒，然後四點報到開始服勤。」席布伊拉說。「還有人宣稱，機長覺得睡一小時就足以醒酒吧。他們也聲稱，那架飛機早該退役了——使用期滿，但他們還在開。然後他們說，機組員可能不是他們原本以為的專業飛行員。有許多東西早該修理，卻沒修。」

如果確實有障眼法，那是誰躲在障眼法背後？除了烏克蘭航管局質疑領航員的資格，反對派《獨立週刊》的新任編輯派崔克．馬特斯柯．穆古里的消息來源也告訴他，俄羅斯聯邦民航局追蹤駕駛員的文件，結果徒勞無功。他們的報告結論很簡單：「科瓦雷夫也許沒有駕駛執照。」然而，雖然有人指控機組員不適合飛行、飛機的維修狀態和當地叛軍活動，不同的故事也慢慢開始浮現。

試圖打撈的美國潛水員表示，機上的大爆炸「讓機身裂開，像顆蛋一樣一分為二」，顯然不是任何抽水或淨水設備故障，或是其他無害的救援物資造成；而準備前往摩加迪休的頂科公司「維和承包商」不只是搭便機而已。湖水燒得猛烈，久久不息，就連軍方也沒靠近。湖裡的某個東西令他們憂心忡忡，由於這事件易爆的特性，沒花多久就猜出那是什麼。

有名駕駛員稱他認識那些人，並嗤之以鼻：「他們並沒有載救援設備，是替五角大廈的祕密軍隊載彈頭去索馬利亞。然後飛機爆炸，掉進水裡，發出他媽的一聲巨響。這下子他們要逮捕任何靠近飛機的人，或是看到天空中那陣火光的人。即使不是聰明人，也看得出在掩蓋真相。」

毫無證據，沒有透明的調查（後續請來美國海軍潛水員，在警戒線裡進行打撈作業，也完全無助於平息陰謀論）——在流傳的正是這些理論。現在，飛機埋藏在非洲大湖底四十呎的泥巴下，我們很可能永遠都不會知道真正的肇因了。

話說回來，穆古里仍然希望這有些正面的影響，至少看在機組員的份上。穆古里在他報告中寫道：「這可望表示救援機構和大型後勤公司會開始用合法的業者，而不只是用最便宜的選擇，助長半吊子的人。」

不過就連五角大廈的藍籌夥伴也會利用影子飛機瞞騙貨物，更不用提「人道援助」成為骨子裡運送軍事貨物的幌子，用米奇等機組員，開著破舊蘇聯包機來載運。突然之間，所有條子也都成了罪犯。認識維克托．布特多年的人，聲稱他軍火走私的客戶既有大國政府不以為然的對象，也有那些政府本身和他們的親信，所以維克托．布特才能混那麼久，還有那麼多調查小組被調離這個案子，而監控布特活動的部門，資源老是被挪用。

其實，排除布特、米寧和達姆尼亞諾維奇這些愛出鋒頭（且可能令人難堪）的大玩家之後，各式各樣的政府都能有恃無恐，低調地任意僱用這些行事隱密的貨運業者。即使在二〇一一年春天，南斯拉夫戰機愛好者穆安瑪爾．格達費最後的日子，也有Il-76的引擎聲相伴。我確定達姆尼亞諾維奇聽說這事的時候，應該會咯咯一笑。北約組織堅持在利比亞上空設立一塊禁航區，作為援助利比亞叛軍軍事干預的配套措施。但提出這點並不是因為他們怕利比亞空軍，而是因為他們害怕一群群白俄羅斯和亞美尼亞註冊的耿直運輸機，開始趁夜運輸軍火去無雷達的南利比亞沙漠，給格達費的軍隊。而這些軍火是來自白俄羅斯的舊軍事基地，以及摩爾多瓦的基希訥烏市武器工廠。

起初，亞美尼亞和白俄羅斯面對國際壓力，守口如瓶。而後，摩爾多瓦電視在一份耀武揚威的報告裡，論及摩爾多瓦傲視全球的軍火工業生意興隆，得意地吹噓他們透過亞美尼亞企業，將大量武器販售、出口到利比亞。這時亞美尼亞的迴避策略才失敗。

然而這也比表面上來得複雜。於此同時，報告揭露了更多夜間軍火投遞的情形，這次是給在鄰國阿爾吉利亞沙漠紮營的利比亞叛軍送貨人。業界裡的傳聞是，這些軍火投遞是由北約組織親自委託，唯恐讓人發現他們為暴動提供武器（瞧瞧多年前他們武裝了聖戰士的下場），卻又希望協助推翻格達費。接著，法國在六月遭人揭露之後，承認委託了非法貨運航班，據知是讓幾架An-12把「四十公噸的武器和一些輕型坦克」在西利比亞納福沙山（Nafusa mountains）的克難山區跑道交給叛軍。法國參謀部發言人蒂埃里・布卡德（Thierry Burkhard）上校表示：「我們一開始是空投人道援助物資——食物、水和醫療補給，後來我們空投了軍火和自衛裝備，主要是彈藥。」負責遞送的飛機是經由沙迦飛往那裡。

那麼多官方調查敷衍了事，或太快得到結論，也是意料中的事吧？肇因遭到掩飾，（我和其他人）寫給調查小組、政府、航管局的電子郵件都無人回信，電話也毫無回應。聯合國的剛果行動列出金夏沙一支電話號碼，但我每天打那支電話，打了六個月，從來沒人接聽。我問聯合國祕書長辦公室，恩特貝的聯合國基地為何那麼不清楚進出班機上的額外貨物，這下子，就連他們也開始閃爍其詞，說他們不能告訴我，「我們何時能給你一個答案，或是我們有沒有答案」。事實是，這些班機是全球電路的隱藏線路，是條祕密廊道，各國政府通常會容忍，因為他們比任何人更常利用這些班機進行黑色行動。就連平常的藉口「供應鏈缺乏監督」，也開始顯得非常像機組員奉行的「不過問、不多說」原則了。

彼德．丹瑟特說得好，這是「骯髒的小祕密」。像我這樣的記者，在這場混戰中不受歡迎。我有過數十次同樣的對話：某個政府涉入的情況如何？這個或那個調查為什麼會觸礁？警方自己發現可疑交易的證據時，為什麼沒得到支持？到了這個程度，所有政府都像烏克蘭政府，而所有愛管閒事的調查員都像沙里．歐達里奇。或許腿上沒中一槍，但確實都被封口了。問題遭到迴避，回應了無下文，進行簡報之後，溫和、刻意的含糊再度籠罩——米奇和他手下在這樣的含糊中可能是小小贏家，不過有些人從中得到遠比較多的利益。雖然對於他們怎麼利用這隱密的超級管道，留些懷疑的空間對大家都有好處，不過像派崔克．穆古里這樣的人繼續堅持要透明公開，駕駛員維克托．克拉列夫（Viktor Koralev）和領航員耶夫根尼．柯羅列夫等人繼續離我們而去，蘇聯製的鋼鐵巨獸繼續在頭上轟隆飛過。

第六部

返鄉之路
——東非與俄國

第二十章　幽靈工廠
——俄國，二〇〇八年

假名和借來的身分是計畫一部分，在我跟著米奇時，這對我自己和機組員們而言都一樣。我有時覺得我是在一個奇異的夢中世界遊蕩，夢中的人像飛機一樣，不斷變換面孔、名字和人生。有些私下的謠言說，失事現場發現的空勤人員屍體數量，超過機上的空勤人員人數。墜毀的飛機，卻被調查員發現多年前已經墜機過，毀損到無法修理的程度。這整件事開始感覺像有著神祕與亢奮想像的哥德風故事了。

當然有比較世俗的解釋。非洲大部分的管制站，亮出美元鈔票、或是亮出護照幾乎等於告訴大家我是誰，而一張借來的身分證（我化身為一個高壯的中年俄國人）可以擺平其他問題。

製片雨貝．梭裴在一架耿直運輸機繞著非洲湖泊飛行，測試這些機組員的進度時，寫道：「為了和貨機一起飛，我們必須喬裝成駕駛員和裝載長，帶著假身分。在村莊裡，我們被誤認為傭兵，在魚工廠，經理擔心我們是歐盟的衛生稽查員。我們在高級旅館酒吧變成澳洲商人，或只是非洲叢林裡無害的背包客『在拍照』。」他消失得太有效，甚至發現自己因為遭綁架而登上世界各地的新聞頭條，只是因為美國大使拒絕透露他的所在。

米奇培養出變化多端的特質，即使對於認識他的人來說，要追蹤他也很費時，時常無法追蹤。在我們次次見面的中間那段時期，準備前往俄國、非洲和其他地方去追米奇時，我發現要和他碰頭真是難上加難，因為他每去一個地方，就會換掉ＳＩＭ卡，總之很少超過一個月；而且問到要去哪找他，客戶、包機公司和雇主似乎跟我一樣沒頭緒。即使我知道他在哪家旅館，櫃檯也不知道他是否在那裡，因為他會用不同的姓名和身分去登記入住。

但如果說米奇這麼做是出於習慣和需求，食物鏈更高層許多業者的規避行為可以說是爐火純青了。情報單位的航班中，最神奇的案子和一名女性有關。情報官員只知道她叫塔蒂亞娜（Tatyana），他們怕她的程度，就像大家害怕凱薩・索澤那樣。

據信塔蒂亞娜曾替維克托・布特做事，還有其他在莫斯科、阿拉伯聯合大公國和撒哈拉以南非洲三角地區作業的國際販運者，而且是最親近的助手之一。塔蒂亞娜最早引起注意，是米洛塞維奇政權下貝爾格勒最初令人興奮的荒蠻東部時代。從那時開始，塔蒂亞娜就對即將發生的戰事異常敏銳，常出現在所有天啟四騎士中戰爭騎士現身的地方，包括一九九九年出發自利比亞蒙羅維亞的一個西非之旅射殺開始時。

「塔蒂亞娜」是個半神話的神奇人物，甚至對於致力整理活動紀錄的人也一樣。經常有人目睹塔蒂亞娜，但從來不曾有人追到她的行蹤；而雖然她的名字總是叫塔蒂亞娜，但她留下的簽名幾乎都有著不同姓氏。

每次有些軍火和「灰」貨的販運者（包括布特）開始營運時，她就會現身，擔任布特的律師，或是法律顧問。她的生日似乎總是同一天，不過依據二〇一〇年第二份報告中情報官員所言，每張身分證件上的出生年不同。那份報告是由拉斯海瑪遭廢黜的統治者委託製作，顯示拉斯海瑪可能是「流氓國家」，指控拉斯海瑪和伊朗有恐怖主義的聯繫。

依據道格拉斯．法拉和史蒂芬．布勞恩（Stephen Braun）的說法，塔蒂亞娜的角色當時是為維克托．布特考量新的生意版圖，替他事先進行法律和財務研究，蒐集文件，再飛回她位於莫斯科的辦公室（現在可能仍是如此，儘管布特目前受到監禁）。雖然有些消息來源指出，塔蒂亞娜年近三十，但符合相關描述的女性已經在布特（以及其他知名的販運者）身邊待了至少十年。

拉斯海瑪的報告指出，「最早是由歐洲情報官員認出她，該官員當時正在監控布特的企業在歐洲與非洲的活動」，軍火送達貝爾格勒、賴比瑞亞、杜拜、獅子山、南非、泰國、剛果、比利時和拉斯海瑪這個小酋長國之前，她會現身參與合約會談。如果「塔蒂亞娜」目前真的年近三十，表示她出現在貝爾格勒時，是十六歲的法律專家。

依據法拉和布勞恩做的調查，情報機構和調查員若要確切證實她真實身分，格外困難。困難到監控塔蒂亞娜活動的官員給出的唯一可能解釋是，「她」其實是兩個或更多不同人物的集合——顯然外表幾乎相同，有同樣程度的專業，從同一間辦公室派出，使用同一個名字、護照、身分證明和職稱，在同一時間或不同時間前往不同的地點，因此塔蒂亞娜能隨意消失，幾秒之後，現身在遠到不可思議的千哩之外另一個衝突地區；或者說，時間回溯——比起九〇年代中在貝爾格勒或二〇〇〇年代初在賴比瑞亞趕在最後一刻辦妥法律文件時，現在的她顯得更年輕。

布萊恩・強森・湯馬士對這個百變女郎甚至有一條更誘人的線索，暗示著模糊角色的這個做法有多強大。「據我所知，塔蒂亞娜是一名老國安會少將和普丁『顧問』姊妹的女兒。」湯馬士說。「維克托・布特在基桑加尼喝啤酒時曾經對我說，他也要對當局更高層負責。這一切當然都讓他的話更可信了。」

即使有那些謠傳和指控，似乎卻沒有任何惡行的確切證據，那名女性的神祕感只有增無減，令人挫折。看在西方人眼裡，總覺得不可思議。即使在今日，要用身分變花招，真的那麼簡單嗎？要創造模糊空間，甚至騙過中情局、國際刑警組織和英國軍情局五處？只有一個辦法能查明。對我來說，這表示得回俄國，也就是這一切開始之地。

***

米奇家鄉——葉卡捷琳堡是俄國軍事與工業複合體的中心，是米奇運送世界各地的大量儲備武器、裝甲運兵車和彈藥從前至今製造、存放、轉移、拋售之地。那裡的零件工廠和工坊，讓一群群耿直運輸機和安托諾夫在已屆製作者夢想的使用壽命之後，仍然飛翔天際。而那裡恰巧也是一九九〇年代俄國黑手黨啟示錄的發生地。

弗拉德米爾．斯塔里科夫那架墜毀的Il-76機組員，最後一次正是從葉卡捷琳堡滑出他們的停靠處，前往貝爾格勒。二〇〇〇年，戴著滑雪面罩的聯邦安全局在莫斯科突襲搜查之後，逃亡的東線機組員拋棄他們載滿違禁品的Il-76，在這附近散去，只把他們現代版的瑪麗．賽勒斯特號飛機丟在跑道上。

這是空勤人員逃離現實的地方。一九六〇年，蓋瑞．鮑爾斯（Gary Powers）的U2偵察機在不明狀況下在這裡遭到擊墜。即使在五十年後的現在，冷戰已結束超過二十年，中情局和國家安全局仍然判斷該航班的文字紀錄太過敏感，因此拒絕解密。

直到今天，葉卡捷琳堡仍然因為市民一天到晚消失而聞名——他們成為逃犯、不見蹤影，或化為屍首。二〇〇七年夏天，我對米奇的認識暫時再度鮮活起來。

我一路從莫斯科，經過韃靼和巴什科爾托斯坦（Bashkortostan），偷偷夾帶著記者的作業去見米奇。我實在不希望太陽在我到達城市邊界之前落下，而烏拉山脈的東坡已經暗下來了。原本計畫和米奇從前的一個貨機夥伴在喀山（Kazan）見面，結果失敗，一部分是因為我自己正在出一個影子任務，試圖把這些非法會面套進另一個記者行程，卻讓我距離我需要出現的地方還有幾百次快門，但我仍然信心滿滿，覺得能在幾年的安寧之後，了解米奇的近況。隨著我繞下山坡，低垂的紅通通太陽把烏拉山公路化為一道火河。前方是葉卡捷琳堡，從前稱為斯弗洛夫斯克（Sverdlovsk），更早之前名字也還是葉卡捷琳堡——那之間的許多地方，是蘇聯出版地圖上一塊細心編輯的空白。烏拉山脈素來有龐大的蘇聯五十一區之稱，主要是因為一道神祕之牆在數十年來吞沒了一座座小鎮、城市、山巒和森林、祕密基地，以及「消失」、死亡或畸形的人口。直到一九九二年，所有外國人和許多俄國人都不被准許進入那地區，當地地圖上許多突然空白的地區仍然禁止進入。

冷戰期間，那裡是蘇聯「核子群島」的中心（此外還有相鄰的車里雅賓〔Chelyabinsk〕，在這裡又稱坦克城〔Tankograd〕。主要雇主，在一九九一年是建造祕密化學武器設施），是所謂「幽靈工廠」的地方——武器設施和聚集的軍火基地偽裝成汽車製造設施、鑄造場和農場。

不過這些幽靈工廠也生產自己的幽靈，整座城市的人對於自己真正工作都瞞著家人、朋友，甚至同事。掩蓋真相一向是葉卡捷琳堡最擅長做的事，而且是以工業的規模進行。一九四一年，莫斯科面臨德軍進攻的威脅，大部分國家設施（從武器生產到祕密政府碉堡和化學設施，甚至列寧格勒冬宮博物館〔Hermitage museum〕裡的珍貴藝術品）都搬移到這裡，烏拉山脈聳立的邊界後。戰後，工業留了下來。一九五七年，車諾比之前，可稱是全球最糟的核子事故發於這裡時，媒體完全禁播、軍隊封鎖，確保受影響的這些山谷、小鎮和森林之外，沒人知道這件事，直到數十年後。即使今日，《孤獨星球》（Lonely Planet）指南仍然警告想去野餐的人，卡拉恰伊湖（Lake Karachay）和捷恰河（Techa River）周圍外洩的輻射可以在一小時之內令人送命。

一九七九年，一座生物武器廠（在一個南部郊區的住宅區中偽裝成一座普通工廠）在附近洩出武器等級的炭疽菌，黑衣人出現了，拉起警戒線，圍起蘇聯當局現在稱為「造成食物中毒的屠宰場」，接下來幾天，那座城市就這麼從新聞、廣播和公眾討論中抹去。二〇〇二年莫斯科劇院人質危機發生時，就連緊急服務單位也被國安會的清理小隊蒙在鼓裡。時至今日，大部分的當地人仍相信那是肉品受到汙染的結果，而不是因為一個實驗室出了意外，對抗生素有抗藥性的腺鼠疫桿菌存放在超級菌種炭疽菌、天花的筒艙隔壁，量大到足以消滅整個國家。

就連布爾什維克黨員射殺沙皇家人的民宅也被「抹去」——奉當地一名野心勃勃的政客鮑利斯．葉爾欽之命，夷為平地。葉爾欽是耶夫根尼．沙波什尼科夫總司令的朋友，擅長讓國家資金消失，在任職俄國總統時，將監督米奇轉職獨立事業。

葉爾欽受到一九九一年政變威脅，打算提議將葉卡捷琳堡當作首都的替代方案——受到威脅時，其內閣可以躲去的祕密碉堡。不過那座城市今日名聲因一九九〇年代初的罪犯、黑手黨和半合法經濟活動激增，至今仍然讓世界各地的國家、經濟、戰爭和政府留下很深的印象。即使對俄國人來說，那裡也是蠻荒東部。位在大草原邊緣，數百年來，逃犯、逃離聯邦安全局神祕逮捕的 Il-76 駕駛員、黑手黨成員和粗心旅客，就這麼在草原中或道路下消失無蹤。在這裡，黑手黨有自己的俱樂部、社區、球隊，甚至墓園。

伊留申和安托諾夫的引擎從犯罪集團控制的廠區中被偷偷運走，為非洲、中亞與高加索遊蕩的空勤人員服務；當地化學與核子武器在經濟崩盤的劇變中被盜，吸引了伊朗、巴基斯坦和中歐的可能買家。商人靠邏輯判斷，建立了航空公司，從當地駐軍物色有天賦的人才。

從莫斯科來這裡的路途遙遠，隨著太陽西落，我一心想快點到達鎮上的旅館。我的計畫是持續移動，讓車速指針維持在速限內極高的範圍，以免渴望收賄的條子上門。但我蜿蜒開下山谷邊時發生了一件事，恰恰證實了身分在這裡多不牢靠，即使這裡是俄國，離米奇長大的地方不過幾哩之遙。

烏拉山脈蜿蜒下至草原的狹窄公路旁，有著熱鬧路邊活動的幻景：嗚咽的瘦狗繫著牽繩、買家和賣家、顏色鮮明的攤子，烤肉串在煤渣磚爐的火上燒烤，冒起帶著香料味的灰煙。只不過這不是幻景。這裡的人是東方面孔，車子是烏茲別克車牌，漆著底漆，掛上馬車；病雞和鮮豔的塑膠足球、玩具、非法商品、罐裝蜂蜜和裝滿油的破爛油箱。我和我的旅伴伸伸筋骨，肚子餓了，而且更渴望和人互動，需要聽到、看到、聞到其他人，所以停在非正式的中亞集市。眾人目光讓我明白，我在這地方是突兀、稀奇的人物。

突然間，不知怎麼，我用破俄語和贊雅（Zayna）聊起天——她要求別寫出她的本名，之後我才明白原因。這女孩來自烏茲別克，跟著這歪歪倒倒的車隊，在夏季穿過俄國空無一人的中心。我告訴她我為什麼在這裡，她帶我到帳篷後的陰暗處，打開一個抽屜。抽屜裡滿是複製的俄國駕照和空白模板，還有壓膜和一小臺相機。抽屜上釘了一排樣品，她在樣品中翻找：一個是遭到流放的大亨，鮑里斯．別列佐夫斯基（Boris Berezhovsky，現居倫敦），另一個是普丁總統本人，還有一個是奧薩瑪．賓．拉登（中間的父名：孔布芬仔維奇）。還有列寧的，他現在看來是莫斯科居民，沒有違規記點。身分證明要五美元。我帶著五張完全不同的俄國新駕照和身分證回到我的俄國出租車那裡——跟布特和米寧一樣。

為了預防這些證件被發現，我決定替自己保個險，加上幾個放肆的名人名詞，要是被逮到，我就有「蠢遊客買了新奇紀念品」的餘地可以轉圜——我在其中一張上的名字是奧．賓．拉登，現居莫斯科。那晚破舊旅館的櫃檯問起證件時，我拿了一張在她眼前晃晃。沒想到居然過關，沒起一點疑心。不過至今我仍不確定她是被騙了，還是早已看透，但其實根本不在乎我是誰，只是記下號碼，輸入房客登記系統。我忍不住想起伊恩．克拉克是怎麼為非洲的俄國業者辯護：「他們會順著他們拿到的文件。即使文件遭到篡改，也無妨。」

這只是五塊錢的便宜貨。如果我的營運計畫要這麼走，我會投入更多更多的時間和金錢，得到最好的成果。何況，唯有檢查的人願意接受，你的身分證明才有效。對塔蒂亞娜來說，或者米奇也一樣，他們只要處理文件、和薪水過低的第三世界官員談判，溜過那扇門有如家常便飯。規定這裡、這裡和這裡要填某人的名字？我當然有名字——何不拿兩、三個來填？

聊到米奇對文件的積極做法，包機仲介約翰．麥當勞哈哈大笑。「叫他跟你說帳單的事！」他狂笑著說。「如果想要幽靈文件，你聽了一定會心驚肉跳！」

我終於在市中心和米奇喝著伏特加當很早的早餐，敘敘舊，他替母親和姊姊帶了東西回來。餐館氣氛陰鬱，塑料貼面的凳子和快餐椅很不適合米奇魔像般的身形。他的臉比我記憶中蒼白一點，不過人很好，心情輕鬆，甚至很健談。我給他看我的俄國新駕照，我們聊起為什麼這些駕照沒用，為什麼這世上大部分地方、大部分的狀況，什麼都沒用。然後米奇又點了一杯飲料，解釋他的帳單做法。

「你要我替你帶一萬元的貨。我們談過，同意了兩萬元的價碼。我會開給你一張兩萬元的帳單。你的公司會收到帳單，然後付錢。我跟你站在跑道上，或是坐在樹下或小屋裡的椅子上，喝啤酒、抽菸，我們很放鬆，閒聊生意的事，然後我給了你五千元，另外五千元的現金進我自己口袋。然後我們舉杯敬成功。」

他說，你當然得分紅一下，必須讓你的同事有甜頭吃，這樣除了你效力的正式買方，其他人皆大歡喜。話說回來，那必須是個石油公司、聯合國、某國政府或救援組織，他們口袋又大又深，也非常習慣被敲竹槓而不自知，認為付的現行費率就是真正的現行費率。米奇說，帳單上的名字當然可以更改，但必須付款給他飛的公司，或他或那間母公司擁有的任何一家公司。這取決於貨物內容、是替誰飛，以及誰需要知道。

我們聊葉卡捷琳堡、夜生活、他母親的病；聊幽靈工廠，以及當初看起來人人都為不同的高度機密軍事設施工作，是什麼情形。米奇坐在固定式的塑膠椅上扭扭瘦長的身軀，緩緩轉動他風溼的肩膀，他告訴我，就像他現在飛的任務，整個保密的事做過頭了。「這很正常。像倫敦或任何地方，如果你問起工作內容，替軍方工作的人會給你不同答案。保密是生活的一部分。不過你還是知道他們在做什麼，因為大家會講閒話。」

我們道別之前，米奇想帶我在鎮上走一圈，但我還有其他線索得追，所以告訴他我們路上再見。當時我想的是他的下一站，哈薩克。結果再度見面時，已經過了三年，在南方數千哩的地方，事隔數百通徒勞無功的電話。不過像米奇這種人就是這樣。

馬克．伽略提相信，這種不斷避開雷達、轉換不同角色和身分的能力，對米奇、塔蒂亞娜，甚至布特來說，遠遠不止於深思熟慮地想騙過人。

伽略提說：「這其實不是取決於情境，而是反射動作。別忘了，這是從前蘇聯體系的一大光榮。在文書上，階級分明，理智而有條理，一切井然有序。實際上恰恰相反。如果說俄國有什麼天賦，就是騙過打算統治他們的傢伙，而且不放過任何機會。

「所以對許多人來說，已經習慣成自然了。你知道你不信任這個系統，不斷想辦法騙過系統，因為那樣才能得到你要的。人人都能扮演黑市。人人都在想辦法輕微觸法，然後逃過制裁。不論你是共黨高層還是其他人，人人的做法都是*na levo*——走檯面下。到了某個程度，某些直覺反應變得根深柢固了。

「你不信任當權者，不論他們是誰、是什麼角色，你就是有這種直覺。因此，你會自動做任何讓你盡量變得不定型、或是隱形的事。從法律的角度看，表示到了緊要關頭，誰也無法真正證明你在任何地方。你總是可以聲稱有模稜兩可之處。」

他們的幽靈身分伴隨這些人一輩子，但通常只在墜機的時候才會曝光。在那瞬間，事情變得二元化——明確的身分、毋庸置疑的肇因、保險評估與給付都需要真相——非黑即白，存活或死亡，出生日期，牙醫紀錄。不過有時候，那些人似乎消失了，只有幽靈留了下來。我發現自己想起另一批機組員，二〇〇五年卡緹亞的朋友在他們An-12墜毀於烏干達時罹難。就連飛行紀錄的黑盒子也沒記錄到任何東西，磁帶已經磨損失去功用了。

第二十一章

死亡與稅賦

——從恩特貝到葉卡捷琳堡，二〇一〇年

微風吹起，暖和的氣流捲起一陣陣沙子和野草。在西非叢林中廢棄的偏遠飛行基地，霧氣瀰漫、雜草叢生的鉤形彎道末端，生鏽的直升機和水泥預拌車的墳場裡，龐大鐵鳥在冷卻時眨著眼，砰砰作響。夜晚的聲響透進飛機金屬皮裡——摩托車聲，鐵絲網柵門鏗鏘聲，步槍擊發的聲音，還有狗吠。更遠的地方，電視裡的足球賽和夜間鳥類令人不安的鳴叫，隨著風向轉變而忽隱忽現。一輛油罐車在遠方倒車，天上一兩度飛過其他飛機。

飛機裡瀰漫著毒品的刺鼻氣味。到處都擠得滿滿的，你得在錫罐裡撒尿，在外頭上大號，讓傳播瘧疾的小紅蚊吸乾你的血。不然就得忍著。沒地方沖澡，不過沒差，因為我已經至少二十四小時沒換衣服，甚至沒脫掉鞋子，這下子我已經不確定我想不想了。據我所知，其他人也一樣。唯一的例外是最近換的裝載長，我之前沒見過他。他叫艾利克斯，是個年輕、甚至有點時髦的平頭烏克蘭人，身上帶著iPod，每次進「室內」就換上厚底涼鞋——以前謝爾蓋也總是這樣。他在工作服褲子和毛衣外穿了件浴袍，活像個精神病患，對著鼓起滾

動的貨物嘟噥咒罵，和帆布帶子搏鬥。現在他在這裡，眼睛微凸，蒼白冒著汗，拿著一捆抹布經過，沒插上的耳機被隨便掛在他耳朵上。

他指向高高一堆鬆散的紙盒，「我想我們辦得到。」舔舔嘴脣。「對，我們行啦。」他看我皺眉頭，於是伸出他的手。「跟你賭一百？」但我們都沒有一百塊。

有人說，人生除了死亡和賦稅，其他什麼都說不準。米奇有付現生意，至少賦稅這部分沒什麼問題。不過他年紀愈大，我愈替他擔心。飛機也老了，像他這樣的人能違反物理學定律，但荷載逐漸增加，甚至超出他的能力。話說回來，九死一生、僥倖脫險總是比路邊屍骨令人記憶深刻，而米奇和他們所有人一樣，深信自己很幸運。我想，他多少開始相信那個神話了——出自販運報告的紙頁中，和其他叢林駕駛口中那不可思議的創造物、類精神分裂的漫畫式誇張描述，過於令人讚嘆（像某種〇〇七反派和紅花俠〔Scarlet Pimpernel〕的合體）。我在貝爾格勒和其他所有地方，一開始幾乎都只注意到這些。直到我遇見米奇。然後，層層剝開之後，剩下一群藍領傢伙和夜裡一架Il-76之中悶熱而包裹帆布的影子，這時事情看起來不同了。沒那麼光鮮亮麗。

回到倫敦，我接到我匿名駕駛員線人的電話。他和這些人在沙迦的停機棚出沒，看到他們把修補將就的信仰逼到極限，甚至更進一步。「我待過一些機組，在大部分地區都沒僱用技術支援，但我們還是沒問題。」他說。「要換一個新輪胎的時候，總是有當地人可以換輪胎，一些機組員有那種技能，喜歡處理他們自己的問題。不是人人都這樣，但如果你每天開著一輛六一年的福特Escort上班，且有個技術問題要處理，幾年後你就會對引擎蓋下的狀況瞭如指掌。這些飛機也一樣。」

「換作現代飛機，一大堆的電子設備就困難多了。不過Il-76和An-12非常粗獷，可以承受不少折磨。還是有使用牛皮膠帶的機會，而他們明白他們置自己生命於險境的時候，不能冒著真正的風險。這些俄國老飛機主要是機械式的，有時候只要腦筋夠靈活，就能修理。就像航空的開創早年，哈維蘭（de Havilland）飛進北極，發生狀況，他們必須親手修好螺旋槳。並不體面，但能讓你回得了家。這些傢伙仍然有著航空早年的開拓精神。做點臨時維修，儘可能平安回家。」

我放下電話之後，數週來第一次回想起斯塔里科夫和巴爾森諾夫，他們在前往馬爾他最後一段航程中帶著獎金和故障的電力，讓步起飛。但我接著想起我和米奇第一次講話那天，他說：「我們死於這種生活方式的人，和死於這飛機的人差不了多少。」

難怪耶夫根尼．札克洛夫悲嘆沒有足夠的駕駛老手可以訓練年輕世代。他們是非洲最不為人知的瀕臨絕種生物。另一名駕駛員在一個社群論壇上半開玩笑地寫道：「另一架這種飛機墜機的時候，我總是很驚訝。我是說，居然還有這種飛機存在。」

這一切有種說不出的悲傷，好像風險不知怎麼是上天對這些男人的某種計畫，好像他們這行和他們的滅亡（死亡與稅賦）最終都是一回事，同樣的陰影跟隨著他們，緊咬他們腳跟，直到他們用盡了好運、精力或用來補引擎的牛皮膠帶。或是直到最後那個早晨，在某處一個受過砲擊的跑道上，他們看著漏油的油箱和閃爍的警示燈，決定儘管燈號在閃，他們終於想回家了。

＊＊＊

他們自己的獨立生意既刺激又常能賺大錢，但他們「文件」上的身分是無足輕重的便宜勞工，預期壽命是用飛行時數來計算。我第一次意識到這樣左右為難，究竟有多累人。這是奇妙的雙重生活，既是自己命運的主人，又為其他人的需求而效命。這兩種角色頗自在地並存了許多年——米奇公司身為獨立的穿梭貿易商，和米奇這名員工共享一間兩百公噸的空中辦公室。一方面來說，他們只是信差，只是跑腿的人；另一方面，他們又是王者，每趟航班載運至少十五公噸的貨，是完全屬於他們自己的進出口生意。自從我認識米奇以來，雖然不時失聯，但我常常會忍不住想問他，他是否曾經希望他選的是另一條路。另一個比較安穩的人生，定下來，成為……

但說來丟臉，可能是我太自大，每次我腦中冒出這個念頭，這些話聽起來都很笨拙愚蠢，於是我閃避了機會。他是否曾經希望他成為什麼……會計師嗎？醫生？還是廣告文案業者？他想過保險的事嗎？老天啊。我知道我一九九二年看到了什麼，那可不是一整國的人慢條斯理，深思未來生涯選擇穩不穩定。真是遲鈍至極。如果我是米奇，像我這樣的人問起我專業之路的智慧，我會在阿拉伯半島上空把他丟出飛機，而且不給他降落傘。

對我來說，那是這整個行業、布特、米寧、他們所有人可笑之處。我們想知道答案。維克托究竟是清白還是骯髒？他是死亡商人，或是按他主張的，是理想的現代生意人？是企業家、罪犯、有遠見卻受誤解的人，或是傀儡？究竟無辜、狡詐，或拒絕接受真相？或許這一切都說中了一點，加上更真實（只是沒那麼確定）的是：也許是某種中間狀態。介於黑白之間，就像他幹的軍火這一行。

維克托．阿納托利耶維奇．布特（Viktor Anatolyeivich Bout）生於一九六七年，二〇〇八年在那間泰國旅館房間被逮捕時，是個炫富的微胖年輕權貴，二〇一一年九月終於在曼哈頓南區法院受審時，已經成了當年那人的削瘦影子。

紐約秋老虎的豔陽下，法院15C室開著空調，空氣涼爽。聯邦法院的建築聳立在紐約市政廳公園旁，離世貿中心遺址不過一箭之遙。鄰近的紐約市警局分局和一間迷宮似戒備森嚴的拘留所遮蔽了天空，永遠在一排混凝土路圍起的前院投下陰影。角落，保釋公司和威士忌酒吧迎接一天中第一批客人。我穿過法院大門，加入排隊行列，一名六十多歲美軍上校幫我清空我的口袋，替我保管手機和相機，交給我一個黃銅保管憑證，揮揮手要我通過探測閘門，進入大理石與橡木的大廳。

在詢問櫃檯，一個名叫哈薩姆（Hassam）的阿拉伯裔美國職員專業地替我處理，透過案例紀錄的電腦終端機和當日程序通知，引導我去電梯。「15C室，鮑利法官……不對，不好意思，是薛德林法官，謝謝您！」我等待著輕柔的叮叮聲宣告我到達十五樓的時候，忍不住

揣想布特上一次搭電梯的情形：他踏進曼谷索菲特飯店的空調電梯，還深信他掌控著自己的
命運，或許還有一些國家的命運。數字一秒秒跳動，我踏進安安靜靜的十五樓，透過玻璃俯
看曼哈頓、中央公園和更遠方，景色十分壯觀。

對陪審團成員的爭執會持續幾天，雙方都努力排除可能的偏見。布特的辯護律師——他
已經開除了法庭指派的律師，這是第二位——交出幾頁要問陪審員候選人的問題：你對俄國
來的人有任何偏見嗎？你對於來自拉丁美洲的人有什麼看法？你聽過被告、在報紙或網路上
讀過他的事嗎？布特知道，一個陪審團如果熟悉《軍火之王》（Lord of Wars）、在《新時代》
（New York Times）雜誌上看過照片，在網路新聞看過報導、書籍、還有文件，應該對他的名
聲會有自己的看法。

然後是政治問題。你反對軍火販運嗎？你認為軍火販運一概不該發生，沒有例外？你知
道美國也運送、販賣武器嗎？但如果布特的律師想塑造美國政府偽善的形象，這在俯望紐約
九一一紀念館的法庭上，也是個危險的手段。

審判在記者抱怨太擁擠的碎唸聲被擋下後開始。拉・薛德林法官（Shira Scheindlin），是
名六十歲左右的女性，神采奕奕，聲音沙啞有磁性。她直截了當地問書記，為什麼旁聽席**完
全沒有人**。他們終於退讓之後，留下來的記者迅速形成小集團——一邊是美國人，一邊是其
他人。

說他們是有趣的一幫人太輕描淡寫了。其中有來自美國各日報和全球各大新聞社的採訪

記者。有個俄國團隊，似乎由喋喋不休的記者和比較沉默寡言的「其他人」組成（「其他人」似乎無意解釋他們的職責）。照常有少量的自由記者，以及受敬重的學者，例如馬克・伽略提，這裡離他紐約大學的辦公室不過一兩條街。還有不少跟屁蟲、怪人和陰謀論者。一名出席的自由部落客，審判全程都在向所有人解釋「美國想要布特，不是因為他們相信他在九一一的時候，把庫斯科號潛艇上的花崗岩核子巡弋飛彈放在世貿中心下面，而是為了把這罪名歸咎於他」。

大家的行為大相逕庭。外國記者評論，首日的頭條報導出來之後，那裡的美國人數量就銳減。身為外國人，他們的選擇比較少，於是待在附近，聚在世界各地報導審判的外國記者們所熟悉的那些非正式酒吧。瑞典記者梅森・博斯特倫（Majsan Boström）回憶她如何採訪到布特的妻子艾莉亞（Alia），因此進入俄國代表團的勢力範圍。他們剛開始很謹慎，但很快就開始稱她為「梅森同志」。

博斯特倫說：「我學會瑞典人的俄文，是*Svenska*。我知道這個俄文之後，就知道他們什麼時候在說我的事，或是在考慮要不要跟我說話。」

博斯特倫的堅持有了回報，起初是布特向她眨眨眼，然後一晚在法庭後和艾莉亞小酌。布特太太起初小心翼翼，擔心最糟的情況，說當布特開除原本法庭指派的律師時，經歷無懈可擊的紐約紅牌律師蜂湧而來，令人接應不暇，直到他們意識到她和維克托沒剩下多少錢，才取消提議。博斯特倫說，雖然布特的販運造成許多傷害，但是和艾莉亞與他們的女兒伊莉莎白談話，令人耳目一新。伊莉莎白現年十六歲，二〇〇八年布特被捕之前，很少見到父親，非常想念他。艾莉亞在轉角酒吧喝著招牌紅酒，回憶起美好的時光，談著她嫁的那個維克托——小她四歲，像個大廚，是社交舞高手，以一個高壯的傢伙而言，腳步意外輕盈。我問博斯特倫，那會不會影響她對布特的觀感，博斯特倫聳聳肩。「其實不會。我的意思是，他們在錄音帶上把他逮個正著，不是嗎？」

也有些喜劇的片刻。打從一開始，雙方似乎都沒完全控制這場審判的關鍵。布特的新律師是個新面孔的年輕人，亞伯特·達揚（Albert Dayan）。他辯詞結結巴巴，新手錯誤引來壞心的訕笑；至於檢方，他們的重大時刻沒他們預料得那麼威風。他們提交著名的竊聽錄音帶，內容是布特在曼谷的最後一場交易，卻引來陪審團和旁聽者一陣竊笑。誘捕行動的大部分過程，他們戴著竊聽器的線民卡洛斯坐得太靠近旅館的音響系統，一開始許多對話都被皇后合唱團的〈叫作愛情的瘋狂小事〉（Crazy Little Thing Called Love）蓋過了。

而被告則是驚慌失措的旁觀者，沒傳喚半個目擊者。達揚的策略似乎是質疑檢方所有聲稱，慘的是，他無法提出另一種說法。如果布特不是他們說的那種人，那他是什麼人？辯方說不出來。

達揚確實曾經揚言，布特雖然說過錄音裡的話，但他其實沒提議賣飛機。他主張，軍火的對話只是說說，是生意人順著他顧客的話題，想拉關係。一名記者說，這麼看，他想必希望建立超密切的關係。

至於檢方，超級證人是卡洛斯・薩加斯圖梅，也就是帶著竊聽器的哥倫比亞金融家。

薩加斯圖梅現在四十歲了，原先曾是毒販，在瓜地馬拉軍隊待了五年之後，開始運送古柯鹼，曾經幫忙毒品集團運送三千公斤的古柯鹼和三百萬美元現金，而得到五十萬美元的報酬。在墨西哥遭到流氓警察綁架，交付贖金獲釋之後，他找上美國緝毒署提供他的服務，自一九九八年起就一直和他們合作。曼谷的逮捕案之前，他靠著冒充毒品網，協助美國緝毒署的誘捕行動，已經賺進將近九百萬元。他在布特審判的證人席承認，緝毒署付他二十五萬元出席那場會議。湯馬士・帕斯卡列羅是主導布特誘捕行動的特別探員，他說薩加斯圖梅是緝毒署最厲害的一個祕密武器。亞伯特・達揚稱他為買通的目擊者，強調他如何主導對話。

在那事件中，那些都不重要。錄音中的證據足以證明，布特試圖和革命武裝力量人民軍進行交易，即使那根本和革命武裝力量人民軍無關。結果，最受矚目的黑幫老大約翰・高蒂（John Gotti）審判持續不到一星期，布特的四項罪名便全判有罪，包括令人髮指的「恐怖指控」：密謀殺害美國公民。美國聯邦檢察官辦公室發出一則聲明，宣告「國際軍火商維克托・布特在今日被判有罪，罪名為：一、密謀殺害美國國民；二、密謀殺害美國軍官與雇員；三、密謀取得、使用防空飛彈；四、密謀提供裝備，支持特定外國恐怖組織」。布特仍然主張自己清白，計畫上訴。

他穿著連身工作服，忍受單獨監禁，聽著《俄國之聲》廣播（Voice of Russia）。布特說，那裡缺乏蔬果，吃素的人很慘，也沒有茶，監獄裡只有溫水。戴著鐐銬，顯得蒼老憂慮、不修邊幅又駝著背，他的舉止和姿態開始像米奇了。遠離政治作秀，有些見過他的人（即使是站在「另一邊」的人）懷疑他或許從來只是個傻子，是別人的棋子。調查員布萊恩．強森．湯馬士說：「維克托．布特並不是美國政府、媒體和美國人民聲稱的偉大死亡商人。他當然是導致**一些**死亡的商人，不過那樣稱呼他，像彼得．海恩一樣給他貼上死亡商人的標籤，實在荒唐。」

我向另一位軍火觀察員問起這一案，他聳聳肩說：「逮捕案的程序正確嗎？恐怕不是。我能接受嗎？當然行。這是針對維克托．布特的情況。」

這傢伙在美國監獄裡受折磨，離遣送回俄國服刑還早得很，而他的刑期最多還有二十年，他和聯合國報告、文章和起訴書裡虎視眈眈的產業鉅頭比起來，不知怎麼顯得渺小。他給人一種堅忍、令人同情的印象，忍受著和家人與祖國分離、單獨監禁，以及抱著敵意的政府對他的責難。但即使在這裡，在布特提供灰市軍火所造成的人間悲劇之中，當多年間建立的大人物形象遇上比較乏味的現實，也會有黑色喜劇的時刻。

部落客亞歷山大．哈羅爾（Alexander Harrowell）也是布特的資深監視者，他最近懷疑送往斯摩倫斯克基座途中失蹤的那架飛機，可能出現了。哈羅爾的研究帶他找到一架特別破爛的老耿直運輸機，就停在阿拉伯沙漠裡。他網站上一張照片的圖中寫道：「TL-CAN，序號53403072，前中非航空（Centrafican Airlines），目前在烏姆蓋萬（Umm Alquwain）生鏽。」在那個人口稀少的迷你酋長國，那架飛機成為帕爾馬海灘飯店（Palma Beach Hotel）布滿沙土的大型廣告——機身在敦促路人，如果想體驗飯店所謂的「豪華場所與令人愉悅的設施」，請撥打機身上的電話。

布特本人把哈羅爾的網站變成檔案室，聲稱其中檔案能證明他的清白，他主張那其中原告和聯合國報告的片段裡，他或出現，或明顯不在其中，能夠印證他受到陷害。寫作本書時，網站仍在更新，不過哈羅爾似乎染上了後維基解密的時代精神，聲稱美國政府「命令谷歌搜尋引擎拿掉了他的搜尋結果」。確實，那場審判有著匆促的引渡、大量編篡的文字檔和職業證人，或許能視為在測試美國政府和其他人希望他們治國**有多透明**。布特案的原告希望有控制地釋出不利證據，相較之下，或許布特的故事更是潘朵拉之盒。

不過令人懷疑，如果布特說出他知道的一切（在一次次上訴之中，坦白吐露所有），就活不了多久，不論是在獄中，或引渡回俄國之後。

即使布特定罪之後，妻子艾莉亞也積極爭取讓他回到祖國，支持丈夫的目標。不過在她試圖探監的時候，看來受到了美國明顯冷戰時代式的歡迎。之後布特回到獄中，透過艾莉亞發表聲明，援引法蘭茲．卡夫卡（Franz Kafka）的《審判》（*The Trial*），聲稱美國從泰國綁架他、跟俄國經歷那樣的外交情勢緊張，並不是為了給他一個公平的審判，宣判他無罪。他交代他的團隊，等到領導陪審團的女性在裁定後的電視訪問中承認她見過軍火之王，再提出上訴。然後布特聲稱，「他們」還是會蓄意破壞他上訴。俄國政府在審判期間非常安靜，許多人懷疑他們決定讓布特自生自滅了，但這時他們又開始對華盛頓施壓，要求釋放布特。在寫作本書時，上訴程序正在進行。在此同時，華盛頓趁著布特受到拘留（當局希望是長期拘留），持續列出更多罪名。

不過私底下的雜音愈來愈大。會有協商嗎？在經過了那麼多年？或是「交換」——或許選越南機場，當成美俄雙方最後一次間諜交換的偏好地點？布特最後會獲准在俄國服完剩下的刑期，獲釋之後默默消失？令人懷疑他知道那麼多，可能是福也是禍。

或者，布特會不會施展他最驚人的消失把戲——某一天就失去蹤影，溜過監獄的欄杆，躲回老家？

現在似乎能確定維克托．布特的生意完了。就像宣告判決後，資深軍火販運觀察員凱西．琳恩．奧斯丁（Kathi Lynn Austin）在法庭上宣布的，這世界確實變得更美好了。

只有少數人夠勇敢，敢公開問這世界會美好多久。判決後的隔天，馬克．伽略提博士忍不住納悶，這影響是否深遠、是否能持續。真要說，這些網路終究很強韌。只要有錢的地方，就會有耿直運輸機。在出現有約束力又全面的軍火販運條約，而且能有效監督該條約執行之前，絕對會有其他人取而代之。只不過他們會比較低調、謹慎，遇到雜誌編輯、記者和隨性的社會運動人士，完全不會那麼興奮。

對我來說，布特不只是個壞蛋，他也像避雷針。我忍不住注意到，布特垮臺的時機和狀況之於我們社會，就像他在隨心所欲、不自由市場毋寧死的一九九〇和二〇〇〇年代恣意妄為的成功一樣，形成精準的寫照。打壓和泰國的誘捕行動，就發生在另一個劃時代誘捕行動的同一週——FBI在美國各地大規模捉拿貸款詐騙，迎接了次貸違約、信用緊縮、市場下跌的時代，以及一個管制的新時代。西方太晚才察覺，他們對商人的不干預做法（適用於商業銀行和軍火商）開始反撲了。他在為他自己的過去付出代價嗎？這無庸置疑，而且是理所當然。他是否也在為我們的過去付出代價？很難不這麼覺得。

就連有罪宣判的時間也恰到好處——同一天，在美國政府一心扼止洩密而大力遊說之後，維基解密的朱利安．阿桑奇（Julian Assange）在倫敦的引渡上訴案敗訴。二十四小時內，加州防暴警察將朝和平「占領奧克蘭」（Occupy Oakland）示威者發射催淚瓦斯。這世界的當局開始渴望管制，這不是成為他們眼中釘、讓他們覺得需要迫使就範的好日子。不過對布特的影響程度也仍有疑慮。此外還有那些「龐大勢力」。伊利亞．內雷丁曾說，如果維克托．布特是個王子，那麼誰是國王？

我行文到此的時候，布特的生意夥伴理查．施沙克里仍在躲藏，很可能在俄國，偶爾在網路上張貼影像日記，敘述他的困境與清白，還有公寓遭到不明原因闖入的事。施沙克里的資產遭到凍結，美國政府剛剛再度對他起訴，這次是指控他在二〇〇五年違反了對他的一項制裁。施沙克里和布特一樣，也有個網站，他在網站上不只大力聲明他是清白的，而且稱自己無足輕重。二〇一〇年夏天，施沙克里等著引渡聽證會同意遣送布特赴美受審時，告訴我：「維克托只是一個人，而我根本是個無名小卒。」他的眼睛下掛著黑眼圈。我總覺得，施沙克里很想擺脫和布特的糾葛，以及他身陷其中的司法程序，還有這整個狀況。施沙克里顯然擔心受怕，不再相信任何人。他起初聲稱「會在一場審判中」決定維克托．布特有罪或無辜，又說布特在美國手中受到的任何審判，都不可能公平。施沙克里當時剛寫信給巴拉克．歐巴馬（Barack Obama），抗議他受到的對待，哀嘆這延續了他在布希—錢尼政府下受到的迫害。

我接觸他，邀他受訪，結果得到電子郵件回應——還有一份附加的ＰＤＦ檔案，其中有同樣的答案作為封存紀錄，以防我設法編輯或扭曲郵件的內嵌內容。信末，他的口吻像是受到不公追捕、幻想破滅的男人，也可能是太晚才明白他和布特不是國王，或許甚至不是王子，只是可以交易的卒子。施沙克里寫道：「政治總是政治，今日的逃犯可能是明日的英雄，反之亦然。」我記得彼德．丹瑟特曾經譏諷地大笑，告訴我販運者「政府僱他們合法做原本在非法做的事」。

施沙克里信末的寫法，暗示著事情不只是表面上那樣。「在此同時，」他隱晦地收尾，「正在進行和這件事相關的政治交易。」寫完這些話，他就消失了。我又寄信給他，但毫無回音。

我看過有罪的人在套索上掙扎，也看過無辜的人這樣。我第一次有這樣的想法：如果你非黑非白，而是灰，那在套索上掙扎時會糟糕多少？永遠深信他們口中的人雖然有著你的名字和生命歷程，但其實根本不是真正的你。你在法律、全世界、受害者眼中是罪人，那些受害者你永遠不認識，卻因你而受苦，而在你自己眼裡，你只是個計程車司機。聽起來很折磨，但或許對布特和施沙克里來說，確實如此。

至於愛狂歡的列昂尼德·米寧，他不再那麼令人敬畏，或是那麼像那個「軍火之王」——尼可拉斯·凱吉在二〇〇五年的同名電影中飾演的尤里·奧爾洛夫（Yuri Orlov），就是參考那個形象。米寧像布特一樣，在泰國監獄中服刑兩年之後獲釋，也開始顯得較以往渺小、消瘦，謠傳因為被捕的報導而顏面盡失。米寧因為和賴比瑞亞前總統查爾斯·泰勒的私人關係，財產遭到凍結，二〇〇六年，米寧試圖上訴未果。歐洲共同體初審法院（Court of First Instance of the European Communities）在二〇〇七年提交判決，法官注明上訴人姓名、出生日期與國籍：

> 列昂尼德·米寧（別名：〔一〕布拉弗斯坦〔Blavstein〕；〔二〕布利烏弗施坦〔Blyuvshtein〕；〔三〕布利亞夫施坦〔Blyafshtein〕；〔四〕布魯弗施坦〔Bluvshtein〕；〔五〕布利烏夫施坦〔Blyufshtein〕；〔六〕弗拉德米爾·阿布拉莫維奇·凱勒爾〔Vladimir Abramovich Kerler〕；〔七〕弗拉德米爾·阿布拉莫維奇·波皮洛弗斯基〔Vladimir Abramovich Popiloveski〕；〔八〕弗拉德米爾·阿布拉莫維奇·波佩拉〔Vladimir Abramovich Popela〕；〔九〕弗拉德米爾·阿布拉莫維奇·波佩羅〔Vladimir Abramovich Popelo〕；〔十〕沃爾夫·布里斯蘭〔Wulf Breslan〕；〔十一〕伊格爾·沃索斯〔Igor Osols〕）。

出生日期：（一）一九四七年十二月十四日；（二）一九四六年十月十八日；（三）不詳。

國籍：烏克蘭德國護照（姓：米寧）：（一）528000072480；（二）181067390。以色列護照：（一）6019832（6/11/94-5/11/99）；（二）9001689（23/1/97-22/1/02）；（三）90109052（26/11/97）。俄國護照：KI0861177；玻利維亞護照：65118；希臘護照：無詳細資料。

異國熱帶木材有限公司所有人。

然後法院駁回米寧的上訴，並裁定上訴費用與佣金都由米寧支付。我忍不住讀了米寧的陳述（字不多），有點替他覺得悲哀。「上訴人補充，實行1149/2004法規之後，其於歐洲共同體的資金和經濟來源全數遭到凍結，無法照顧其子，或從事其身為木材進出口公司經理的活動。」或許是刻意引人同情，或許米寧太僥倖，只在牢裡關兩年，就在以色列過著小公民的平靜生活。話說回來，那並不是米寧曾在奧德薩、烏克蘭、米蘭、非洲或其他那些國家享有的生活。米寧就像布特，顯然極度聰明、有才華、不擇手段，而且這麼說吧，他很清楚怎麼享受他從前的生活。

二〇一二年初，米寧案的一名老調查員和我聯絡上。他聽到未經證實的報告指出，米寧死了。道上傳聞，米寧被偷送回烏克蘭受審。他原準備好在法庭風風光光地把手指向高層，甚至是烏克蘭總統本人。只不過那種事不允許發生。結果，單獨監禁原是為了確保米寧安全無虞，他卻仍被一條溼毛巾勒斃。同週，另一名目擊者在一座行人徒步區廣場被車子輾過。

我發狂地著手檢查、確認說法，卻遇上一片未回電、不予置評，以及檔案遺失的迷霧。話說回來，即使謠言是假的，米寧還活在這世上，我納悶他會不會思量著浪費的生涯選擇、路上帶著他走到這一步的岔路。

《紐約時報》因為二〇〇七年替五角大廈執行的工作而大肆抨擊之後，托米斯拉夫．達姆尼亞諾維奇似乎比米寧更徹底地銷聲匿跡了。休．格里菲斯猜測，達姆尼亞諾維奇仍然在世上某個地方做這一行；彼德．丹瑟特認為達姆尼亞諾維奇只是太棘手，沒人敢扯上關係，至少有段時間是這樣。在我撰寫本書時，MySpace網站的一個頁面仍然有一張和他神似的照片，標注著他的名字，列為「男性，五十六歲，塞爾維亞人」，不過那個頁面暫停使用，而他唯一的朋友，掛著該社交網路客服的頭像。貝爾格勒墜機調查十五年後，米洛斯．瓦西奇和我談話，他仍稱那調查是他「最輝煌的時刻」，很難想起他稱為「掮客」的那個男人的事。

伊戈爾．沙林傑一度嘗試透過一個中間人，幫我跟達姆尼亞諾維奇牽上線，但不知是那位中間人找不到他，或他不想被人找到。達姆尼亞諾維奇的一名前員工只對沙林傑說：「他做了一陣子，後來退出，然後就消失了。」沙林傑告訴我，任何時候看到達姆尼亞諾維奇在沙迦冒出來，都不奇怪。

我想再找到達姆尼亞諾維奇。維克托．布特被捕前，他似乎很樂意和《紐約時報》的傢伙聊，只不過偶爾有記憶空白，而且他覺得既然一切都是走官方的，都有紀錄可查，何必還要問他。我花了好幾個月的時間捕風捉影，但感覺他只是凋零了。我告訴丹瑟特，他只是悲哀地笑一聲，說：「當然啊。他很小、很小尾。」

米洛斯．瓦西奇在蘇爾津墜機後的文章提過達姆尼亞諾維奇，但就連他也猶豫了，嘆口氣說：「抱歉，我不能……這名字，我沒有印象。」然後他也沒了回應。我忍不住心裡發毛，覺得我瘋了，我稱為托米斯拉夫．達姆尼亞諾維奇的傢伙，和我在這閃爍螢幕上打出的字一樣不真實。

不知怎麼，這些男人的某種特質（我還不確定是什麼）令我不安。首先，就像摩伊希斯．奈姆跟我說的，「想想看！在還有意義的那時候，要是我們能找到一個辦法，可以向他們這樣的策略家提供替我們自己政府工作的重要領導職位或商業角色，那就好了。」

亞瑟．肯特是資深加拿大電視記者，曾報導第一次波斯灣戰爭，在蘇阿衝突時與劇院機一起飛進阿富汗，現在正在替他自己的獨立新聞通訊社《天際報導者》（Sky Reporter）報導阿富汗海洛因交易網。他更進一步寫道：「諷刺的是，如果你讓（米寧或）你朋友米奇這樣的人掌控大局，告訴他們『目標是要在阿富汗完全成功、阿富汗和平，你還可以賺很多外快』，他們會做得遠比任何時候的卡賽、北約組織和歐巴馬都要好。因為那些傢伙自我欺騙，相信自己正派、虔誠又誠實，但卻無法好好監督、審查，壞人才能因此迅速賺大錢，又沒機會做出真正的貢獻！

「所有我知道的正派冒險家，都很樂意看到自己過得比一般人好。他們不想完全靠其他人賺錢，但他們當然想賺得比別人多，不過我知道的許多冒險家，走私客和黑市商人，即使在黑市如魚得水，卻仍然會批判。他們還是會指著你的政客，說，『老兄，現在發生的事，他們滿口胡言』。」

也許他說得對。也許現在我們需要更多實用主義者。在極端主義和理想主義盛行的年代，米奇那些傢伙態度積極又務實，雖然，或許正是因為他們載了那些東西，才可能是最可望改革的事物。

不過事情不只這樣，而且這下子我渾身不自在了。我覺得我們都忽略了非常、非常重大的事。只不過我還不知道是什麼。

也許那是一種揮之不去的感覺。覺得布特、米寧和其餘所謂軍火之王，只是更龐大產業鏈的一環，就像米奇；覺得他們奢華的生活方式和樣版人物的地位多少是編造的，我們需要相信非法軍火交易的齒輪就是那個模樣，就像我們需要相信基本教義派看起來像奧薩瑪·賓·拉登，或米奇看起來像韓索羅。也許布特和米寧不過是另一個米奇，只是設法處理致命的壓力，而有人讓那壓力值得他們處理。

耶夫根尼·柯羅列夫在恩特貝墜機中罹難的隔天，一個駕駛員聊天室有則回應說：「如果那架飛機超載，希望那個生意郎失眠到天荒地老。」

＊＊＊

米奇告訴我，他從來沒墜機過——迫降不算墜機，掃到電線桿、東西從飛機上落下，或剛起飛就因引擎問題而調頭降落也不算——但人生仍然在他身上留下明顯傷痕。就連最年輕的（例如迪米崔）和兼差菜鳥（像帕維爾〔Pavel〕，他是名非洲人訓練的副駕駛，我只見過一次，米奇在蘇聯占領的阿富汗經歷防空砲火洗禮時，他應該還在唸小學）也總是一副精疲力竭的樣子。即使在非洲和中東的熱度下曬黑了，他們仍然顯得蒼白。

他們抽太多菸了，酒也是。就像謝爾蓋愛他政府發的大麻菸，既是為了放鬆，也是為了在開一架活靶子開了二十年之後，和陌生人彼此找到共同點。廣播的談話節目徹夜喋喋不休，恩特貝和沙迦那些放縱的夜晚開始顯得情有可原了。一週又一週嚴厲批評同一家餐廳，一疊疊鈔票和善地交過來；「當地的老婆」、酗酒、毒品，廉價旅館的公司六人房裡狂歡作樂……這一切都掩蓋了缺乏真正家庭的殘忍真相。

能填補這個空缺的，只有米奇厚紙板相框裡兩個女兒的皺巴巴照片，和他對西伯利亞老家年邁母親的擔心；經常迸出對迪米崔烏克蘭前妻的刻薄話，還有我問起艾利克斯的烏克蘭「老婆」是不是真的他老婆，謝爾蓋淘氣的表情。

謝爾蓋曾經露出疲憊的微笑，跟我說他們當然都有家庭，但他們習慣不在家了。軍旅生活老是被派駐在外，對伴侶不好，而且「經歷過阿富汗戰爭那樣的事之後回來，最糟糕了」。他說，不是人人都離了婚，不過就像鑽油井的工人，即使是長久的關係，也只能建立在缺席和支票上。

謝爾蓋點了點頭，「那是不同的生活。如果你在某個地方駐紮了幾個月，他們有時會搬過來。但過來了也是孤立無援，沒工作、身邊沒家人，至於孩子嘛……」他這時搖搖頭，皺著眉。米奇也有同感——這不是孩子過的生活。

每次機組員出去，只要有辦法省下他們的住宿費，或是他們去鳥不生蛋的地方時，抵達得晚了，整個該死的機場都關閉上鎖、一片漆黑，或是找間房間太危險、太昂貴，或是覺得這樣太麻煩的時候，又或是他們效力的人沒有任何安排，就會這樣睡在飛機上。「有時候，可能太頻繁了。」

烏克蘭人艾利克斯說：「每趟荷載，我們都會拿到雜支。有七十五塊或一百塊可以住旅館，還有額外一些錢可以吃東西。不過把錢留著比較好。」

另一名機組員咆哮：「操他們的。」習慣之後，除了駕駛員和當時的領航員，幾乎所有人都「非常可以」在飛行中的火箭炮與暴風雨裡睡覺。此外，在那時候裝貨，表示裝載長和幾名其他機組員在目的地有更多整備時間，他們利用這時間「找更多頭路」，或是，他笑著說：「應付女人。」

布萊恩・強森・湯馬士回憶起一名機組員，眼中亮起欽佩的光輝。雖然有經費睡在阿拉伯聯合大公國的一間好旅館，那名機組員卻寧可把錢花在更有價值的事情上，採購到太陽出來。湯馬士在一九九三年管理了一個國際紅十字會從沙迦前往摩加迪休的救濟航班，付錢給當時剛私有化的一批耿直運輸機機組員，加上每天七十五元的零用金。

湯馬士回憶道：「當時我們在沙迦，運送救濟物資去摩加迪休回來。每個降落在沙迦的人，我都付了五天的零用金，然後我們就分道揚鑣。接著我去我的旅館沖澡。之後我披著毛巾，躺在我床上，享受冷氣，想著家，這時櫃檯服務人員打電話來，她說，『先生，請問我要把卡車記到你房間的帳上嗎？』

「我說，『卡車？什麼鬼啊？什麼卡車！』我穿上衣服，趕緊跑下去，原來機組員沒住進旅館、沒放鬆睡覺，沒有吃頓飯或梳洗一下，而是立刻去免稅店，把他們所有的日支費，包括旅館費用、生活費，**所有錢**都拿來買洗衣機、電視、微波爐，和他們覺得可以在其他地方賣掉大賺一筆的豪華商品組。他們僱了一輛卡車，把所有東西載回飛機，著手把東西塞進機腹——僱卡車的錢當然就記在我的帳上。然後他們要睡在飛機裡，那裡有整飛機的全新商品耶。

「我說，『你們要怎麼把那堆東西和貨物都弄進飛機？』Il-76上只剩下一小塊空間，絕對不可能裝得下。完全不可能！所以我哈哈大笑，知道吧，『祝你們好運』。不過兩個裝載工一大清早就下飛機，到了起飛時間，那整堆東西已經神奇地消失了。」

就連米奇聽了也大笑。他急促地咻咻抖動，然後舔舔捲菸紙。我們抽著菸，我從眼角瞥了他一眼。偉大的前蘇聯空軍第一代年屆退休，不過就像耶夫根尼·札克洛夫說的，剩下能訓練下一代開這些安托諾夫和伊留申的人，也夠少了。像米奇這樣的駕駛員，還可以靠著當教練賺不少錢——前提是他們願意——因為人數愈來愈少，報酬還頗豐厚。不過人數減少得很快，令人擔心他這樣的魔法師，可能招不到學徒。當然了，蘇阿戰爭的老戰機或許逐漸支離破碎，但伊留申工廠剛發表了一款新飛機。即使這樣，我仍然有種揮之不去的念頭，覺得我看著某件事物遠去，我們再也看不到像這樣的人了。

海尼根啤酒的厚紙板托盤周圍的塑膠袋被扯開了，香菸、甜死人的烏克蘭蛋糕和捲菸紙丟得滿地，但大家都沒說什麼，我和米奇迅速繞飛機走一圈，他踢踢草地，心不在焉地檢查，看來也沒特別檢查什麼，而我哄他談話未果，然後我們就回「室內」了。到處都有收音機，播放著一個阿拉伯語的談話性廣播電臺。

「可以助眠。」迪米崔露出令人卸下心防的淡淡微笑。這是我第一次在他臉上看到怒容之外的表情。「我們一向只能聽到工作上的談話，還有彼此的聲音。沒那麼有趣。」另一個他以前一起飛的傢伙，在他旅館整晚開著電視，搞得他們所有人抓狂。

收音機自顧自閒聊，直到有人把音量轉小，但不會關掉。看到他們鋪平睡墊，攤開睡衣，意外地感人。我沒帶那樣的東西，所以只把我的背包放到腦後，然後仰望我們巨大錫罐的內部。我的思緒以每小時一千哩的速度飛馳，沒辦法慢下來。據說蘇丹加入了安哥拉、伊朗和歐洲大部分地方，成為（包括這裡）最近一個對這些老飛機下達禁令的國家。安托諾夫和伊留申已經在他們天空遨翔了二十年。飛行外籍軍人的小道消息中，有謠言指出沙迦會是下一個。沙迦正是這一行的溫床。

我用一隻手臂遮住臉，轉身想止住一切飛速逼近的感覺，突然間，我明白在天空中遊蕩有多孤單，即使有同袍為伴；我終於明白為什麼他們要喝酒，為什麼面對這一切，他們仍然繼續下去。我沒頭沒腦地（或許只是為了在那裡聽到我自己熟悉的平淡聲音）用英文告訴米奇，他們讓我想到太空站裡的太空人。「我們飛的里程更多。」他說著報以微笑。在毫無修飾的黃光下，他的年歲顯露無遺。

我也累了。累到無法一直努力用我們笨拙的混雜語溝通——他們是用結結巴巴的好萊塢式英文，我是用坑坑巴巴的蹩腳俄文。我設法躺回去，覺得家鄉在好遠的路途外，我心靈深處開始隱約明白為什麼斯塔里科夫、馬特文科、沙巴托夫和其他所有的空勤人員會最後一次衝向天際。一段時間後，你飛行的其他理由逐漸淡化，只剩下一件。而我和他們一樣，非常、非常想回家。

第二十二章 黑暗湧現

——俄國，二〇一〇年

二〇〇九年，網路上出現一段影片。影片是在指揮塔的玻璃窗裡拍攝，片中一架看起來嚴重超載的Il-76企圖把起飛距離拉到最長，開上了跑道邊緣的草坪。影片裡，可以聽到澳洲的旁觀者愈來愈擔心那架飛機無法成功起飛。當飛機終於升空，已經離開跑道時，輪胎碰到了草坪，這時有個聲音說，「剩下的不夠，沒拍到墜機」。另一段影片裡，旁觀者說：「要不是地球是圓的，那架飛機根本無法離地！」

雖然這樣的飛機升空，在外行人眼裡總像奇蹟，但其實要讓超載到不要命的前蘇聯戰馬升空，有個訣竅。而且米奇說「通常有用」，看起來一點也不像在開玩笑。

我全程緊張、驚慌，完全齜牙咧嘴拱著身子，確信我就要葬身火窟。當我們掠過一輛加油車上方幾吋時，我像個暈船、蹣跚走過瀝青路面的水手，在機艙裡往天空揮舞雙臂。但我還活著，所以或許米奇真像大家說的一樣厲害。米奇說的是，這不像在跑步，倒像游泳，只是一切比較花時間，這時候經驗就是王道。有經驗，就會知道接下來會怎樣，在事情發生前十分鐘著手避開。這樣一來，要做什麼都行——可以超載百分之十，甚至二十。只不過米奇說這些話時，臉上掛著淡淡的微笑，我在剎那間，恐懼地明白他在納悶超載百分之二十一可不可行。在特定的條件下，當然可以。

總之，這解釋了為什麼了解阿富汗、中亞和高加索的地域對他幫助那麼大；為什麼耶夫根尼·札克洛夫那麼明確希望他的駕駛員，在安哥拉或其他任何地方飛滿一萬小時。當你把你的飛機逼到極限，甚至超過極限，知道你在飛向什麼再重要不過了。

這也解釋了米奇習慣不受限制、徹底地利用跑道。不只是跑道或周圍環道，甚至是草坪、裸露的泥土地、倉庫外空地，以及飛行基地周圍任何他能利用的平面，儘可能得到最長的起飛距離。就像恩特貝一個空中交通的傢伙爆笑著告訴我的：「你聽到起飛時機翼削到那些籬笆和電傳線桿，還有街燈被連根拔起的聲音……但你不知道的是，大半數發出那些聲音的時候，他們只是**在把飛機往後退！**」

不過我們沒事。就像米奇說的，「最重要的是了解你的飛機。」三十年後，他多少像和耿直運輸機成了家，非常清楚他怎樣可以過關。

不過還有些事困擾著我。聽聽米奇，他會告訴你那是他的鳥兒；他會決定什麼上飛機，什麼不上。但我愈來愈意識到米奇的創建神話：「解放」了一架Il-76，飛到哈薩克開業。雖然無疑屬實，卻離完整的真相有一段距離。你當然會習慣那種事——就連惡名昭彰、受盡調查的維克托·布特本人也能回答這個問題，兩手一攤，神祕地宣告，身為二十多歲的空軍，雖然「從來沒有投資者……但弄到錢從來不是問題」。這事說不太通，而且開始看起來非常、非常大條。而我自然而然地感到好奇。所以前一晚，我最後一次試著提起這個話題時，認清了我絕對不可能合理地逼他討論這事，而不破壞我們愉快但脆弱的關係，還害我重重落到水泥地上，沒飛機可搭。於是我決定挖掘一下。

一名貨機駕駛跟著維克托．布特鬆散的飛機與機組員網路，周遊世界超過十年，熟知沙迦的停機棚和飛行員，他說：「從商業的角度看，不可能以航空公司的身分，在沒有商業合約網的情況下生存。」機組員常常認為自己是獨立的，因為一架飛機完整的機組員通常包括很多人，多名駕駛員，裝載長多到一手數不完。這很常見。他們工作、飛行，都和飛機待在一起，他們到哪都搭飛機去，所以那**真的是**他們的飛機。他們住在自己的飛機上，靠著自己的合約而活，但他們多少也屬於更大的一環。」

彼德．丹瑟特說：「事情比任何人意識到的更複雜。你會覺得，好吧，飛機顯然屬於**誰**。不過給你另一批實際的 Il-76 機組員的例子，這架 Il-76 的機身屬於一個人，但引擎屬於別人，所以他們跟另一方『租』了引擎，才能飛這架 Il-76！」

強森．湯馬士說：「你機組員的飛機不只是不屬於他們，也不屬於他們的『合夥人』，或他們的員工，或他們上面的人。幾乎世上每一架 Il-76 最終都由三個人掌控，而他們在前蘇聯的國家裡，地位非常、非常高。他們位高權重，你永遠不會聽說他們的名字。」

另一個消息來源也支持了這觀點，並且更進一步指出，這三個男人最終對應到三個國家

（烏克蘭、俄國和白俄羅斯），而他們多少屬於同個層級的人，在蘇聯解體前應當控制著這三國。聽起來不可思議，但我想起俄國那整個國家擁有的商業軍火業——俄羅斯軍火（Rosvooruzhenie，之後改名為伊羅斯防禦出口公司〔Rosoboronexport〕），耶夫根尼．沙波什尼科夫元帥晚年正是在這間公司擔任顧問。而聯合國偏好的供應商名單中，最大的Il-76業者之一是一間白俄羅斯公司，環航出口（TransaviaExport，諷刺的是，公司位在俄羅斯明克斯的札克羅夫街上，這條街和俄國航空大亨同名），雖然是國營，但是和其他公司一樣，參與競爭激烈的非洲、亞洲與中東市場。在摩加迪休上空遭到擊落的那對Il-76，正是他們的飛機。

其實，這些國營企業和小人物競爭或合作的程度（例如他們和米奇這種人，甚至維克托．布特這種飽受關注名人的關係）不明，即使對比較圈內的人也一樣。俄國黑手黨專家馬克．伽略提也曾經設法追蹤活動紀錄，結果他循線來到一些非常宏偉、戒備森嚴的緊閉大門前。

「我發現一個模式——對於比較大的企業，外面有個『馴服』的獨立人士很方便。」他說，「所以當有人進來，基於商業或政治因素，不該由你自己運送他們的貨，你也不想拒絕顧客。有了這些馴服的『獨立』業者夥伴，你就能說，『這我們不能碰……但我們知道有人可以』，所以就談成了生意。有可能在他們旗下，有時只是有點關係，於是大人物就把他們的生意轉介到半獨立業者的小機構。

「不過最有害的所有權形式，是這些所謂獨立業者另外延伸出來的抵押貸款，其實握在組織犯罪手裡。大部分的時候，他們從事非常普通的行業，但有時候手機響起，對方說『我們想要儘快讓某人飛出某個地方』，或是『我們想確保一批貨送達塔什干』。」

伽略提停頓一下，在他公寓窗戶飄進的紐約警笛聲中沉思。「然後，就像我說的，許多這些機組員其實是軍事情報部門可以否認的武器。」

他就說到這。我吹著口哨看下去，那一串米奇生意上可能的匿名合夥人令我震驚。確實是常見的嫌犯：商業大亨、俄國黑手黨、高階指揮官（指揮著蘇聯軍隊灰燼中重生的新軍隊）、前國安會探員，現任俄國、烏克蘭、白俄羅斯的祕勤人員。對小規模企業來說，是頗驚人的網路合作。

所以米奇選的是哪個？或者，反過來說，是誰選中米奇？

***

那種問題想太多，不論身在哪裡，都會感到一陣恐懼。充滿大麻、擠得水泄不通的一架古董Il-76機艙裡，有人曾經嚴厲勸告我別這樣——那架Il-76的所有權模糊，長期自行維修，次次僥倖脫險。滿腦子前一晚的酒精，口袋裡有份航空安全網Il-76墜機報告資料庫印出的文件，而飛機起飛時感覺傾斜得根本不夠多，在空中劇烈震動、搖晃時，特別不適合思考這種事。

爬升超過卡車的高度是一回事，不過路面升起的熱空氣產生一股上升氣流，在這高度感覺像有人把兩翼抓在巨大雙拳裡、搖晃我們，看看會發生什麼事。米奇總是要我向前看，看向他看的那片玻璃外，但我不由自主地往下看。這時候，發生了意想不到的事情。

我們穿過翻騰的雲層向上爬升，到三萬二千呎在夕陽下水平飛行時，我瞥見別的東西閃過。姑且稱之為米奇的鳥瞰風景——不這樣的話，過去幾年我經歷的一切會閃過我眼前。我很清楚我的選擇。你想說那是什麼都行，我都能接受，因為我耳中的引擎聲停了，突然之間，一切變得非常、非常平靜。

我看到下面的景象，散落在雲朵、河川、沙漠與布滿擦痕的有機玻璃之間——安德列．索達托夫在莫斯科那裡，正在調查誰在「保護」米奇他們那樣的機組員飛進、飛出阿富汗和高加索，他出言質疑政府或許私下不希望其中一些海洛因被送進去。他身邊是前杜馬（Duma）部長安納托利．丘拜斯。丘拜斯正困在自己的小小煉獄中，總是向願意傾聽的人解釋，他別無選擇——要不是可恥地轉型成自由市場，就是完全不轉型。

倫敦上空，這裡的左邊是布萊恩．強森．湯馬士，他正在和維克托．布特共享一杯啤酒，開著岳父的玩笑，談著為何「全世界的耿直運輸機最終都屬於三個男人，他們地位太高，你我永遠不會知道他們的名字」。

我可以看到馬克．伽略提在遙遠的紐約。他正在解釋黑手黨和國家如何聯手，或排除對方，而通常其中一方會成為駕駛員現金生意的掩護。還有列昂尼德．米寧，一個義大利法庭宣判他軍火販運的罪名不成立，因為他們沒有管轄權，米寧現在成為特拉維夫的謙卑居民，向法庭抱怨生意受到多嚴重的影響。

還有在烏干達的聯合國人員，他們看著打劫來來去去。理查·施沙克里置身焦點外，他拉下百葉窗，向他的網路攝影機說起他受到神祕龐大的勢力迫害。而這正是他從前在地上常涉足之處——沙迦機場，閃耀著金錢與承諾，一如既往。地面彷彿散布著星辰，我能看出巴庫、杜拜、喀布爾和仰光的星座，的黎波里（Tripoli）、韓國、德黑蘭、恩特貝和金夏沙熠熠生輝。

這時我才驚覺，這不只是美。而是**完美**。

Il-76被塞得像打水漂的石頭一樣結實，也像打水漂一樣操作。重力玩弄著我們，彷彿殺人鯨嘴裡咬著一隻海豹，重力來來去去，然後突然攫住我們，把我們吸下去，然後又把我們往上拋，我發誓，機翼搖晃得太用力，發出了啪啪響。整架飛機醉醺醺地搖來晃去，所有人都緊繃沉默，直到我們渡過這一關。就連艾利克斯也掛在他的帆布帶子上。事情老是這樣。我們都感覺得到。或許這次該我們讓失事報導登上頭條了。

但不是我，不是這次飛行。我皮膚上流過一陣吸鴉片似的涼意。手臂上汗毛直立，心中有一股愚蠢笑意在增長，我從手掌到靴子底，都知道我們會沒事。就像米奇會說的話：「*zhizn harasho*（活得好好的）」。

因為我現在知道祕密了，這是終極的祕密，有史以來，從來沒有任何人創造出這麼厲害、有野心、簡單至極又巧妙有效的幻覺。

我啊。世界各地有數百萬人目擊，他們信以為真，受之奴役，成為受害者、共犯、目標、精於此道者、幻術大師。在他們之中，唯獨我。我知道他們做過什麼，我也知道他們是怎麼做的。

即使我們運氣**不太好**，終於輪到我們，我也沒有怨尤。因為我覺得啊，我可以從六哩的高空落下，死而無憾。

＊＊＊

黑手黨、大企業和軍方情報機構在蘇聯垮臺的白熱化期間多麼接近，超乎所有人意料。一開始就連黑手黨成員、聯邦安全局探員和商業大亨自己也沒想到。當然，唯一的例外是替他們做骯髒事的藍領人士。

他們是返鄉的軍人──當然是阿富汗戰爭老兵，但也有其他數十萬士兵從他們東歐的基地回來時，發現他們現在無家可歸，身無分文，大約有一百萬人領不到退休金。

還有來自工人階層的人──廠區鎮夜怒號、震動，一道亮著黃光的地帶，鋼鐵、水泥和化學煙點亮了葉卡捷琳堡和坦克城煙霧瀰漫的遼闊工業郊區。他們是製造機器的人。米奇的同學，他留在地面的同類，沒有翅膀飛翔，看不到米奇眼中的鳥瞰景色。他們同樣窮途末路，而他們也像米奇一樣，差不多受夠了。

今日，葉卡捷琳堡兩頭各有一座格外整潔的墓園，訴說著那段歷史。在官方震耳欲聾的沉默中，只有那兩座墓園見證著一九九〇年代降臨米奇家鄉的慘烈幫派暴力、謀殺、恐嚇、機會主義和純粹的商業魅力。俄國的前集團犯罪大城擁有不只一座，而是兩座專用的黑手黨墓園，由親戚和存活的哥兒們精心照料，很受遊客歡迎。他們愛在安全的歷史距離外，尋求一點這座城市為非作歹的刺激。

在貝頓斯蓋丘陵（Vedensky Hills）和瓦甘科夫（Vagan'kovo），一排排磨光的大理石墓碑，用大大的細緻刺青藝術式雕刻，描繪著身穿花襯衫、短夾克的*bratki*（黑手黨「小弟」）死於一九九〇年代私有化幫派戰爭之中。一人抓著賓士的鑰匙圈，另一人的手深深插進皮夾克裡，擺出經典的持槍搶劫動作。品牌服飾和奢華的商品描繪得十分醒目。從洛杉磯到倫敦，這都是資本主義被剝奪者的典型語言——沒受過教育，沒前途，沒有自己的家，但有許多設計師標誌、地位象徵和黃金。

一九九〇年代，破敗、衰退狀態帶來的那股痙攣痛苦中，米奇得到了自由，而這些人也看到了他們的機會。

令這個地區惡名昭彰的重工業和武器生產雖然被政府祕密掩蓋，卻搖搖欲墜，讓組織犯罪插手其中。一個那樣的工業巨頭——烏拉爾馬什（Uralmash），是葉卡捷琳堡地區的主要雇主。蘇聯武器改變了遊戲規則，烏拉爾馬什則是軍火、軍用運輸、化學、開礦設備和重機械的巨獸，負責著這些武器中名符其實的驚人之作——生產從M-30榴彈砲到T-34坦克，還有現代的長程火箭和飛機製造。烏拉爾馬什和俄軍息息相關，祕密服務比供應商—客戶更深一層，實際上是紅軍自己的武器製造部門。那裡員工的技術受到推崇，在蘇聯工業工人之中被視為精英。

而他們愈來愈受敬畏。即使在蘇聯解體之前，烏拉爾馬什工廠的工人也有自己的犯罪集團：烏拉爾馬什男兒幫（Uralmash Boys），一九八〇和一九九〇年代，黑市交易、保護費、拉皮條、詐欺和勒索敲詐，先是補貼了他們貧乏而愈來愈時有時無的工資，接著這些收入令他們的工資相形見絀。一九九一年，這間公司發現自己付不出工資時，烏拉爾馬什男兒幫提供貸款幫忙公司挺過去。如果董事會接受了，誰能怪他們？或如果有些但書，好像也不奇怪？

這是得到半合法地位的途徑，在前蘇聯迅速建立了一種模式。在這個世界裡，黑手黨硬漢不只影響了國內最龐大的行業，甚至迅速接管、把持、擁有——包括數以千計應該是國企的事業。

瓦第．沃寇夫（Vadim Volkov）是聖彼得堡歐洲大學（European University）政治與社會學系副教授，他寫道：「烏拉爾馬什活動的經濟層面本身，顯示烏拉爾馬什男兒幫是最早找到高效率的辦法，利用暴力和武力來保護投資，確保財產權。」依據警方資料，大約兩百家公司、十二家銀行背後都是烏拉爾馬什男兒幫，他們部分控制著另外九十家公司，從石油加工到蜂巢式行動通訊網路（cellular network）、汽車經銷和釀造業。

一九九〇年代中期，俄國社會經濟政策分析中心（Russian Centre for Social and Economic Policy Analysis）發表他們第一批俄國組織犯罪數據。他們做出驚人的解讀：犯罪集團控制、或擁有整整四萬家公司，包括兩千家應當屬於國營的企業。德國和捷克警方執行過至少六次誘捕任務，因為烏拉爾馬什男兒幫這種能取得武器儲備的俄國組織犯罪集團，開始向西方出口核子武器零件了。

至於當局，他們可以（或寧願）什麼都不做，一方面是因為他們現在是犯罪集團旗下企業的利害關係人。國安會和聯邦安全局的高級官員不出手干預犯罪組織活動，好換取在犯罪組織瓜分的任何國營企業中分一杯羹；情報官員沒來上班，因為他們在「另一間」辦公室，穿著新買的亞曼尼西裝，談判載運商品用的新飛機採購，省得擔心劫機、延誤或其他穿著制服同事的路障。

一九九九年，前聯邦安全局的亞歷山大・利特維年科寫道：「由於商業承諾，我們的祕勤機構變得很難處理直接責任，現在面臨衰退。」讓人一窺當時俄國情報機構的心態。利特維年科後來在倫敦遭另一名探員暗殺，因吃到被放入放射性釙的壽司而身亡。換句話說，他們走上和烏拉爾馬什同樣的路——被既得利益、有利可圖的外快和政界的後臺雇主買斷，忙著和壞蛋做生意，沒空盡他們阻止壞蛋的本分。

一九九四年，烏拉山脈運輸與機械工程（the Urals Transport and Machinery Works）工廠興建了八十四架自走式的掃雷裝置，雖然沒有任何買家登記在案，卻仍得到俄國政府贊助，完成這些機具。不知怎麼，即使不是透過官方管道，這些軍火還是會銷出去，賣給可能被官方管道禁止交易的顧客也行。不知為何，這些軍火消失，然後出現在第三世界蠻荒的邊疆。但這是怎麼辦到的？

俄羅斯百慕達三角現在完全歸烏拉爾馬什男兒幫公司和他們在聯邦安全局的股東所有，對於在那裡有些關係的人來說，要得到那問題的答案，得花不少錢，那表示得見血。幫派派系爭奪控制權時，爆發暴力衝突，也引爆了汽車、住宅和包裹炸彈。戴著滑雪面罩的男人和卡拉什尼科夫完成了買斷股份；野心勃勃的執行長突然莫名其妙地從摩天大樓落下，幫一名珠寶商口中「國家機構和犯罪組織融合之後，像奈及利亞的國家黑手黨經濟」清除阻礙。

這些墳墓、擦亮的大理石和磨光的黑色花崗岩在晨曦下，是不幸之人僅存的一切。那些人在遭到槍殺之前，和大筆錢財入袋的距離，就像和他們擁有那輛賓士，或買下古馳的懶人鞋之間的距離一樣遙遠。不過幸運的人忙著轉移到合法貿易，把自己的形象重塑成生意郎，在陽光普照、官員隨和的地方開設附屬事業；對他們來說，報酬就要變得豐厚多了。他們真正需要全球化的，只有物流部門——飛機，巨大的飛機，還有頂尖的機組員，那些人能飛去任何地方，而且需要工作。這下子，他們會在哪裡找到那樣的部門？

聯邦的管理者、祕密警察和銀行家停下動作，面面相覷。

現在機艙裡陽光燦爛，劇院機的銀幕上除了遙遠前方的金黃湛藍天際外，什麼也看不到。我會儘可能地解釋事情如何演變。

***

一九九〇年代早期，蘇聯的結構被嚴重破壞，在西方眼中是一團混亂。相信我，身在那裡，會覺得那更混亂。

俄國駐北約大使迪米崔・羅戈辛在布魯賽爾嚴密設防的大使館裡喝著茶，說：「你可能很難理解事情的完整規模有多龐大。」我又從瓷杯裡啜飲一口，小心翼翼地捧著茶杯碟，免得灑到他鋪在辦公室接待室大理石地板上的奢華地毯。壯觀的加框畫像裡，佩戴肩章的俄國將軍俯瞪著我們——大使、他的副手、我和我們蒼白消瘦的年輕翻譯員。翻譯員顯然非常緊張，雖然我會講一點俄語，羅戈辛會講一點英語，但他顯然認為這非常重要，容不下誤解的風險。

羅戈辛本人是個高大如熊的男人，有著一張令人失去戒心的娃娃臉，他顯然充滿自信，不畏引起爭議，風趣而很容易討人喜歡，儼然明日之星。羅戈辛自稱是國家主義者，一九九〇年代初在列別基將軍手下歷練。他微笑著告訴我，他有飛行員背景，小舅子正是莫斯科伊留申飛機製造處與工廠總部的一位主任。他說，他也自認為是沙巴托夫的朋友——沙巴托夫就是一九九五那年塔利班俘虜的Il-76駕駛員。

羅戈辛在靠近暴風眼的地方，目睹了蘇聯空軍潰散的過程。他指出它和俄國革命動盪的相同處。

羅戈辛告訴我：「發生過兩次——一九一七年和一九九一年。這些人所屬的軍隊一個接一個不復存在。他們不會做別的事。照理講，他們當然可以去民航公司，但民航也在萎縮，所以他們設法在四分五裂的國家裡找到一個角色。即使少數人活動有著犯罪的形式，我也不會稱之為犯罪，而是『灰色企業』。」

世上規模最大的常備軍四分五裂，缺乏經費，幾乎消失了。但那些人總需要一些東西。沒人想得出，事情怎能在這麼短時間內就惡化得這麼嚴重。他們的家人住在帳篷裡。餓到快沒命了，米奇和他返鄉的同袍被逼到公民不服從的邊緣。空軍幾乎不復存在，有些飛機被封存起來，不少駕駛員、工程師、無線電操作員、裝載長和領航員都急著找工作。

然後眾所愛戴的耶夫根尼・沙波什尼科夫下達命令，體諒他們絕望的處境。沙波什尼科夫當時是軍隊總司令，不久將成為俄羅斯聯邦的國家軍火出口企業「俄羅斯軍火」（Rosvooruzhenie）的總裁代表。空軍確實能上工，而且立刻進行，出差也沒問題，於是「解放」就此展開。一夜之間，自由而進取的人重新噴塗了數以千計的飛機。最傑出、最耀眼的俄羅斯、烏克蘭、白俄羅斯空軍官校與軍團之子，再度飛向天際，顯然成了自由飛行員。他們不再待在軍隊，不再穿著制服，他們可以用市場行情接下工作，也可以不接，去尋找其他機會。

看起來確實很混亂。組織犯罪，自由市場恣意發展，而米奇和弟兄們把貨運到世界各地，違反制裁，駕駛恰好廉價販售的飛機，販運這些恰好廉價販售的軍火儲備，為反叛運動和政府提供軍備，賺進很多、很多的錢。這是叢林法則。

不過從空中鳥瞰，可以察覺令人悚然的對稱情形。

維克托．布特的祕密航班，為阿富汗的北方聯盟提供了武器。如果他也在提供塔利班武器呢？幾乎像這些自由接案的送貨人能靠著貿易，達成紅軍未能達成的事，讓所有聖戰士的配備好到他們可以殲滅彼此！同時還能靠這些舊武器，把錢賺進破產的國庫。即使俄國聯邦安全局本身也涉入，其實也不會計畫得更好，還很容易把維克托．布特位在南非的家受到戴面罩的突擊隊搜查，看作是叫人乖乖聽話的警告（實在令人想起徹查東線的祕勤探員）。而他提過，如果他開口，有股「神祕勢力」會堵住他的嘴——他們是誰？總是讓人忍不住猜測。但我們知道，這只是維克托．布特這個單打獨鬥的業者，和北方聯盟做迅速、鬆散的交易，然後從塔利班手中弄回他的飛機，而不是更龐大的計畫或其他。所以說，他從飛機得來的錢來路不明，那又怎樣？

在俄國做生意就是這樣。

然後，當然了，還有非洲的戰爭。獅子山、安哥拉、賴比瑞亞、盧安達、剛果民主共和國、蘇丹、索馬利亞、烏干達、坦尚尼亞，這些國家充斥著總統和叛軍，非常樂意用鑽石、黃金、鈮鉭鐵礦、木材和其他珍貴資源，和進出口騙徒換取一些目前顯得多餘的武器儲備。這些自由接案、非正規的業者不斷帶那些武器過去，對門外漢來說，或許看起來是前蘇聯空盪盪的國庫找到辦法，用檯面下的交易再次充實自己，而這種方式沒有任何國家會合法地嘗試。不過，當然，我們知道這是人不為己天誅地滅。聽說並沒有主計畫。這是生意。

塞爾維亞——那確實是生意。同樣那些飛機，屬於同樣的航空公司「網路」，那麼普遍、那麼不同，卻有個分享工作、人員和方法的怪習慣。這些航班從葉卡捷琳堡取道貝爾格勒，把軍火賣到利比亞（他們是在貝爾格勒上貨？還是原本就已滿載，只是在那裡暫停檢修？），政府或任何與當局有關的人，都不能讓人看到在做這些事，尤其有著聯合國和美國的經濟制裁，而格達費又因為保護泛美航空的轟炸者，遭全球遺棄。不過那樣無疑非常有油水。有些民營企業家在政府裡有見不得人的人脈和親信，誰知道他們在搞什麼？這是法紀名存實亡的時代，就是這樣，只是一系列不幸的巧合。

然後來了聯軍，占領阿富汗和伊拉克，泛濫的毒品錢在這些私人飛機裡運離阿富汗（二〇〇九年，每日有一千萬美元經喀布爾運走），全都流向前蘇聯的中亞國家、沙迦和杜拜那樣的地方。那是數十名像米奇那樣的機組員、網路和生意夥伴的家園，法拉和布勞恩報告有數百名俄國人光是在一間分行就開立了一千一百八十六個帳戶，顯示有「大規模的洗錢活動」，令人納悶這些人是誰，每天送了多少錢回家。二〇〇四年，一名替黑手黨工作的鑽石走私客和他全家人，在杜拜遭人暗殺，後有兩個敵對的走私黑手黨，光天化日下在該酋長國一間主要的觀光旅館涉入大規模槍戰。這兩起事件都符合專業訓練的特徵。雖然是極為複雜的大規模行動，我們仍然相信那些人只是流氓、罪犯和目無法紀的偏差者。

話說，塔吉克邊界的舊蘇聯空軍基地旁，有武器換毒品的市集，還有海洛因以穩定的速度流進俄國本土。安德列．索達托夫說：「突然間，我們聽到一大堆宣告，說（來自阿富汗海洛因的）威脅有多糟糕，而且愈演愈烈，必須做點什麼事。看起來像傳統的政治劇場。顯然有人在保護這些航班。」

那些飛機、機組員和他們個別的匿名合夥人，都一窩蜂聚在那幾個地方，足以讓你想起美好的昔日，軍中運輸軍團行動……

我能感覺到我腦中的高牆正在瓦解。我閉上眼睛時，我和米奇從前的總司令耶夫根尼．沙波什尼科夫談話的突兀結尾歷歷在目：

「沙波什尼科夫元帥，您在一九九〇年代中期，知道用Il-76飛機提供武器給阿富汗聖戰士的事情嗎？應該說，這些航班曾經得到政府官方（或非官方）的首肯嗎？」

「不予置評。」

這就像把W．B．葉慈（W. B. Yeats）的詩斷章取義，說這些鷹隼不知怎麼都還能聽到遠方馴鷹人的命令。或許他不再是指揮官了；或許他就像他們雇主一樣，靠著一己之力，轉戰市場經濟。三位從前位高權重的蘇聯人，來自白俄羅斯、烏克蘭和俄國，名字我們從未聽過，但卻是天上每一架Il-76最終的所有人。他們是在蘇聯解體的那天醒來，然後神奇地發現，他們現在擁有一隊四十架An-12的控制性持股了嗎？

就像前烏克蘭反情報機構的頭頭格里戈里・奧姆先科告訴《紐約時報》的彼得・蘭德斯曼：「像布特這樣的販運者不是受到保護，就是遭到殺害。完全在國家控制之下。」

那些龐大的勢力啊。東線遭到突擊搜查，至今已經八年，但這是在俄國聯邦安全局的允許下，或是神祕的和解、協議基金會讓威脅他們壟斷的機組員、業者和飛機停業，即使過了這麼多年，仍然未曾有人指認？這個祕密國度和私人企業，是否正如利特維年科也被封口之前說的，其實是同一個？俄國聯邦安全局和政府，想像民營企業那樣賺錢。到處都有人脈、許多影響力。那些人與機器，毫無競爭。沒有組織，沒有補償，沒有合約，如果禁運遭到打破，別來找我們。

幾乎太完美了。

我和羅戈辛會面時，我向他提起這個話題。他小心翼翼地談起那些人的好，然後說起他最近出版了回憶錄《和平之鷹》（*The Hawks of Peace*），西方的人讀到會受「不小的震撼」。他要我讀剛剛完成的英文譯文，也許我可以把這交給哪個有興趣的出版商。突然之間，時間到了。羅戈辛站起來，寬大的右手手掌蓋在我手上，祝我好運，這時我正因為沒針對這個全球影子網路跟他問出更多事而喪氣。然後，我們道別時，他看著我眨眨眼，微笑著用英文對我說：「每個俄國人關係都很好。」

現在我的腦子轉個不停。雷根、柴契爾、科爾，然後是布希，然後西方所有人，都覺得他們送別了邪惡帝國，「贏」了冷戰。但蘇聯空軍沒有潰散，而是轉個彎，重塑，然後重組。他們還在那裡，載著任何需要載的東西飛翔。只是他們合約的條款變了。同一家公司，但有了新標誌。這些超級飛機從蘇聯軍事與工業複合體中湧出，適合軍用與商業用途，雙重立案，準備在任何時間、地點進行任何任務，只是改個徽章。就像米奇第一次在跑道上對我說的：「我們只是重塑形象，不過當時我們不這麼說。」

簡單的一層漆，改個名字，有史以來最宏大、最精密的幻象終於登場。在那之後，一切就簡單了。一旦把整個武裝部隊變成一千家中小企業，恭喜北約組織贏了精采的一局，就不會再有人注意了。在那之後，讓全球最大量的除役武器儲備，神奇地和價值數十億的非洲血鑽石調換，只是個小把戲。像米奇那樣的公司，可以辦到任何國家都無法以自己之名做到的事——即使像我國那樣的強國，或烏克蘭那樣的戰略國家。一場黑色行動、一批軍火走私、毒品遞送、祕密人口販賣、非常規引渡、運送傭兵，都是軍隊難以想像的事。是誰指示的？誰簽署命令？誰批准那架飛機？他們會奉命停止。不過對於神祕莫測、特立獨行的中小企業來說，這樣講好了，誰知道他們在做什麼？

這是一個祕密國度以蓋達組織的模式在經營生意——鬆散的從屬關係，沒有金字塔狀的架構，獨立的業者不是任何人的下屬。老做法有小兵和中尉，新做法只有積極的獨立業者。像是米奇。

我記得馬克．伽略提博士和我談到葉卡捷琳堡黑手黨崛起的那天，他說了什麼。

「任何個別的參與者，時常會變得非常搖搖欲墜，做事非常隨意。他們可能很狡猾，有些小聰明，但並不聰慧。他們沒有商業計畫或使命宣言。然而，組織整體和其所代表的經濟，常常意外地複雜，反應也非常迅速。至於『幫派』的作用？只是要定下規範，調停爭執，因為槍戰對生意不好。維持安全，維護大家會尊敬的品牌。」

然後我想起那架Il-76載著北韓武器，在曼谷遭到停飛。那場逮捕案，那陣騷動，最後煙消雲散。機組員可以自由返回哈薩克和白俄羅斯的家鄉，沒人提起指控的事。在奇姆肯特的包機公司所有人，聲稱他們在放假，其實是在檯面下作業。那批貨的活動紀錄帶著中情局追查的一系列空殼公司，最後追到一個男人，那人除了曾經出現在紙上，像是從來不曾存在。令人忍不住讚嘆佩服。

就像維克托說的，有些龐大勢力，不論你在哪陷入困境（坎達哈、曼谷或達夫都好），他們都會逮到你。

結果，外包在東方和西方都是未來的趨勢。一整隊精銳的飛行員，不畏工作艱難或太祕密，幾乎無法追蹤，而且是按小時計酬。也許在你利用他們的時候，甚至能發現他們在為競爭者運送什麼的資訊。這時我又想起蘇維埃航空耶夫根尼·札克洛夫的話：「這些前空軍的機員**思考方式**像軍事人員——命令下來，他們就執行。」

最終，當然就像一開始一樣，這是個和錢有關的故事。使用魔法、令觀眾盲目、從帽子裡變出兔子，從看似空盪盪的貨艙變出寶貴違禁品的，正是錢。讓蘇聯政府民主化的是錢，讓武器、權力、毒品大眾化的，也是錢。

所以常備的空軍成了私人空軍，任務相同，但少了意識形態——駕駛員「辭去」永久的合同，自由接案，或是放無薪假，開著同一架飛機替同一批人飛去安哥拉。這些人現在不用為他們負責了，他們現在能違反制裁、走私軍火、收現金，這是他們身披政府制服不能做的事。工廠工會會員、士兵、將軍、部長和祕密警察，成為身穿定製衣服的圓滑顧問、諮詢者、執行長、全球航空公司的企業決策者、政府資助的出口公司、慈善機構或智囊團。有錢進來，其餘的事都不再重要了。在這些煙與鏡之後是無形的網路、軍隊轉型的中小企業、軍團變成的隨車附人公司、錯誤指示、密謀和兩面手法，那是那一切的簡單、乏味、日常之美。

蘇聯之所以瓦解，不是因為改變了初衷，而是錢花完了。祕密背後的真相是，沒有分哪一邊，沒有對錯，沒有左派或右派。其實從來沒有。一向只有錢。就像錢一樣，米奇和弟兄們只會隨著供需的梯度而去。跟他們說制裁的事，就像對風說起被吹彎的樹梢，或是對波濤說起快淹死的人。他們和投資、保險、廣告、企業、政治、新聞業、航空，甚至金錢本身比起來，基本上沒比較善良或邪惡、左派或右派、道德或不道德。

魔鬼最厲害的花招，是讓人類相信他不存在。難怪監控者、警方和間諜很難追蹤到這些人。他們被迫尋找計畫、指揮鏈、活動紀錄和大人物型的人士，然而這些人找到辦法，不靠那些繼續下去。他們沒計畫、沒有指揮鏈、沒有信仰系統或一系列規則，唯一的原則是：夠多人需要他們，在需要的時機和地點，他們就會出現。看看他們在地上的模樣——米奇、塔蒂亞娜、維克托・布特和他們的朋友、機組員、生意夥伴並不是天啟騎士，他們只是在追逐金錢，和我們其他人一樣。蘇聯不在了，新的聯邦長存——這個聯盟沒有名字、沒有國歌、沒有貨幣，也沒有國界。

不知不覺，這已悄悄地成為我們身處其中的新聯邦。他們的帝國是無形的帝國，孱弱但宏偉，因難以捉摸而不可動搖，在世上的開放空間和空盪的跑道上，就潛藏在眼前。如果你覺得他們很好騙，或覺得你知道他們的下一步，或明天他們會是誰，那祝你好運……

這時我感到一震，又一陣顫動，一道明亮聖潔的猛烈陽光穿透雲層和帶著汙痕的駕駛艙玻璃，我們升空了。

＊＊＊

老走私客不死，他們只是耍了最後一次消失的花招。

我有時覺得，米奇的一生是一連串的默默離去——丘陵間的家和家人、他的駐防地、阿富汗、空軍、蘇聯，以及任何似乎變得太受管制、太真實的地方。我想到他時，有一片刻的回憶清晰出現在我腦中，令我發笑。

那是二〇〇七年的事，一個七月的早晨，我站在米奇的飛機旁，當時熱到簡易機場的安全周邊和更遠處的地雷區都在霧靄中氤氳。我們跺著腳，等待我們的朋友拿著文件現身，拿走他們一箱箱香菸、威士忌和其他任何東西。我能感覺到我後頸的皮膚在太陽下冒出水泡。

米奇和弟兄們戴著帽子，肩上披著毛巾，身穿長袖夾克，盡可能遮擋陽光——如果這樣顯得像女遊民，不這麼穿就會顯得像灼傷患者了。

我們剛著陸，但我等得快受不了。不知為何，我們必須在周圍環道見某個人。米奇那件不合身的機長外套手肘處裂了，破舊油亮，開始像溼掉一樣閃閃發亮。他望過柏油路對面，臉上掛著失望的淡笑。加拿大佬麥金萊拖著步子走過來，我聽到他在嘟噥。機組員似乎異常坐立不安，沒人設法躲開高熱。大家很沉默。

我和麥金萊自願待在附近，但米奇不准。他要我們上路。我們懷裡抱滿袋子和箱子，越過受砲擊而裂痕遍布的跑道，在草叢之間鑽來鑽去。我們走向泥土路想抄捷徑時，米奇壓過噪音朝我們大吼。

「嘿！別忘了……」

我們停下腳步，轉身朝著他，他在閃爍的瀝青跑道那頭，顯得非常渺小。他不再揮手。

「別踩到柏油路外。」說完，他又沒了人影。

米奇和許許多多蘇聯的無賴飛行員一樣，消失之術神乎其技。最近這些令人意外的不法之徒達成了史上最偉大的集體幻覺，變得比較謙遜了。有些在一陣煙霧中，消失山壁邊；其他人消失在非洲的大湖裡，或熱帶海洋，水和四十呎深的淤泥湖底與石頭覆蓋了他們，沒留下一點漣漪顯示他們或飛機曾經經過這裡。他們飛進濃霧和低垂的雲中，飛進黑暗的森林，之後再也沒人見過他們。

有些人某天起飛之後，被天空吞沒，人和二百公噸的戰艦終於逃離地面乏味的拉力、繁瑣的文書工作、條子、大呼小叫的車臣人和他們的火箭推進榴彈發射器、生意上的麻煩、邊界官員、客戶和雇主、雷達和聖戰士、聯邦調查局、中情局、黑手黨、毒販和議員。

其他人只想回家。

我回絕了飛往摩加迪休的航程之後，再也沒見過米奇。有一陣子，他在用他另一張SIM卡，他的號碼又通了幾天，但他從來沒接電話。然後鈴聲又消失了，我只聽到擴音器裡一片寂靜。跟他一起飛的人，或替他飛的人，至少少數稱得上有線索的人，說他已經沒跟他們一起了。有人說，或許他離開了這一行，但我一點也不相信——米奇只有在飛行的時候，才真正感到快樂；在地面，一切都變得骯髒。就像他跟我說的，不鳥瞰風景，就會瘋掉、喝到掛。所以我開始擔心了。當然不是一直擔心（其實我根本和那傢伙不熟），只是有種揮之不去的感覺，我想多少是因為我沒搭上那趟航班。我著手查詢網路謠言，注意飛機失事現場。不久，我開始覺得我像電視上的博物學家，我掛著標籤的駝鹿沒在融雪的時候回家。

但駝鹿從來沒出現。就如他們的一生，他們的死也是謠言，蹤跡導向迷霧之中。然後，我開始整理所有筆記準備編纂成書的大約一個月前，我終於聽說米奇的事。他永遠著陸了——和飛行毫無關係，只是單純的心臟病發。事情發生在俄國，當時他正在拜訪戰時的一些弟兄。據我聽到的，事情就這樣了。沒有戲劇化的事件、沒有墜機、沒有威而剛，也沒有黑手黨、努比亞公主或酒吧鬥毆，沒有山壁或湖水、起火燃燒的引擎或刺針飛彈、金戈威德綁架者或塔利班軍閥，只有我想到他一向說的**這種人生**。空中的子彈、地上的伏特加，不論哪種方式，最後終究會逮到你。

謝爾蓋是他們之中最活躍的，上個夏天也翹辮子了。他去另一架飛機、和另一批機組員自由接案的時候，天空帶走了他（居然不是其他人而是**他**。大家都覺得他那樣喝酒，即使沒出事，也頂多再活一星期）。他們說他不走運，但即使再巧妙的手法，也只能抵擋重力那麼些時間。我喝太多而後悔的時候，還有偶爾打水漂，石頭的動能和升力緩緩耗盡，最後落下的時候，通常會想起他。如果他知道的話，一定會哈哈大笑。

聽說列夫有一天就這麼消失了。他在一次值班時沒出現——追逐高薪的機組員總愛做這種事。公告失蹤，大概是即時脫身了。最後一次有人聽到他消息的時候，他喃喃說要搬去泰國，跟著小一點的飛機飛，開間酒吧，但看起來不像他有著手進行，畢竟完全沒有一點消息。

老是在發脾氣的迪米崔，還有一班班飛機裡湊成機組員的朋友或陌生人可能還在那裡，替任何有工作要做的人飛行。我離開非洲之後，其實和迪米崔通過一次電話。他雖然表現出渾身是刺的態度，結果卻是那個要我保持聯絡的傢伙，我打電話去他家時運氣好，他在家。他說時局很艱難，他們都因為安托諾夫和伊留申太吵、太老舊、又沒註冊而加以禁止，而且所有人都開始摻一腳了。

結果，耶夫根尼．札克洛夫同時說了同樣的話：「你知道誰把我們從索馬利亞的合約裡踢出來嗎？南非白人。我們很便宜，可是現在，他們才是非洲的便宜飛行員。」這位航空公司所有人今天顯得疲倦，但我忍不住覺得我們道別之前，他的這番話聽起來幾乎像如釋重負：「俄國駕駛員不像以前那麼吸引人了。」

我打電話給迪米崔，對話比我期望的更短。他離開飛機，感覺不同了，不知怎麼比較年輕、比較放鬆。他說，他被困在亞洲，幾星期沒有飛機飛出去，他意識到不能再那樣下去，財務上不允許。他說，也許他該撥點時間去做教官了。這時背景有個女人的聲音在喊叫，他得走了。現在那張紙不見了，但那不重要。我和他世界的連結也不在了。就像奧地利哲學家維根斯坦（Wittgenstein）口中所說：「即使獅子能說話，你也無法理解牠想告訴你的事。」

其他人呢？如果你聽說任何消息，務必告訴我。他們已經逐漸消失，三三兩兩搬到我這種紙上談兵的跟蹤狂無望追蹤到的遠方。也許夜晚的子彈逮到他們了，也許沒有。我喜歡想像，也許他們成功了，逃脫這個汙穢星球上最危險、沒人在乎的行業，最後一次平安降落——許多東方的飛行員想說退休的時候，用的是這個講法，現在我懂了。說「要退休」，就像在插死旗，招致引擎冒煙和難以捉摸的山頂。**退休**是可笑的野心，**降落**是他們知道他們能達成的事。

不論還有誰在，都祝你們一路順風。我愛想像你們在某個時刻，在杜拜的某座游泳池畔或韃靼、泰國或天知道哪裡的某個後廊一起喝一杯。你們是死是活？我想，直到我追到你們，查明真相之前，你們是死也是活吧。你我都很清楚，我永遠不會追到你們，所以我目前只能繼續仰望天空。

哪一天，有人會替這些人和他們面臨的危險寫本真正的書，會讓政客認真傾聽的書。然後那整場該死的鬧劇就會停止。不會再有爛飛機、死亡陷阱、會爆炸的貨物，不會再有現金交易、賄賂、為期四天不間斷的行動，不再會有把米奇那樣的人逼到超過極限的那種生活。最後的獨立之人將組成工會、受到管制，讓天空安安全全，大家受到保護。他們會像我們其他人一樣，在監視器下生活、繳稅、辦貸款、加入稱得上一般社會的地方。有朝一日，這一切都會成真吧。

在此同時，雲繼續飄移，河水繼續奔流，塵土被吹來吹去。地球上最後的自由之人飛越雷達之間廣大黑暗的地域，而飛機、金錢和貨物繼續流過我們在紙張上畫下的界線。

愈來愈冷了。回到家鄉，二月已經降臨，東風刺骨，該回到明亮的室內了。當我到達我家門邊那盞黃光下，回過頭，才意識到北半球的黑夜竟然降臨得那麼快。現在只有一小個光點高高爬在天上，劃過天際，朝東北方而去。想到在天際、遠在黑暗的地球上方，有人透過駕駛艙的窗子張望，想著家，我就開心。

米奇，如果你在天上的哪裡，總有一天，我會在另一邊跟你喝那杯冰涼的波羅的海啤酒。

還有，謝爾蓋，你說得對。我未免太愛擔心了。

作者的話

雖然米奇的世界和我們所在的世界有許多相似之處，那世界卻不只在國家法律與國際法律上模稜兩可，在個人、命令、法律和商業關係的一貫忠誠與作為也一樣。在研究和撰寫本書的過程中，有幾度我非常清楚，如果揭露其中許多人的身分，不但可能導致嚴重後果（對他們本身，以及他們是否能持續受僱）、遭他們起訴，或引來不希望的關注，甚至刑事訴訟（他們被起訴），甚至帶來嚴重的傷害。

基於這些因素，以及這些男男女女對我的信任，因此我選來稱呼米奇和他機組員的名字和特徵（不只是那個男人，還有那些男人和他們的集合）都經過改寫、拼湊、組合，加上充足的外型、商業、地理和人身的細節，讓他們完全無法辨識——雖然米奇和謝爾蓋已經不在人世，我還是出於對他們和同事的尊重，並考慮到他們在其中運作的世界，仍然遵循這個原則。同樣地，因為飛行計畫都歸檔、保存了下來，因此幾乎所有時候，我都修改了航班和目的地相關行動的日期和地點。澄清一下：可能是這名駕駛員的人，絕不會叫米凱爾、米夏、米奇或這類的名字；他們不是來自西伯利亞或維捷布斯克。而米奇真正的特徵都經過更動，讓人認不出他，所以如果你覺得自己從外觀描述、名字、個人經歷、飛行路徑、飛機細節或把航班的時間和地點拼湊起來，認出了米奇、謝爾蓋或其他人，那麼你就錯了。如果和實際人物（無論是否在世）有任何雷同，純屬巧合。

除此之外，本書中其他姓名只有在明確要求使用假名，或該資訊或其提供資訊中的一部分不希望正式引用時，才更改或保留當事人的姓名。有些情況，我更改及／或保留很久以前在其他案中的對話和訪談中得知的姓名，單純因為我認為不那麼做，可能危及該人，或背叛對方的信任。

我對航空設備迷很抱歉，由於諸如此類的因素，雖然我並未指控書中人的雇主、同事或其他聯絡人在公司層級涉入甚至知道這些活動，但我也選擇不明說我有幸受邀登上的飛機確切型號，或所屬的企業、數量或可供辯識的獨特特徵，並且更動夠多的地點和日期，讓他們安全地隱姓埋名——我承認書中存在如此導致的不一致之處。出於法律因素，我多次隱瞞了識別的關鍵。

要注意，很多人會用「俄國的」通稱前蘇聯說俄文的斯拉夫國家人和事物，尤其在非洲、阿拉伯和遠東地區，包括俄國人他們自己（耶夫根尼．札克洛夫甚至把烏克蘭的安托諾夫和烏茲別克製的伊留申稱為「俄國的」飛機）。雖然這種含糊糟透了，卻是情有可原——就像在外國被叫成英國人的威爾斯人、蘇格蘭人，甚至愛爾蘭人，真是天理不容。而就像維克托．布特和列昂尼德．米寧奇妙案例中的情形，他們自己時常鼓勵那樣的含糊。

我的原則是修正受訪者不適當的語言，刪掉結結巴巴和反覆的地方，只是為了清楚易讀，不為改變原意。比方說，理查·施沙克里在他最初的信中跟我提到「萬聖節的兔子」，當面聊的時候，許多空勤人員的談話幾乎和我的俄語一樣，充滿停頓、詞彙問題和近音詞誤用。

最後，構成這敘事核心的人，從前也被稱為蘇聯人，只因為他們身處於這場風暴的暴風眼，而我一窺了他們的生命。他們是人，和其他任何人相比，不相上下。他們其實也有可能是（確實也常常是）美國人、英國人、烏干達人、摩洛哥人、南非人、中國人、荷蘭人、法國人、墨西哥人、義大利人、剛果人、巴西人，或是你我。

致謝

感謝眾多的朋友、飛行員、觀察員、旅伴和專家付出寶貴的時間，有時不只時間，甚至可能有危個人安全。最重要的是我對機組員的友誼與感激，尤其是米奇的機組員和謝爾蓋，不論他們身在何方。

特別感謝：首先，感謝帶著我飛行，與我飲酒、談話的機組員。

***

感謝：耶夫根尼·沙波什尼科夫元帥、彼德·丹瑟特、尼古拉·維克托羅維奇·寇奇諾夫（Nikolay Viktorovich Korchunov）、布萊恩·強森·湯馬士、米洛斯·瓦西奇、伊戈爾·沙林傑、奈及爾·塔倫泰爾（Nigel Tallantire）、卡緹亞·斯捷潘諾娃、迪米崔·羅戈辛大使、彼得與伊拉（Ira）、耶夫根尼·札克洛夫、馬丁·席布伊拉、伊利亞·內雷丁、伊恩·克拉克、約翰·麥當勞和他的神祕友人、摩伊希斯·奈姆、科米人權紀念委員會（Komi Memorial Commission of Human Rights，http://memorial-komi.org）的恩斯特·梅札克、琳達·波曼、安德列·索達托夫、梅森·博斯特倫、蜜拉·馬爾科維奇（Mira Markovic）、哈薩姆・米亞（Hassam Miah）、約翰・斯威尼、艾琳・博德特（Erin Burdett）、麥克・G・施密特（Michael G. Schmidt）、艾隆・休伊特、亞瑟・肯特、安德列・洛夫佐夫（Andrey Lovtsov）、雪倫・（沙茲）・葛倫克羅斯（Sharren〔Shazz〕Glencross）、泰瑞・邦納（Terry Bonner）、馬克・伽略提博士、理查・施沙克里、多明尼克・梅德利、阿哈瑪・拉希德、迪米崔・塔拉賽維奇（Dmitry Tarasevich）、塔蒂亞娜・帕卡林娜（Tatyana Parkhalina）、TRAFFIC野生動植物交易監控網、安德列・福明（Andrey Formin）、派崔克・馬特斯柯・穆古里、《紅辣椒》（Red Pepper）的孔雀、《新世野》（New Vision）的基貢戈（Kigongo）、莎拉・羅布森（Sarah Robson）、凱文・奧弗林（Kevin O'Flynn）、《莫斯科時報》的奧克薩娜・斯米爾諾娃（Oksana Smirnova）、布拉尼斯拉夫（Branislav）、飛機迷（Planecrazi）、克里斯多夫・M・大衛森（Christopher M. Davidson）博士、白俄羅斯共和國駐倫敦大使、阿列克謝・札伊柴夫（Alexey Zaytsev）、哈倫、崔西雅・歐魯克、喬克（Jock，有戰鬥機飛行員之意）、鮑里斯、贊雅、傑米（Jamie）、格爾達娜（Gordana）和娜塔莉亞、伊恩・貝爾徹（Ian Belcher）、「安托諾夫人」、斯德哥爾摩國際和平研究所的休・格里菲斯、奧林帕斯（Olympus）的達米安・克拉克（Damian Clarke）、伊留申的「A」、剛果民主特派團基地的好心人（你知道我在說你），和米洛斯・瓦西奇共事的那些厲害又難找的塞爾維亞《時代週刊》（*Vreme*）撰稿人——喬凡・杜洛維奇（Jovan Dulovic）、伊利亞・武凱利奇（Ilija Vukelic，貝爾格勒），布蘭科・斯托西奇（Branko Stosic，莫斯科）和謝爾蓋・庫茲涅佐夫（葉卡捷琳堡），他們與瓦西奇的調查才華，構成了我敘述蘇爾津墜機事件的基礎。還有無數的機組員、地勤人員、目擊者、研究者與商人，他們奉獻了時間和各種程度的努力，信任我能負責地利用他們的貢獻。希望我沒讓他們失望。

＊＊＊

沒有以下人士，這本書不可能寫成：國際和平資訊服務組織的彼德·丹瑟特和聯合國剛果民主共和國專家小組的布萊恩·強森·湯馬士，他們在本書醞釀期間的一些關鍵時刻，慷慨地付出時間，提供協助與他們的專業，我感激不盡。珍·馬爾克林斯（Jane Mulkerrins）、道格·麥金萊（www. dougmckinlay.com）、杭特概要（Hunter Profiles）的韓佛瑞·杭特（Humfrey Hunter）、克萊爾·康維爾（Clare Conville）、傑克·史密斯·鮑桑葵（Jake Smith-Bosanquet）、康維爾與威爾許版權公司（Conville & Walsh）的蘇珊·阿姆斯壯（Susan Armstrong）和漢娜·席爾文諾寧（Henna Silvennoinen），美國布魯姆斯伯里出版社（Bloomsbury USA）的班·亞當斯（Ben Adams）和蜜雪兒·布蘭肯希普（Michelle Blankenship），麥克米倫出版社（Pan Macmillan）的英格麗·康乃爾（Ingrid Connell）、布魯諾·文森（Bruno Vincent）、史都華·威爾森（Stuart Wilson）和阿里·布萊克本（Ali Blackburn），約翰·布朗出版社（John Brown）的安德魯·希爾施（Andrew Hirsch）、迪恩·費茲派屈克（Dean Fitzpatrick）、薩維塔·曼迪爾（Savita Mandil）和瑞秋·巴特斯（Rachel Butters），烏爾斯坦出版社（Ullstein）的約根・迪賽爾（Juergen Diessl），艾倫・J・考夫曼（Alan J. Kaufman）、大衛（David）與琳達・波特（Linda Potter）、理查・漢彌爾頓（Richard Hamilton）、蘿拉・科普（Laura Cope）、亞利斯特・唐諾森（Alistair Donaldson）、傑若米・波因茨（Jeremy Points）、賈克・葛利斯（Jac Grice）、朗・派普（Ron Piper）。麗莎・林區（Lisa Lynch）是我所知最優秀的作者，我十分感激她給我的靈感，並且無盡敬佩。僅將本書獻給艾略特・波特（Elliot Potter）。最重要的是，我要特別感謝我妻子莉拉（Lila），這本書裡進行的無數訪談，都受到她無價的幫助，而這本書多虧她的耐心與信念，才得以成真。

參考書目

延伸閱讀，以及多少對我有助益的書：

主要參考書籍

道格拉斯・法拉和史蒂芬・布勞恩為《死亡商人》一書做的研究惠我良多，儘管我的重點和結論與他們不同。

同樣地，就機組員在機上的經驗、他們個人經歷與專長，以及飛機與機組員遭遇剝削與不幸的故事，迪米崔・科米薩洛夫（Dmitriy Kommisarov）和葉夫・戈登（Yefim Gordon）傑出的一系列指南也益我良多，其中（對我來說）最關鍵的將於下文提及。

我對貝爾格勒墜機事件的描述，大量仰賴塞爾維亞《時代》週刊，不只受惠於該社的記者，更是這整個組織。

Alexeivich, Svetlana, *Zinky Boys: Soviet voices from a Forgotten War.* London, Chatto & Windus, 1992

Armstrong, Stephen, *War PLC: The Rise of the New Corporate Mercenary,* London, Faber & Faber, 2009

Barrand, Jude and Medley, Dominic, *Kabul,* Chalfont St Peter, Bucks/Guilford, CT, Bradt Mini Guides, 2004

Bowden, Mark, *Killing Pablo,* London, Atlantic Books, 2001

Boyles, Denis, *African Lives: White Lies, Tropical Truth, Darkest Gossip, and Rumblings of Rumor- from Chinese Gordon to Beryl Markham, and Beyond,* New York, Ballantine/Random House, 1989

Bulgakov, Mikhail, *The Master and Margarita*（《大師與瑪格麗特》）, London, Picador, 1989

Collin, Matthew, *This is Serbia Calling,* London, Serpent's Tail, 2001

Davidson, Christopher M., *Dubai: The Vulnerability of Success,* London, C. Hurst & Co., 2009

Farah, Douglas and Braun, Stephen, *Merchant of Death*（《死亡商人》）, New York, Wiley, 2007

Peifer, Gregory, *The Great Gamble: The Soviet War in Afghanistan,* London, Harper Perennial, 2010

Gilby, Nicholas, *The Arms Trade,* Oxford, New Internationalist, 2009

Glenny, Misha, *McMafia: Seriously Organized Crime,* London, Vintage, 2008

Goldman, Marshall, *Oilopoly: Putin, Power and the Rise of the New Russia,* Oxford,

Oneworld, 2010

Hatfield, James, *Fortunate Son: George W. Bush and the Making of an American President,* London, Vision, 2002

Hobsbawm, Eric, *Bandits,* London, Abacus, 2001Hoffman, David E., *The Dead Hand: The Untold Story of the Cold War Arms Race and Its Dangerous Legacy,* New York, Anchor/Random House, 2010

Holdsworth, Nick, *Moscow: The Beautiful and the Damned,* London, Carlton BooksKlebnikov, Paul, *Godfather of the Kremlin,* New York, Harcourt Inc.Klein, Joe, *The Natural: The Misunderstood Presidency of Bill Clinton,* New York, Doubleday, 2002

Kommisarov, Dmitri and Gordon, Yefim, *Antonov An-12: The Soviet Hercules,* Hinkley, Midland Publishing, 2007

Kommisarov, Dmitri and Gordon, Yefim, *IlyiiShin-76: Russia's Versatile Airlifter,* Hinkley, Midland Publishing, 2001

Lanning, Michael Lee, *Mercenaries,* New York, Presidio Press, 2005

LeBor, Adam, *Milosevic,* London, Bloomsbury, 2003

Litvinenko, Alexander (with Felshtinsky, Yuri), *Blowing Up Russia,* London, Gibson Square Books, 2007

Meyer, Karl E., *The Dust of Empire: The Race for Mastery in the Asian Heartland,* New York, Public Affairs, 2004

Naím, Moíses, *Illicit: How Smugglers, Traffickers and Copycats are Hijacking the Global Economy,* London, Arrow, 2007

Parsons, Anthony, *From Cold War to Hot Peace: UN Interventions, 1947-94,* London, Penguin, 1995

Polman, Linda, *War Games: The Story of Aid and in Modern Times,* London, Viking, 2010

Rashid, Ahmed, *Taliban,* London, IB Tauris & Co., 2000

Robbins, Christopher, *Air America,* London, Corgi, 1988

Robbins, Christopher, *Kazakhstan: The Land that Disappeared,* London, Profile 2008

Rogozin, Dmitry, *The Hawks of Peace,* unpublished manuscript, 2010

Schroeder, Matthew, Smith, Dan and Stohl, Rachel, *The Small Arms Trade,* Oxford, Oneworld, 2006

Soldatov, Andrei and Borogan, Irina, *The New Nobility: The Restoration of Russia's Security State and the Enduring Legacy of the KGB,* London, Public Affairs, 2010

Stiglitz, Joseph, *Globalization and Its Discontents,* London, Penguin, 2003

Stockholm International Peace Research Institute, *Armaments, Disarmament and International*

Security: SIPRI Yearbook 2009, Stockholm, SIPRI, 2009

Taylor, Brian D., *Politics and the Russian Army: Civil-Military Relations 1689-2000,* Cambridge, Cambridge University Press, 2003

Transparency International, *Preventing Corruption in Humanitarian Operations: A Handbook,* Berlin, Transparency International, 2010

Vaisman, Alexey and Fomenko, Pavel, *Siberia's Black Gold: Harvest and Trade in Amur River Sturgeons in the Russian Federation,* Cambridge, TRAFFIC Europe, 2006

Wilkinson, Adrian, *Activity Report of the Western Balkans Parliamentary Forum on Small Arms and Light Weapons,* Belgrade, SEESAC/UNDP, 2006

Wood, Brian and Peleman, Johan, *The Arms Fixers,* Oslo, Peace Research Institute, 1999

相關報告

DRC: Arming the East, 2005, Amnesty International, www.amnesty.org/en/library/info/AFR62/006/2005

Blood at the Crossroads: Making the Case for a Global Arms Trade Treaty, 2008, Amnesty International, www.amnesty.org/en/library/info/ACT30/011/2008/en

Illicit Brokering of SALW in Europe: Lacunae in Eastern European Arms Control and Verification Regimes, Danssaert, Peter and Johnson-Thomas, Brian, 2009, Disarmament Forum www.ipisresearch.be and www.unidir.org/bdd/fiche-article.php?ref_article= 2891

Dead on Time: Arms Transportation, Brokering and the Threat to Human Rights, Finardi, Sergio (TA), 2006, Amnesty International, www.amnesty.org/en/library/info/ACT30/008/2006

From Deceit to Discovery: The Strange Flight of 4L-AWA, 21 December 2009, IPIS vzw (ipisresearch.be)

From Deceit to Discovery: An Update, Finardi, Sergio, Johnson-Thomas, Brian, Danssaert, Peter, 8 February 2010, IPIS vzw (ipisresearch.be)

Mapping the Labyrinth: More on the Strange Weapons Flight of 4L-AWA, Finardi, Sergio, Johnson-Thomas, Brian, Danssaert, Peter, 3 December 2010, Antwerp, IPIS vzw (ipisresearch.be)

Air Transfers and Destabilizing Commodity Flows, SIPRI Policy Paper no. 24, Griffiths, Hugh and Bromley, Mark, May 2009, Stockholm, SIPRI, www.sipri.org

Guns, Planes and Ships: Identification and Disruption of Clandestine Arms Transfers, Griffiths, Hugh and Wilkinson, Adrian, 2007, Belgrade, UNDP/SEESAC, www.seesac.org and www.undp.hr/show.jsp?page=52042

Stemming Destabilizing Arms Transfers: The Impact of European Union Air Safety Bans,

Griffiths, Hugh and Bromley, Mark, SIPRI/SEESAC books.sipri.org/files/insight/SIPRI-Insight0803.pdf

Arms Flows in Eastern DR Congo, 2004, Antwerp, IPIS vzw/ All Party Parliamentary Group (UK) on the Great Lakes Region, www.ipisresearch.be/download.php?id=216

United Nations Reports of the Group of Experts Submitted by the Security Council Committee Established Pursuant to Resolution 1533 (UN, 2004) Concerning the Democratic Republic of the Congo, www.un.org/sc/committees

United Nations Reports of the Monitoring Group and the Panel of Experts on Somalia and Submitted Through the Security Council Committee Established Pursuant to Resolutions 751 (UN, 1992) and 1907 (UN, 2009) Concerning Somalia, www.un.org/sc/committees

United Nations Reports of the Security Council Committee Established Pursuant to Resolution 1267 (UN, 1999) Concerning Al-Qaida and the Taliban and Associated Individuals and Entities, www.un.org/sc/committees

United Nations Reports of the Security Council Committee Established Pursuant to Resolution 1521 (UN, 2003) Concerning Liberia, www.un.org/sc/committees

United Nations Reports of the Security Council Committee Established Pursuant to Resolution 1591 (UN, 2005) Concerning the Sudan, www.un.org/sc/committees//*United Nations Reports of the*

Security Council Committee Pursuant to Resolutions 751 (UN, 1992) and 1907 (UN, 2009) Concerning Somalia and Eritrea, www.un.org/sc/committees*Analysis of National Legislation on Arms Exports and Transfers in the Western Balkans 2006, Belgrade,* SEESAC/UNDP/Saferworld

報紙與期刊

我特別感激塞爾維亞的*Vreme*《時代》週刊，他們對貝爾格勒墜機事件及其意義的調查，是許多後續監控報告和本書描述的基礎。此外，《茲梁生活》（Zyrianskoe Zhizn）不倦地追查（依據激進主義記者恩斯特．梅札克所言）俄國飛勤人員在非洲墜機的原因和動機，以及當局與空勤人員發表的聲明，塑造了我對他們世界的了解。恩斯特，謝謝你熱心的協助。《紐約時報》訪問達姆尼亞諾維奇和布特的品質優異，充滿先見之明，《衛報》則有軍火商系列，也讓我受益良多。我要致上謝意的還有：《莫斯科時報》、《真理報》（Pravda）、《最高機密》、《起飛》航空雜誌（Take-Off）、《後蘇聯媒體潮流文摘》（Current Digest of the Post-Soviet Press）、《生意人報》、《莫斯科共青團員報》（莫斯科）、《聖彼得堡時報》（St Peters- burg Times，聖彼得堡）、《茲梁生活》（科米）、塞爾維亞《時代》週刊、《政治日報》（Politika）、《VIP》（貝爾格勒）、《衛報》、《時代》雜誌、《經濟學人》（The Economist）、《國際名人錄》（International Who's Who，英國）、《獨立報》、《警戒者報》、《新世野》、

《眼》（Eye，坎帕拉）、《外國政策》（Foreign Policy）、《紐約時報》、《華盛頓月刊》（Washington Monthly）、《安托諾夫新聞》（An-Novosti/Antonov News，烏克蘭安托諾夫航空科學／技術複合體，〔Antonov Aeronautical Scientific/Technical Complex〕）、《阿富汗日報》（Afghan Daily，喀布爾）、《海灣新聞》、《今日海灣報》（Gulf Today）。

其他資源

聯合國專家小組報告：www.un.org/sc/committees

倫理芝加哥（Ethical Cargo）：www.ethicalcargo.org

國際和平資訊服務組織（International Peace Information Service）：www.IPISresearch.be

東南歐與東歐小型與輕型武器管制資訊中心（The South Eastern and Eastern Europe Clearinghouse for the Control of Small Arms and Light Weapons，SEESAC）：www.seesac.org

國際特赦組織（Amnesty International）：www.amnesty.org

斯德哥爾摩國際和平研究所（Stockholm International Peace Research Institute）：www.sipri.org

飛航安全基金會（Flight Safety Foundation）的航空安全網資料庫（Aviation Safety Network Database）：www.aviation-safety.net

專業駕駛員的八卦網：www.pprune.org
雷吉斯坦中亞地區英語新聞來源：www.registan.net
阿富汗新聞通訊社：www.pajhwok.com

書中部分人士

維克托・布特：www.Viktorbout.com
Air Cess：www.aircess.com
理查・施沙克里：www.chichakli.com
馬克・伽略提的精采部落格：www.inmoscowsshadows.wordpress.com
安德烈・索達塔夫（Andrei Soldatav）的俄國祕密國度索引：www.agentura.ru
亞瑟・肯特的記實新聞頻道：www.skyreporter.com
迪米崔・羅戈辛大使：www.rogozin.ru
道格・麥金萊：www.dougmckinlay.com
亞當・柯蒂斯（Adam Curtis）：adamcurtisf.tlms.blogspot.com
耶夫根尼・札克洛夫的蘇維埃包機公司：www.sovietaircharter.com
約克郡叫囂手（Yorkshire Ranter）：www.yorkshire-ranter.blogspot.com

其他

所有布拉特（Bradt）和《孤獨星球》的旅遊指南

【EUREKA】ME2104

法外之徒：後蘇聯時代崛起的高空貿易，飛越國界的全球黑市紀實

Outlaws Inc.: Flying with the World's Most Dangerous Smugglers

作　　者❖麥特・波特 Matt Potter
譯　　者❖周沛郁
封面設計❖高偉哲
排　　版❖張彩梅
總 編 輯❖郭寶秀
責任編輯❖江品萱
行　　銷❖力宏勳、許純綾

發 行 人❖涂玉雲
出　　版❖馬可孛羅文化
10483台北市中山區民生東路二段141號5樓
電話：(886)2-25007696
發　　行❖英屬蓋曼群島商家庭傳媒股份有限公司城邦分公司
10483台北市中山區民生東路二段141號11樓
客服服務專線：(886)2-25007718；25007719
24小時傳真專線：(886)2-25001990；25001991
服務時間：週一至週五9:00～12:00；13:00～17:00
劃撥帳號：19863813　戶名：書虫股份有限公司
讀者服務信箱：service@readingclub.com.tw
香港發行所❖城邦（香港）出版集團有限公司
香港灣仔駱克道193號東超商業中心1樓
電話：(852)25086231　傳真：(852)25789337
E-mail：hkcite@biznetvigator.com
馬新發行所❖城邦（馬新）出版集團 Cite (M) Sdn Bhd
41, Jalan Radin Anum, Bandar Baru Sri Petaling, 57000 Kuala Lumpur, Malaysia.
Tel: (603)90563833　Fax: (603)90576622
Email: services@cite.my
輸出印刷❖前進彩藝股份有限公司
初版一刷❖2022年10月
定　　價❖540元（紙書）
定　　價❖378元（電子書）

ISBN 978-626-7156-26-1（平裝）
EISBN 978-626-7156-27-8（EPUB）

城邦讀書花園
www.cite.com.tw

國家圖書館出版品預行編目（CIP）資料

法外之徒：後蘇聯時代崛起的高空貿易，飛越國界的全球黑市紀實／麥特・波特（Matt Potter）著；周沛郁譯. -- 初版. -- 臺北市：馬可孛羅文化出版：英屬蓋曼群島商家庭傳媒股份有限公司城邦分公司發行, 2022.10
面；　公分--（Eureka；ME2104）
譯自：Outlaws Inc.：flying with the world's most dangerous smugglers.
ISBN 978-626-7156-26-1（平裝）
1. CST：走私　2. CST：地下經濟　3. CST：報導文學
558.164　　111012820